Liebe Sandra,

lebe wild und frei,

in Liebe und

Achtsamkeit!

Celestine-Camp 2017

Norbert Paul

Über den Autor

Norbert Paul (Jahrgang 1960) war geschäftlich national und international in hohen Entscheiderpositionen erfolgreich tätig. Seit seinem 18. Lebensjahr übt er sich in verschiedenen Kampfkunstformen; zahlreiche Meistertitel, ein Ehrenplatz in der Millenium Hall of Fame und Ehrungen auf internationaler Ebene sind beeindruckende Ergebnisse dieses Wirkens. Auch die alternative Heilkunst kam sehr früh in sein Leben, erst als Ratsuchender, dann als Lernender und heute als Lehrender. Somit ist es ihm möglich, wie in uralten Traditionen die Kampfkunst und die Heilkunst zu verbinden. Als Ratgeber setzt er all seine Erfahrungen, Kenntnisse und Fähigkeiten für entwicklungsrichtige Problemlösungen und Veränderungen ein. Als Kampfkunstlehrer hilft er Menschen, für sich selbst einzustehen und echte Selbstverantwortung zu übernehmen. Als Autor und Seminarleiter gibt er sein Wissen und seine Erfahrungen an andere Menschen weiter.

Mit dem Neuen Abendländischen Schamanismus entwickelte er ein einzigartiges westliches schamanisches Schöpfungs- und Lebensmodell und mit dem Runen-Qi-Gong ein Bewegungs- und Gesundungssystem, welches dem Yoga oder dem Tai-Chi und anderen östlichen Stilen ebenbürtig ist. Als Ausbildungsleiter für den Neuen Abendländischen Schamanismus, für das Runen-Qi-Gong, das Life-Transformation-Healing unterstützt er Menschen, welche schöpfungsrichtige Veränderungen nicht nur leben, sondern auch selbst weitergeben möchten.

www.druidentor.de

Norbert Paul

Alte Pfade neue Wege

Zeitgemäße Naturspiritualität

Norbert Paul: Alte Pfade - neue Wege
Zeitgemäße Naturspiritualität

© Verlag Zeitenwende
Dresdner Straße 90
01454 Radeberg
www.verlag-zeitenwende.de
buecher@verlag-zeitenwende.de

1. Auflage 2015

Alle Rechte, auch die des auszugsweisen Nachdrucks, der fotomechanischen und multimedialen Wiedergabe sowie der Übersetzung in andere Sprachen, vorbehalten.

Die Deutsche Bibliothek – CIP-Einheitsaufnahme
Ein Titelsatz für diese Publikation
ist bei der Deutschen Bibliothek erhältlich.

Umschlaggestaltung: Verlag Zeitenwende
Satz: Verlag Zeitenwende

ISBN 978-3-934291-86-7

***

Hinweis des Verlages:
Alle Angaben und Ratschläge in diesem Buch – vor allem die gesundheitlichen – sind nach bestem Wissen und Gewissen zusammengestellt. Sie sind vom Autor und vom Verlag sorgfältig erwogen und geprüft worden, dennoch kann eine Garantie nicht übernommen werden. Eine Haftung des Autors beziehungsweise des Verlages und seiner Beauftragten für Personen, Sach- und Vermögensschäden ist ausgeschlossen.

Inhaltsverzeichnis

Vorwort 9
Alte Pfade – was ist darunter zu verstehen? 19
   Der Blick zurück 19
   Die Kraft und Bedeutung der Regionalität 26
Jenseits der etablierten Geschichtsschreibung 31
   Ergebnisse und Erkenntnisse der „verbotenen Archäologie" 41
   Der Übergang von der Groß-Steinskulptur-Epoche in eine andere Zeit ... 51
   Das kurganische Erbe in Europa 81
   Ein kleiner Exkurs 90
Was wir aus der Geschichte lernen können 95
Heutiges Wissen als Wegbegleiter 133
   Grundbedürfnisse des menschlichen Seins 150
   Die physische Ebene 153
   Die Bedürfnisse der Seele 162
   Die Bedürfnisse des Geistes 167
   Das Energiesystem des Menschen 169
      Meridiane, Leitbahnensehnen und Lenkergefäße 169
      Die Chakren 172
      Das Aurafeld und die Energiekörper 178
   Alles ist in Bewegung 189
   Frühe Hochkulturen oder Außerirdische? 199
   Gesellschaft und Wirtschaft 202
Neue Wege 209
   Die Schöpfungsspirale 218
   Der Jahreskreis – der Rhythmus des Lebens 222
   Das Lebensrad 239
Meine Vision 253
Danksagung 255
Literaturverzeichnis 258

Vorwort

Es ist nicht zu verleugnen, dass wir heute in einer ausgesprochen interessanten Zeit leben, die das Potential für besondere Ereignisse in sich birgt, sowohl für schöpfungsrichtige als auch schöpfungswidrige. Wir sind an einem Punkt angelangt, an dem wir ganz nüchtern Bilanz ziehen und feststellen müssen, dass der Mensch diesen Planeten in dramatischem Ausmaß verändert hat – und das nicht zum Guten. In den Meeren schwimmen Abfallinseln in der Größenordnung von mehreren hunderttausend (!) Quadratkilometern. Wo mancher Weltumsegler früher tagelang unbedenklich über die Meere schippern, sich von selbstgefangenen Fischen ernähren und Vögeln weit weg vom Festland begegnen konnte, muss er heute oft tagelang um Müllinseln herumfahren, ohne dabei auch nur einen Fisch zu sehen oder gar Vogelgeschrei zu hören. Riesige Landflächen werden wegen industrieller Gier und mit ihr einhergehender umweltzerstörender Methoden wie beispielsweise das Fracking zu lebensfeindlichen Bereichen, in denen im Grunde kein menschliches Leben mehr möglich ist. Weitere große Gebiete sind nach zahlreichen Kriegen, die heute zwecks Ressourcensicherung geführt werden, mit Uranmunition, Mienen, Sprengkörpern und chemischen Stoffen verseucht, so dass die überfallenen Staaten erhebliche Einbußen an besiedelbarem und landwirtschaftlich nutzbarem Land hinnehmen müssen. Nach wie vor hungern die Menschen in den von den Industriestaaten ausgebeuteten Entwicklungsländern, eine echte Zukunftsperspektive haben sie nicht. Da ist es wenig tröstlich, dass die Menschen in den Industriestaaten auch nicht so gesund leben wie es ihnen glaubend gemacht wird, sondern lediglich länger am Leben gehalten werden, denn sie sollen ja sowohl produktiv als auch konsumaktiv bleiben. Doch das alles sind keine Zufälle oder dummgelaufene Fehlentwicklungen, dahinter stehen von Menschen erdachte Pläne und eine klar definierte Zielsetzung: Profitmaximierung. Allerdings laufen sie nicht mehr ganz rund, denn sowohl wirtschaftlich als auch politisch scheinen diese clever erdachten Systeme von Wirtschaft, Banken- und Gesundheitswesen sowie politischen wie auch gesellschaftlichen Kreisen kurz davorzustehen, an die Wand zu fahren. Auch der für die Ausbeutung der Menschen so wichtige künstlich erzeugte Existenzdruck fordert immer mehr

Opfer, die wegen Burnouts und schweren physischen und psychosomatischen Erkrankungen aus den Systemen fallen und die Gesamtproduktivität reduzieren. Die Lügen, Manipulationen, Betrügereien und die von Macht und Gier offensichtlich fremdgesteuerten und immer fragwürdigeren politischen Entscheidungen können nicht mehr versteckt und unter den Teppich gekehrt werden, denn dort scheint kein Platz mehr zu sein.

Angesichts dieser Entwicklung, dem immensen Existenzdruck sowie dem Vertrauensverlust in Politik und Führungen jeglicher Art sehnen sich viele Menschen nach Sicherheit, Glaubwürdigkeit und echten Werten. Immer mehr Menschen stellen sich in immer jüngeren Jahren die großen Sinnfragen, die früher typisch für ältere Menschen und solche in der sogenannten Midlife-Crisis waren. Sich anpassen, verbiegen, hinten anstellen und sich selbst verleugnen, hat eine langsam um sich greifende Gegenbewegung zu einem wieder „Authentischer-Sein" ausgelöst. Das Verlangen, mehr in der Natur zu sein, und die Suche nach den eigenen Wurzeln, der persönlichen Vergangenheit und der des Landes, in dem man lebt, wachsen stetig an. Landmärkte, Mittelaltermärkte und alte Feste, die seit ewigen Zeiten nicht mehr begangen wurden, boomen zunehmend, nicht nur in öffentlich organisierter Form, auch in Familien und Gruppen Gleichgesinnter. Alten Handwerken und Lebensweisen wird wieder mehr Beachtung geschenkt, und so mancher beginnt voller Begeisterung, wieder etwas mithilfe seiner Kreativität und mit den eigenen Händen zu erschaffen.

Die Sehnsucht nach echten Werten, nach mehr Natur und natürlicher Lebensweise lässt den Blick zunehmend in die Vergangenheit schweifen. So kommt es, dass sich vielerorts Heiden-, Mittelalter-, Kelten-, Germanen-, Wikingergruppen und andere historisch orientierte Vereinigungen bilden. Druiden- und Schamanismusbewegungen entstehen, schon existierende und teilweise altehrwürdige Organisationen erfahren mehr und mehr Zulauf. Es wird immer häufiger davon gesprochen, wieder die „alten Pfade" zu gehen, die alten Religionen und Glaubensformen unserer Vorfahren wieder zu beleben. Unterschiedliche Gruppierungen bedienen dieses Verlangen, doch allzu oft mit verklärten und romantisierten Bildern und Vorstellungen einer längst vergangenen Zeit, in der eben nicht alles gut war und die mit Sicherheit auch kein Mensch wirklich wieder haben möchte.

Und doch ist es vollkommen richtig, den Blick auch zurückzuwenden; schon Wilhelm von Humboldt erkannte: „Nur wer die Vergangenheit kennt, hat eine Zukunft." Es ist unser Privileg, zurückschauen zu können und aus dem zu lernen, was vor uns geschah. Das Gelernte ermöglicht es uns, Entscheidungen zu treffen, die zu einer besseren Zukunft führen können. Das geht jedoch nicht mit einem romantisch verklärten Blick, sondern mit Wissen und Klarheit. Und mit einer solchen zeige ich in diesem Buch, was unter „alten Pfaden" verstanden werden kann und wie unsere wahre Geschichte sehr wahrscheinlich – unverfälscht vom Diktat der zahlreichen Eroberer und der heutigen Kaderwissenschaft – aussieht. Zudem wird gezeigt, wie aus den „alten Pfaden" tatsächlich „neue Wege" für ein besseres zukünftiges Leben entstehen können. Dazu zeichne ich ein Bild eines Ur-Europa, das so ganz sicher weniger bekannt, aber dennoch gut belegt ist. Beginnend beim Zerfall einer frühen Hochkultur und den tatsächlichen geschichtlichen Entwicklungen, die von dieser Frühzeit bis zu uns heute geführt haben, entsteht ein ganz neues Verständnis für unsere Wurzeln, die in allem anderen als in einem primitiven Menschsein gründen.

Erst dieser Überblick und das Verstehen der Zusammenhänge und Mechanismen aller geschichtlichen Geschehnisse führt uns dahin, erkennen zu können, was in der Menschheitsgeschichte wirklich gut und was weniger gut oder gar gänzlich falsch war. Erst dann ist eine Grundlage geschaffen, auf der wir richtige Entscheidungen treffen können für echte neue Wege, die uns in eine bessere Zukunft führen sollen. Das Hauptaugenmerk sollte aber letztendlich auf einen bewussten und klaren Umgang mit der Gegenwart gelegt werden, ohne eben Fehler und schöpfungswidrige Entscheidungen und Vorgänge der Vergangenheit zu wiederholen beziehungsweise diese nicht als Option für zukünftige Entwicklungen einzubeziehen. Doch dazu ist es wichtig, die echte Vergangenheit, die wirklichen „alten Pfade" nicht nur zu kennen, sondern verstanden zu haben. Nur so können gegenwärtige Entscheidungen wirklich „neue Wege" ebnen, die zielführend sind und nicht immer wieder in alten Mustern einer lediglich technischen, systemischen und methodischen, aber keiner menschlichen Entwicklung unterliegen.

Alles, was geschieht, erfolgt in einer linearen Abfolge – und von nun an soll es auch wirklich nach vorne gehen. Mit anderen Worten: die menschliche Entwicklung soll hin zu einer schöpfungsrichtigen Form des Lebens führen. Unser Blick kann ganz klar nur nach vorne und nicht nach hinten gerichtet werden, denn Vergangenheit ist Vergangenes, es hatte seine Chance. Jetzt geht es um uns Lebende, die wir die momentane Spitze all der Entwicklungen sind, die aus uns das machten, was wir sind, und um die Zukunft derer, die nach uns kommen.

Oft werden mir Fragen gestellt hinsichtlich des Sinns und des Realitätsbezugs naturspiritueller Lebensweisen vor dem Hintergrund des aktuellen Zeitgeistes und momentaner Ereignisse. Tatsächlich ist es nicht einfach, sich ein Leben in Einklang mit der Schöpfung in dieser modernen, mechanistischen und systembestimmten Welt vorzustellen. Eine naturspirituelle Lebensweise und ein zeitgemäßes Leben passen so lange nicht zusammen, wie das entseelte mechanistische Weltbild mehrheitlich Bestand hat und als alternativlos angesehen wird. Wenn man die Welt und alles in ihr als unbeseelt betrachtet, dann ist man selbst auch nur ein Ding, das von anderen Dingen umgeben ist, und mit Dingen kann man ja machen, was man will und für richtig oder notwendig ansieht. Diese Sichtweise und Einstellung, die allem Leben gegenüber gilt, beinhaltet und bedingt den Missbrauch von allem, womit man zu tun hat, einschließlich einem selbst. Lediglich die auf die eigene Person bezogenen Befindlichkeiten machen da eine Ausnahme, wobei auch dies mehr und mehr nachlässt. So trifft man immer häufiger Menschen, die sich selbst bis aufs Letzte ausbeuten. Doch das Schlimmste daran ist, dass diese Menschen auch noch gute Argumente hervorbringen, um diesen Selbstmissbrauch zu rechtfertigen, vor sich und anderen. Dies zeigt, wie subtil heute unterdrückt und ausgebeutet wird: nicht mehr mit der Peitsche, sondern durch Manipulation und fremdgesteuerte Denkmuster direkt im Kopf der Opfer.

Wenn wir uns von dieser ich-zentrierten Sicht- und Lebensweise einmal abwenden und den Blick auf das richten, was wirklich in der Welt um uns herum geschieht, wird das wahre Ausmaß der Ausbeutung und des Missbrauchs von allem und jedem deutlich. Doch für denjenigen, der dies durchschaut, wird es nicht einfacher, denn wir sollen ja – von der Wiege bis zur Bahre – funktionieren und nicht selbstständig denken. Deswegen berichten die gesteuerten Medien auch nicht darüber, was wirklich schief läuft, allerdings bedeutet dies nicht, dass die Folgen von Profitgier und Materialismuswahn, beidem wird ja mehr oder weniger alles untergeordnet, nicht existent sind. Jeder glaubt, es gibt nur diesen einen Weg, um dem Leben einen Sinn zu geben. Alternativen dazu gibt es nicht, man muss mitspielen, um sein Geld zum Leben zu verdienen, so scheint es jedenfalls beziehungsweise will man es uns weismachen.

Wir in Mitteleuropa genießen das „Privileg", zu einer der ressourcenverschlingenden und -raubenden Nationen zu gehören, die sich eine solche Einstellung finanziell, technisch und militärisch leisten kann. Welcher Preis andernorts und sogar bei uns selbst dafür gezahlt wird, das zu zeigen, bleibt uns die Medienwelt wohlweislich schuldig. Solange wir „zufrieden" sind (wie perfide diese Zufriedenheit auch definiert und wahrgenommen werden mag), wird das System weiter so funktionieren wie bisher – und zwar so lange, wie es irgendwie möglich ist. Wenn also jemand sagt, dass es keinen Grund gibt, sich zu beschweren, da es uns doch viel besser als anderen geht, dann geschieht das aus einem fatalen Informationsdefizit und ich-zentrierten Standpunkt heraus. Ich möchte hier nicht aufzählen, was in der Welt tatsächlich vor sich geht, in welchem Ausmaß Menschen der Profitgier anderer geopfert, wie Landstriche verseucht und unbewohnbar gemacht werden und wie groß die „Kollateralschäden" diverser Kriege sind, es genügt zunächst, wenn klar wird, dass die Sichtweise, dass die Dinge um uns herum – der Mensch eingeschlossen – unbeseelten und mechanistischen Wirkmechanismen unterworfen sind, möglicherweise die Ursache für den derzeitigen Zustand dieser Welt ist.

Genau an diesem Punkt bekommt eine naturspirituelle Sicht- und Lebensweise einen realen Bezug, der alles ändern kann. Denn alle naturspirituellen Richtungen eint, alles als beseelt anzusehen und dementsprechend achtsam mit allem umzugehen. Ob sibirische Schamanen, nordamerikanische Medizinmänner, hawaiianische Ka-Huna oder die alten druidischen Traditionen in Mitteleuropa, alle verbindet im Kern die Sichtweise, eins mit der Schöpfung zu sein und alles – vom Stein über die Pflanzen und Tiere bis hin zum Menschen – als beseelt anzuerkennen. Und dies verschafft Heilung, lässt den Zauber der Schöpfung und die Magie des Lebens erkennen und genießen. Betrachtet man alles als beseelt, wird man mit allem ganz anders umgehen als es momentan, wo alles um einen herum als unbeseelt, als bloßes Ding angesehen wird, geschieht. Alleine diese Bewusstseinsänderung birgt das Potential, unsere heutigen ökologischen, ökonomischen und gesellschaftlichen Herausforderungen zu lösen. Wie selbstverständlich wird der Drang immer größer, ein ökologisches und ökonomisches Leben in Einklang mit der Natur und der Schöpfung als Ganzes zu führen. Allerdings ist diese Sicht- und Lebensweise für den sogenannten modernen Menschen der westlichen Leistungsgesellschaft ein echter Paradigmenwechsel, denn sie sind zum einen ohne Hintergrundwissen nicht einfach zu durchschauen und zum anderen nicht ganz so leicht umsetzbar. Doch es ist die einzige Möglichkeit, aus dem Teufelskreis der Ausbeutung, auch der der eigenen Person, auszubrechen und das wirkliche Leben zu erfahren.

Schon seit Jahrhunderten, ja sogar Jahrtausenden, werden schöpfungsrichtige Strukturen und Entwicklungen von ich-zentrierten und machthungrigen Menschen unterdrückt. Entsprechende „alternative" Konzepte, Pläne und Technologien liegen in geheimen Archiven und Tresoren vor den Menschen versteckt oder wurden und werden einfach vernichtet. Zwei im Grunde ganz unterschiedliche Weltanschauungen führten dazu, dass die Welt immer seelenloser wurde: Zuerst haben die monotheistischen Religionen den Mensch vom Göttlichen und die Seele vom Körper getrennt, dann hat das von Newton und Descartes postulierte mechanistische Weltbild allem und jedem die letzten Reste von Seele entzogen und alles zu einer Sache gemacht. Über Jahrhunderte hinweg wurden so nur Technik und Methodik weiterentwickelt, aber der Mensch tat es nicht.

Gerade mit der gewaltsamen Christianisierung Europas durch Schwert, Feuer und Folter wurden sämtliche Kulturgüter und Errungenschaften des alten Kontinents ausgelöscht – und somit auch die Weltsicht, dass selbst in den kleinsten Dingen eine Seele ruht. Die christlichen Herrscher hatten die Aufgabe, auf ihren Bekehrungsfeldzügen alles einzusammeln und zu vernichten, was an eine frühere Kultur erinnern könnte, denn schließlich brachte ja erst das Christentum den Heiden wahres Menschentum bei. Karl der Große kam der Weisung der Kirche nur teilweise nach, denn er hatte noch so viel Anstand und Respekt vor der alten Kultur, dass er viele der erbeuteten Kulturgüter aufbewahrte. Erst sein Sohn Ludwig vernichtete nach dem Tod des Vaters alle noch vorhandenen und sichergestellten Zeugnisse einer vorchristlichen Kultur. Als Dank bekam er von der katholischen Kirche den Beinamen „der Fromme". – Die Praxis der kulturellen und weltanschaulichen Zerstörung wurde über alle Jahrhunderte hinweg sowohl von klerikalen als auch von weltlichen Herrschern angewendet, um besiegte und unterdrückte Menschen ihrer Wurzeln und damit ihrer Identität zu berauben. Das macht für die Sieger ja auch Sinn, denn entwurzelte, militärisch und kulturell geschwächte Menschen lassen sich leichter führen. Das ist beileibe keine überkommene Methodik, dies wird auch heute noch so gehandhabt und ist keinesfalls „aus der Mode" geraten.

Hinsichtlich der technischen Errungenschaften ist es auffallend, dass seit den letzten Jahren zahlreiche schöpfungsrichtige Technologien entwickelt werden und zu konkreten Ergebnissen führen, diese aber rasend schnell vom Markt gekauft oder auf andere Weise „unschädlich" gemacht werden. Und dies zu tun, ist ein Verbrechen an der Menschheit. Wie groß die Macht subversiver Kräfte auch immer ist, letztendlich ist es jeder Einzelne, der entscheidet, wie der Weg für ihn und alle anderen weitergeht, denn Veränderung fängt immer bei einem selbst an.

Verinnerlicht man mehr und mehr die naturspirituelle Grundeinstellung und sieht alles in der Welt als beseelt an, verändert sich stetig erst das eigene Leben und dann jenes unmittelbar um einen herum und folgend auch in größerem Rahmen. Die bisherigen Formen von Manipulation und Lüge haben einfach keinen Raum mehr, alles wird als das erkannt, was es wirklich ist. Jegliche Technik wird zukünftig als das genutzt, was sie wirklich ist: ein Hilfsmittel, das besondere Tätigkeiten ermöglicht sowie Arbeiten erleichtert oder gar erst gelingen lässt. Sie ist dann kein Selbstzweck mehr. Modernste Technik kann und wird dabei helfen, die zweifelsohne bestehenden Notwendigkeiten heutiger Gesellschaften zu bedienen und trotzdem im Einklang mit all dem Leben auf unserem Planeten zu sein. Es sind nicht wenige Technologien, die schon existent oder in den Startlöchern stehen und darauf warten, aus der Repression der Machteliten in die Anwendung lebensbejahender Entscheider zu wechseln und ihren Dienst an der Menschheit und der Schöpfung aufzunehmen. Ganz vorne stehen an: Technologien zur Energiegewinnung, des Recyclings, der Medizin, des Landbaus und viele mehr. Ein naturspiritueller Lebensweg bedeutet keineswegs ein Zurück in die Steinzeit, sondern – ganz im Gegenteil – ein natürliches Leben, das sich gesund, kreativ und frei entfaltet.

Das alles sind keine verklärten Träumereien, sondern das eine oder andere ist heute schon im Kleinen erfahrbar. Tragen Sie doch beispielsweise einmal Kleidung aus natürlichen und ökologisch sauberen Stoffen wie Hanf, Leinen, Wolle. Sie werden erstaunt sein, wie wohl Sie sich darin fühlen und wie gesund das für die Haut, den Körper und letztlich für Ihre Stimmung ist. Oder achten Sie nur ein Jahr lang auf eine saisonale und ökologische Ernährung, Sie werden begeistert sein, wie sich die Nahrungsmengen ganz von selbst reduzieren und Sie dennoch deutlich mehr Energie haben als bisher. Umgeben Sie sich auch in Ihrem Wohnraum mit natürlichen Materialien, die durchaus auch selbst gesammelt oder hergestellt werden können. Die Arbeit mit den eigenen Händen macht mehr Spaß als viele denken und setzt nicht nur kreative Potentiale frei. Ich könnte an dieser Stelle noch weitere Beispiele aufzeigen, die eins gemeinsam hätten: dass sie ein positives Lebensgefühl, also die tatsächlich wahrnehmbare und spürbare Qualität des Lebens fördern, sie mehren die Lebensfreude. Und das ist eben kein Rückschritt, sondern ein Fortschritt. Zu all dem kehren auch der Zauber und die Magie ins Leben zurück und damit der Sinn sowie der Spaß an allem Leben um einen herum. Das Leben ist, folgt man den Zyklen des Jahreskreises, niemals eintönig, grau oder langweilig, sondern immer anders und spannend, es wechseln sich Zeiten der Ruhe und der Aktivität sinnvoll ab. Auch das ist, gemessen am heutigen „Standardleben" kein Rückschritt, sondern ein deutlicher Fortschritt.

Eine naturspirituelle Lebensweise hat also sehr viel Realitätsbezug und dient mehr dem wirklichen Leben, als die künstlichen menschengemachten Systeme der modernen Industriegesellschaften. Und nicht nur das: Sie liefert auch Lösungen für die vom Menschen geschaffenen Probleme, die immer mehr überhand nehmen, sie kann aus festgefahrenen Situationen herausführen. Jeder Mensch bleibt dabei immer selbstbestimmt und entscheidet für sich, wie weit und wie tief er in ein solches naturspirituelles Leben eintauchen möchte. Jegliches Leben auf unserem Planten hat das Recht, sich frei zu entfalten, und keiner darf dies in Abrede stellen oder dieses jemanden entziehen. Als Spezies, die außerhalb der natürlichen Regeln und Gesetze steht, haben wir Menschen eine besondere Verantwortung, die darin liegt, eben genau dafür Sorge zu tragen. Wir sind nicht die Krone der Schöpfung, sondern ein Teil davon, jedoch mit dem besonderen Auftrag, deren oberste Hüter und Pfleger zu sein.

Eine naturspirituelle Lebensweise kann so einfach und doch so vielfältig sein. Genau dies möchte ich mit diesem Buch unter anderem vermitteln. Ich wünsche Ihnen ein informatives Lesevergnügen und zahlreiche „Aha-Erlebnisse", die dazu führen sollen, dass Ihr Leben wieder mehr und mehr in den Einklang mit der Schöpfung kommt. Denn der Sinn des menschlichen Daseins besteht nicht im Arbeiten, Konsumieren, Ressourcenverbrauchen und darin, wiederum nur arbeitende, konsumierende und ressourcenverbrauchende Nachkommen zu schaffen. Der Sinn des Lebens liegt darin, uns menschlich, das heißt im Einklang mit der Schöpfung zu entwickeln und unseren Nachkommen eine bessere Ausgangsposition für ihren Lebensweg und ihre Entfaltung zu schaffen als jene, von der aus wir ins Leben gestartet sind. Das ist echte schöpfungskonforme Evolution, die ein Füllhorn an Gesundheit, Erfüllung, Lebensfreude und Wachstum für uns bereithält. Dies ist der Weg dahin, wovon so viel in der Esoterik-Szene gesprochen wird, der Weg in ein Goldenes Zeitalter – für jene, die bereit sind, ihn zu gehen.

Ich freue mich über Leser, die mit Offenheit an dieses Buch herangehen und die bereit sind, sich auf dessen Inhalte einzulassen und zu eigenen Erkenntnissen zu gelangen sowie das eine oder andere des Geschriebenen auszuprobieren und etwas zu wagen. Ich weiß, dass es nicht wenige Menschen sind, die nach Lösungen und neuen Wegen suchen, und dass jene, die sich die großen Sinnfragen stellen, stetig mehr werden. Somit bin ich sehr zuversichtlich, dass dieses Buch in die richtigen Hände gelangt und seinen Beitrag zu einer schöpfungsrichtigen Neuorientierung leisten wird. In diesem Sinn wünsche ich viele tiefgehende Erkenntnisse – und den Mut, einiges in die Tat umzusetzen.

Von Mensch zu Mensch…
Norbert Paul

Alte Pfade – was ist darunter zu verstehen?

Der Blick zurück

Ein ganz wesentlicher Prozess des Erkennens, Verstehens und Lernens ist der Blick zurück. Mit ihm beginnen das Erwachen aus einem Jahrhunderte währenden Traumzustand und die Heilung des Menschseins. Dieses Zurückblicken betrifft zum einen die Betrachtung des eigenen Lebens und zum anderen der menschlichen Entwicklung als Ganzes, womit wir immer weiter in die Vergangenheit gelangen. Die Beschäftigung mit unseren uralten und tiefen Wurzeln sowie mit dem Weg, der von diesen bis zu uns geführt hat, ermöglicht erst die echte zukünftige Menschwerdung. Erst mit dem Blick in die Vergangenheit begreifen wir wirklich, warum es heute so ist, wie es ist, und weshalb wir so sind, wie wir sind. Nur mit ihm können wir unterscheiden, was schöpfungsrichtig und was schöpfungswidrig war beziehungsweise ist, und sind dadurch in der Lage, Wiederholungen destruktiver Entscheidungen und Handlungen zu vermeiden. Das, und nur das, ist Entwicklung.

Mit dem bereits erwähnten Satz *„Nur wer die Vergangenheit kennt, hat eine Zukunft"* brachte Wilhelm von Humboldt wohl eine der wichtigsten Erkenntnisse der Menschheitsgeschichte auf den Punkt, doch leider hat dies kaum jemand verstanden. Von meinen Urgroßeltern, die den Ersten und den Zweiten Weltkrieg miterlebten, hörte ich recht häufig sinngemäß diese Aussage. Sie machten alle Höhen und Tiefen sowie sämtliche Veränderungen dieser Zeit mit und waren erstaunlich klar in ihren Gedanken und ihrer Betrachtung der Ereignisse, die ihr Leben prägten. Aus diesem fortwährenden Hinweis sprach die Hoffnung, dass ihre Kinder und Kindeskinder aus der Vergangenheit lernen und andere Entscheidungen für eine bessere Zukunft treffen sollten. Doch leider wurden sie enttäuscht.

Als Kind nahm ich die Wahrnehmungsunterschiede und Bewusstseinsstände meiner Urgroßeltern, Großeltern und Eltern sehr wohl wahr. Während meine Urgroßeltern hinsichtlich der Geschichte noch sehr bewandert waren und auch ihre sehr weit zurückreichenden Herkunftslinien kannten, war dies bei deren Kindern, meinen Großeltern, schon weniger ausgeprägt. Für meine Eltern gab es dann schon kaum noch eine Geschichte vor dem Zweiten Weltkrieg.

Der Blick, der in diesem Buch auf die Pfade unserer Vorfahren geworfen wird, geht weiter zurück als manch einer ahnt: bis 32.000 Jahre vor unserer Zeitrechnung und mehr. Das ist ganz sicher eine Herausforderung, denn die Geschichtskenntnisse der meisten Menschen reichen gerade einmal bis zum Zweiten Weltkrieg. Und selbst wenn das Geschichtswissen umfassender ist und die letzten rund 2.000 Jahre mit einschließt, so ist diese Zeitspanne immer noch zu kurz, um verstehen zu können, was unsere wahren Wurzeln in Mitteleuropa sind.

Um einige der schöpfungswidrigsten Prozesse der Menschheitsentwicklung erkennen zu können, muss der geschichtliche Bogen deutlich weiter gespannt werden als bis zur Zeitenwende. Und was bei dieser Betrachtung deutlich erkennbar wird, ist eine uralte und beständige Weisheit: „Die Geschichte wird von den Siegern geschrieben." Dieser Satz ist wörtlich zu nehmen und seit Jahrtausenden unumstößliche Tatsache, ohne Ausnahme. Manchem mag es daher nicht leicht fallen, den echten Pfaden zu unseren Wurzeln zu folgen. Doch die hier dargestellten zahlreichen bisher weitgehend unbekannten Ereignisse werden auf die eine oder andere Weise zu einem Aha-Erlebnis führen. Am Ende steht kein düsteres, sondern ein großartiges Bild mit einer klaren Aufgabe und Herausforderung für uns heute. Denn unsere Wurzeln sind in jeder Hinsicht sehr beachtlich und indem sie uns herausfordern, auch immer noch lebendig, ja, lebendiger denn je.

Alte Pfade – pauschal kann man sagen, dass damit in erster Linie vergangene Praktiken, Lebensweisen und Glaubenseinstellungen verbunden sind, die in eine Zeitspanne von kurz vor und um die Christianisierung bis ins späte Mittelalter fallen. Auch beständige Traditionen, die bis in unsere Zeit unverändert erhalten wurden, zählt man zu den „alten Pfaden", ebenso alte Religionen und Glaubenssysteme, die vor der Christianisierung in Mitteleuropa Bestand hatten und praktiziert wurden. Es sind die alten Göttermythen und Götterwelten unserer Vorfahren, das pure Leben in und mit der Natur, der Glaube an eine erweiterte Realität, in der die Natur belebt ist und es Wesenheiten wie Elfen, Pflanzen- und Tiergeister und noch viele andere gibt. Es sind die Vorstellungen unserer Ahnen, der Kelten, Germanen, Wikinger, aber auch anderer Volksgruppen, die in Mitteleuropa unterwegs waren, laut denen verschiedene Welten wie die Unterwelt, die Alltagswelt und die Oberwelt gleichzeitig und ineinander verwoben existieren und denen ein erweitertes Weltbild zugrunde liegt, in dem alles in der Natur als beseelt angesehen wird. – Somit rücken die persönliche Rückverbindung mit der Schöpfung und das Erwachen des schöpferischen Funken in uns sowie auch ein Polytheismus wieder an die Stelle des monotheistischen Gottesglaubens.

Zu jenen Menschen, die auf „alten Pfaden" wandeln, zählen Kräuterkundige, selbsternannte Hexen, heidnische Priester, Schamanen und Druiden, oder jene, die zumindest versuchen, wieder schamanisch und/oder druidisch zu arbeiten und zu leben. Dabei reicht das Spektrum von wahllos zusammenphantasiert über „rein intuitiv" bis zu „militant" authentisch, von wissenschaftlich neutral bis esoterisch und romantisch überzogen. Auffällig ist jedoch, dass alle, die sich auf „alte Pfade" beziehen, auch alte Werte wie Ehrlichkeit, Authentizität oder das Worthalten hochpreisen. Dies ist deswegen sehr aufschlussreich, weil dies eben in einer Zeit des Verlustes von Werten jeglicher Art geschieht.

Auf alten Pfaden zu schreiten, heißt für manche auch, sich der experimentellen Archäologie zuzuwenden, was bedeutet, Funde sowie Technologien und Anwendungen in einem weitgehend authentischen Umfeld nachzustellen und auszuprobieren. Nicht selten stellen sich dabei die bisher nur theoretischen Interpretationen diverser Funde als nicht richtig heraus. – Natürlich sind Funde aus früheren Epochen wichtig, doch ebenso wichtig ist es, sie im richtigen Kontext zu sehen und anzuwenden. Dabei ist jedoch zu berücksichtigen, dass die jeweilige Epoche nicht vollumfänglich nachgestellt werden kann, denn die gesellschaftlichen, wirtschaftlichen, klimatischen, sprachlichen und spirituellen Gegebenheiten sind heute anders, es kann also nur ein Nachempfinden, ein Annähern an die vergangene Zeit sein. Selbst bei Funden, die eindeutig erscheinen, können die daraus gewonnenen Erkenntnisse nur theoretische Auslegungen beziehungsweise Vermutungen hinsichtlich der betreffenden Zeit sein. Kommen dann weitere Funde hinzu, werden durch diese bisherige Annahmen entweder gefestigt oder müssen neuen Platz machen. Bei diesen stetigen Veränderungen müssten die Schul- und Lehrbücher immer wieder überarbeitet werden, und da dies nicht geschieht, wird im Grunde ein unvollständiges oder gar falsches Bild unserer Vergangenheit vermittelt.

An einer wahrhaften Geschichtsdarstellung besteht – ganz abgesehen von sich ändernden Erkenntnissen aufgrund von archäologischen Funden – offensichtlich kein Interesse, was die Aufmerksamkeit zwangsläufig auf eine andere Tatsache lenkt: Auch heute noch gilt das Prinzip, dass die Sieger die Geschichte der Verlierer schreiben. So kommt es dann, dass Überlieferungen im Sinne der Siegermächte erscheinen. Aus meiner Schulzeit ist mir in Erinnerung, dass uns die Germanen als rohe, dumme, ungebildete und sich nur grunzend verständigende Wilde beschrieben wurden, die in Büschen und auf Bäumen hausten und von den Römern mit deren Hochkultur und Zivilisation gesegnet wurden.

Tatsächlich wird durch zahlreiche Funde zunehmend deutlicher, dass es in Mitteleuropa eine hochentwickelte Kultur gab und Verbindungen zwischen den hiesigen Gelehrten und denen anderer Völker bestanden, beispielsweise zu den griechischen Philosophen. Gleichzeitig wird auch immer klarer, dass die angebliche römische Hochkultur wohl nur in militärischer Hinsicht dieses Prädikat verdient. Während in Rom beispielsweise ungewollte und uneheliche Kinder nach der Geburt einfach auf den Müll geworfen wurden, hatten solche Kinder bei den Kelten eine besondere Stellung und wurden geschützt. Gleiches galt für die Alten, die sich bei den Kelten ihre Erben frei aussuchen konnten. Wenn Eltern von ihren Kindern nicht gut behandelt oder versorgt wurden, konnten sie jederzeit jemand anderen als Erben einsetzen und die eigenen achtlosen Kinder leer ausgehen lassen. Auch das Münzwesen ist keine römische Erfindung. Schon lange vor den Römern hatten beispielsweise die Griechen und Kelten, aber auch andere Völker ein ausgereiftes Münzwesen, das vermutlich von den Römern übernommen wurde. Aus diesem Grund spricht man von einem pluralistischen Münzwesen der Römer, es gab viele Münzen aus unterschiedlichen Währungssystemen, die jedoch gleichwertig behandelt wurden. Erst der von 284 bis 305 n. d. Z. regierende römische Kaiser Diokletian versuchte, eine einheitliche Münzreform umzusetzen (Rieckhoff/Biel 2001, Fischer 2001, Hans Joachim Zillmer 2012). Unsere keltisch-germanischen Vorfahren waren also alles andere als die dummen Barbaren, wie es uns in der Schule gelehrt wurde.

Es wird immer deutlicher, dass dem „alten Wissen", den „alten Lebensweisen" und den Mythologien unserer Vorfahren mehr Wahrheit und Weisheit innewohnt als man uns glauben machen möchte, und das spüren derzeit immer mehr Menschen. Unsere Vorfahren lebten ohne Strom, ohne Autos und Industrie, ohne moderne Kommunikationsmittel, doch sie waren alles andere als dumm oder unzivilisiert. Ganz im Gegenteil, sie waren hochentwickelte Spezialisten, sie lebten im Einklang mit der Natur, ihren Kräfte und den schöpferischen Energien. Ihre Fähigkeiten und Kenntnisse machten es möglich, dass das Leben für sie und für jene, die nach ihnen kamen, lebenswert war. Wären sie so dumm gewesen, wie es uns weisgemacht wird, wären sie wohl ausgestorben und uns gäbe es heute nicht. Allerdings sind dies alles keine Gründe, sie zu glorifizieren, denn zu allen Zeiten und auch bei unseren Vorfahren gab es Missstände, beispielsweise Raubbau an den Ressourcen der Natur und von Menschen hervorgerufene Umweltverschmutzungen und gar -katastrophen. Die meisten der Hochkulturen gingen an diesen Miseren zugrunde, und es waren immer jene Kulturen, welche die Macht zentralistisch auf einen König, Clan oder Führer konzentrierten und alle Ressourcen des Einflussbereiches für diese zentrale Machtstruktur aufbrauchten. – So oder so, von unseren Vorfahren können wir eine Menge lernen, wir müssen dabei jedoch stark differenzieren zwischen dem, was in der Menschheitsgeschichte, an den „alten Pfaden", die unsere Ahnen beschritten, wirklich gut und von Bedeutung war und was nicht wiederholt werden sollte.

Besonders reich an Fähigkeiten und Kenntnissen waren die Hochkulturen, die vor der Zeitenwende bestanden. Sie lebten noch weitgehend in und mit der Natur, waren ein Teil von ihr. Den Kräften um sie herum gaben sie Namen, und die gewaltigsten von ihnen wurden als Götter bezeichnet. Dies geschah vermutlich aus dem Grund, um sie persönlich anzusprechen und direkt mit ihnen kommunizieren zu können. Man musste mit den Jahreszeiten, den Stürmen, den Gewittern, den Pflanzenarten, den Tieren, ja der Natur als Ganzes vernünftig umgehen und möglichst gut mit ihren Wesenheiten zusammenleben. Die Grundlage des Miteinanderauskommens ist für jede Spezies die Kommunikation, das war auch bei unseren Vorfahren so. Und da sie alles um sich herum als beseelt ansahen, kommunizierten sie ganz selbstverständlich mit den Wesen der Natur, und eine Namensgebung erleichterte dies.

Alles in ihrem Leben mussten unsere Ahnen mit Hilfe der sie umgebenden Natur bewältigen: Krankheiten, Versorgung mit Nahrung und Kleidung, Bildung, Entwicklung, Kreativität, Lebensfreude und und und. Sie mussten ein Gleichgewicht finden zwischen ihren Zielen und Wünschen sowie der Natur, was ab etwa 3500 v. d. Z. leider nicht mehr ganz so gut funktionierte. Die ersten Machtzentren entstanden, um die sich Großstädte entwickelten, und ab da waren es auch in zunehmenden Maße menschengemachte Katastrophen, die ganze Landstriche verwüsteten und die Menschen früher oder später dazu zwangen, ihre großen Ansiedlungen und Städte wieder aufzugeben. Von Menschen verursachte Umweltkatastrophen, auch wenn sie vor unserer Zeitrechnung eher eine Ausnahme waren, sind kein Phänomen der Neuzeit, aber die Ursachen dafür sind damals wie heute die gleichen: Zentralisierung von Macht, Massenansiedlungen und rücksichtslose Ausbeutung der natürlichen Ressourcen.

Mit den Gegebenheiten der Natur zurechtzukommen und Wege zu finden, sich anzupassen und auch weiterzuentwickeln, das machte die frühen Menschen im Wesentlichen aus. So wurden beispielsweise die eher nomadisch lebenden Stämme entweder mit der Kultivierung des landwirtschaftlichen Anbaus immer sesshafter oder sie mussten die Herausforderungen in eroberten Gebieten, in denen überwiegend Landwirtschaft betrieben wurde, annehmen. Neben dem für ein überwiegend nomadisches Leben wichtigen Sonnenlauf wurden nun der Mond und dessen Wirkung auf die Vegetation zunehmend wichtiger. Noch heute werden die Wanderungen der Nomaden vom Lauf der Sonne und den von ihm beeinflussten Vegetationsperioden und Tierwanderungen bestimmt. Sehr deutlich wird, das wenn man sich die großen Tierwanderungen in Afrika betrachtet, da wird einem bewusst, was damit alles zusammenhängt. Auch Zugvögel, Wale und andere Tiere folgen dem Rhythmus der Sonnenstände, und das teilweise quer über unseren Planeten. Demgegenüber wirkt der Mond in erster Linie auf alle vegetativen Wachstumsprozesse, was besonders wichtig ist für die sesshaften Menschen sowie für den von ihnen betriebenen kultivierten Anbau sowie das Sammeln verschiedener Pflanzen und Früchte. Man sprach früher (und spricht heute wieder) von einem Sonnenjahr und einem Mondjahr, beide zusammen bilden „das Rad des Lebens".

Nahrhafte Wildpflanzen wie auch die ersten kultivierten Gräser wie Einkorn und Emmer bildeten neben dem gejagten oder domestizierten Vieh die Nahrungsgrundlage dieser Menschen. Man kannte sich aus mit heilsamen Kräutern, Erden, Hölzern, Pilzen und Früchten und wusste sie sachkundig anzuwenden. Auch bei der Kleidung, die aus unterschiedlichen Materialien gefertigt wurde, überließ man nichts dem Zufall, sie war – auch nach heutigem Verständnis – äußerst funktional. Diese Erkenntnisse hat man unter anderem auch „Ötzi", der Gletscherleiche, zu verdanken. Seine Kleidung beispielsweise war ideal für die Überquerung der Alpen, was sich bei der Nachstellung seiner „letzten Bergwanderung", bei der gleiche Materialien getragen wurden, zweifelsfrei zeigte. Und seine gut verheilten schweren Verletzungen sprechen zum einen für eine fachmännische Behandlung durch Heilkundige seiner Zeit und lassen zum anderen darauf schließen, dass er eine gute körperliche Konstitution hatte, die auf eine entsprechende Ernährung zurückzuführen ist. – Immer häufiger werden Kleidung, Werkzeuge und Handwerke aus vergangenen Zeiten heutigen Standards gegenübergestellt – und schneiden dabei nicht selten besser ab als das moderne Zeug. So hat man nicht nur Ötzis Kleidung nachgefertigt und geprüft, sondern auch die Seekleidung der Wikinger, bestehend aus wollener, speziell geölter Unterkleidung und gefetteter Ziegenleder-Oberkleidung. Wasserabweisend waren sie gleichermaßen, doch hatte die Wikingerkleidung gegenüber der modernen Seemannskleidung kaum Wärme verloren, was den Wikingern die langen Reisen durch die nördlichen Meere überhaupt erst möglich machte.

Es gibt, einen offenen und neugierigen Geist vorausgesetzt, sehr viel aus der „guten" alten Zeit zu lernen, was ganz besonders uns denaturierten Menschen wieder mehr Lebensqualität bringen kann. Die Rückbesinnung auf das „alte Wissen" und das Beschreiten „alter Pfade" rückt mehr und mehr in den Fokus jener Menschen, die in der Gegenwart falsche und kranke Lebensweisen und Gesellschaftsstrukturen erkennen. Vor allem hinsichtlich einer naturspirituellen Lebensweise ist es jedoch wichtig, die „gute alte Zeit" nicht zu verklären, zu romantisieren und vor allem nicht unreflektiert ins Heute zu übertragen. Auf alten Pfaden neue Wege zu beschreiten und dabei eine sachliche Position zum Vergangenen einzunehmen, ist nötig, um mit dem uns übertragenen Erbe unserer frühen Vorfahren richtig umgehen zu können und Lösungen für heutige Probleme zu finden.

Wenn es schon schwierig ist, sich über altertümliche Funde und experimentelle Archäologie den sogenannten „alten Pfaden" zu nähern, so gestaltet sich dies durch eine mythische oder auch esoterische Herangehensweise als nahezu unmöglich. Für viele Menschen führt das in uns angelegte Verlangen nach mehr Natur und echten Werten oft zu einer Anfälligkeit für mythologische Romantisierungen und idealisierte Überzeichnungen der „guten alten Zeit". Hinter dieser steckt allerdings mehr eine Flucht aus dem unbefriedigenden Alltag als das Streben nach echter Verbesserung desselben. Mystifizierungen und personifizierte Wesen wie Engel, Elfen, Nymphen usw., die auf Kartendecks und kitschige Abbildungen gebannt sind, lenken vom echten Zauber der Schöpfung ab und bewirken das genaue Gegenteil von dem, was mit den „alten Pfaden" und ihren echten Inhalten erreicht werden kann. Solche Esoterik-Phantastereien sind zwar leicht konsumierbar, sie verhindern jedoch, sich aktiv auf Entdeckungsreise zum wahren Zauber der Schöpfung zu begeben. Daher ist bei vielen Angeboten und der allzu freizügigen und plakativen Verwendung des Begriffes „alte Pfade" Vorsicht geboten, denn nicht überall, wo „alter Pfad" draufsteht, ist auch „alter Pfad" drin.

Die Kraft und Bedeutung der Regionalität

Mehr und mehr möchten wieder oder auch vieles mehr über ihre Wurzeln und darüber wissen, wie ein naturspirituelles Leben in Europa ausgesehen haben könnte, und sie fragen sich, wie Naturspiritualität heute gelebt werden kann. Auch wenn „kulturfremde" Angebote auf dem großen Markt der Spiritualität noch immer deutlich überwiegen, wird das Verlangen nach einer neuen eigenen Identität, auch und besonders in spiritueller Hinsicht, zunehmend größer. Diese Entwicklung inhaltlich, philosophisch und durch praktisches Vorleben zu unterstützen, war und ist mir ein ganz besonderes Bedürfnis.

Das dem westlichen Kulturkreis eigene Wissen wird, im Gegensatz zu den schamanischen und naturspirituellen Traditionen anderer Regionen dieser Welt, noch viel zu wenig beachtet und gewürdigt. Und sich nur dem Wissen anderer Kulturen zu bedienen, ist nicht nur aus meiner Sicht der falsche Weg, auch die Schamanen und Medizinmänner beispielsweise der nordamerikanischen Indianer, der hawaiianischen Kahuna oder jene aus Sibirien stimmen darin überein. Sinngemäß zusammengefasst sagen sie Folgendes: Ihr könnt unsere Traditionen und Techniken gerne studieren, dafür geben wir sie ja auch weiter, doch solltet ihr mit dem Erlernten eure eigenen Traditionen wiederbeleben und zurück in ein zeitgemäßes und euch eigenes naturspirituelles Leben finden. Das, was wir euch zeigen, sind unsere heiligen Bräuche und Riten, unsere Spiritualität, bitte achtet sie und macht sie nicht zu einem eurer Konsumgüter. – Sicher sind das Vorhandensein zahlreicher „fremder" schamanischer und sonstiger spiritueller wie auch esoterischer Praktiken und Ansichten und die gleichzeitige Entdeckung und Rückbesinnung auf unsere eigenen Wurzeln kein Zufall. All das macht unsere jetzige Zeit zu einer ganz besonderen, denn jetzt wird sich zeigen, ob etwas Neues daraus entstehen darf. Und diesbezüglich vertrete ich seit Jahren den Standpunkt, dass weder das Kopieren anderer Kulturen noch die Idealisierung und reine Wiederbelebung längst vergangener Lebensweisen wirklich Sinn machen.

Die drei Hauptprobleme, weshalb sich bei uns trotzdem noch immer viel wenige Menschen für die eigene Vergangenheit interessieren und der Großteil nur ein Geschichtswissen bis zum Dritten Reich hat, sind die beiden Weltkriege und ganz wesentlich das seit über sechzehnhundert Jahren in Mitteleuropa vorherrschende Christentum, das eine beinahe unüberwindliche Kluft zwischen der heutigen modernen und der alten naturverbundenen Lebensweise unserer Vorfahren geschlagen hat. Die Siegermächte bauten durch Umdeutung, Verzerrung und Falschinformation eine Art geschichtliche Hürde auf, die zu überwinden viele Menschen als nicht möglich und auch nicht lohnenswert erachten. Der Sieger schreibt eben die Geschichte. Viel altes Wissen wurde im Laufe der Jahrhunderte durch die Kirche und christliche Herrscher unterdrückt und vernichtet. Geblieben sind uns archäologische Funde, Fragmente heidnischer Rituale, die Jahreskreisfeste, die von der Kirche übernommen und/oder mit anderen Etiketten versehen wurden, sowie Texte römischer Eroberer und christlicher Geistlicher, die hinsichtlich ihres Wahrheitsgehaltes sehr mit Vorsicht zu betrachten sind. Diese Entwicklung, so traurig man darüber auch sein mag, zeigt jedoch auch, dass solche vorchristlichen Lebensweisen nicht mehr überlebensfähig waren, auch wenn sie bis dahin sehr sehr lange bestens funktioniert hatten. Die seit Jahrhunderten bestehende Kluft zwischen der heutigen und der vorchristlichen Lebensweise ist nicht wirklich zu überwinden. Wir können an die alten Traditionen nicht so einfach wieder anknüpfen oder sie mal eben wiederbeleben, das würde auch gar keinen Sinn machen. Doch gerade dieses Getrennt-Sein und die Loslösung von wirklich alten Traditionen ist eine große Chance für uns, etwas Neues zu erschaffen und die alten Fehler dabei zu vermeiden – und die sollten wir unbedingt wahrnehmen!

Alles hat seine Zeit und braucht den richtigen Ort, nur dann ist es in seiner ganzen Kraft und Energie. Dementsprechend wirken oder wirkten beispielsweise die schamanischen Methoden und Arbeitsweisen zu ihrer Zeit und an jenem Ort am besten, wo sie im richtigen Kontext stehen beziehungsweise standen. Da wir, die in den modernen Gesellschaften leben, in keine alte, nicht-christliche Tradition eingebunden sind, können wir uns unbefangen die Lebensweise, Rituale und Handlungen sowohl unserer Vorfahren als auch anderer Kulturen anschauen, ohne von ihnen geprägt oder vereinnahmt zu sein. Dies ist ein riesiger Vorteil für uns, wenn wir nach neuen Wegen streben, da wir frei und unbeeinflusst einen Schritt nach dem anderen gehen und ohne Rücksicht auf Traditionen das Richtige entscheiden können.

Die noch bestehenden und teilweise hier Einfluss nehmenden traditionell-schamanischen und naturspirituellen Lebensweisen anderer Regionen und Völker sind für uns vor allem deshalb wertvoll, weil sie uns die Gegenüberstellung mit den längst vergangenen eigenen Praktiken ermöglichen und wir so unsere Wurzeln wieder rekonstruieren können. Sie versetzen uns somit in die Lage, auf unser kulturelles Erbe zurückgreifen und es für eine tragfähige Zukunft anpassen und neu gestalten zu können – unter Berücksichtigung regionaler Aspekte und der aktuellen Zeitqualität. Somit ist das Getrennt-Sein von unseren naturverbundenen Wurzeln und von der Lebensweise unserer Vorfahren letztlich auch ein großer Vorteil. Doch entschuldigt oder rechtfertigt das natürlich nicht die Gräueltaten der christlichen und adligen Herrschaft, ganz im Gegenteil. Allerdings können wir mit einem beträchtlichen zeitlichen Abstand und der daraus resultierenden Freiheit sowie mit dem Stand unserer heutigen Entwicklung das Gute der „alten Zeit" herausarbeiten und aufgreifen, es mit Hilfe lebendiger anderer Traditionen neu beleben und in zeitgemäße Form bringen. Wir können und müssen es für die Zukunft nutzen, dass wir nicht in wandlungsunfähigen, über Jahrhunderte verhärteten Traditionen feststecken, denn in vorbestimmten Routinen zu verharren, ist alles andere als entwicklungsfördernd oder gesund.

Genau diese Vorgehensweise, die Recherchen, die Versuche und die Irrtümer sowie das Beispielnehmen an anderen Kulturen führten über Jahre hinweg zu meiner Weltsicht, zu meinem naturspirituellen Lebensmodell, das ich den Neuen Abendländischen Schamanismus nenne, und letztlich auch zu diesem Buch. Mir ist bewusst, dass wir gerade hier in unserem Kulturkreis weit weg sind von schamanischen oder druidischen Gesellschaftsstrukturen, und genau deshalb ist es eine besondere Herausforderung, mit einem schlüssigen, plausiblen und umsetzbaren naturspirituellen Schöpfungsmodell neue und zeitgemäße Lebenskonzepte und Gemeinschaftsstrukturen zu entwickeln, anzubieten und umzusetzen, um sich wieder an die Natur und die durch sie verkörperte Schöpfung anzunähern. Dies kann jedoch nur in Abstimmung mit den regionalen geografischen, klimatischen, vegetativen und tierischen Eigenheiten erfolgen. Gerade das immer mehr zunehmende globale Denken und das Erkennen der weltumspannenden Zusammenhänge und der synergetischen Wechselwirkungen machen die Bedeutung regionaler Besonderheiten deutlich. So hielten in den letzten Jahrzehnten zahlreiche Systeme oder Lehren wie Tai Chi, Qi Gong, Traditionelle Chinesische Medizin oder Yoga in Europa Einzug, und wenn man mit klarem Blick vergleicht, wie sich deren Wirkung hier bei uns und an ihrem Ursprung entfaltet, so sind zwei Dinge feststellbar:

1. All die hier eingeführten Systeme und Anwendungen, die sich seit längerer Zeit und in signifikantem Umfang gehalten haben, wurden verändert und an die hiesigen Gegebenheiten angepasst.
2. Deren Wirkungsweise ist immer dort am stärksten, wo sie ihren Ursprung haben.

Allerdings bedeutet dies nicht, dass all dies nicht gut ist, sondern dass die Kraft der Regionalität ein wichtiger Faktor hinsichtlich ihrer optimalen Anwendung ist. Weiterhin lässt dies den Schluss zu, dass wir in unserem Kulturkreis unsere eigenen Wege, Mittel, Anwendungen und Methoden finden müssen, damit wir ein für uns optimales Ergebnis bezüglich Gesundung, Entwicklung und Lebensqualität erhalten. Damit wir nicht bei Null anfangen müssen, ist der Blick zurück auf unsere Entwicklungsgeschichte das Mittel der Wahl. Wo, wenn nicht hier, liegen ausreichend Erfahrungen verborgen, von denen wir lernen können. Der Blick zurück und die Kraft der Regionalität bilden zusammen das Fundament, auf dem sinnvolle „neue Wege" entstehen können, in diesem Fall für den westlichen Kulturkreis.

Gerade die sich in den alten europäischen Weisheitslehren widerspiegelnde Naturverbundenheit und der Naturbezug noch lebendiger schamanischer Traditionen sind für uns „moderne" Menschen von unglaublicher Wichtigkeit und Bedeutung. Entfremdet von der Natur, von deren Rhythmen und Zyklen, ist die Menschheit nun an einem Punkt angelangt, wo dieser Zustand des Getrenntseins sie krankmacht und deformiert. Der Mensch ist zu etwas Fremdem und Schädlichem für das Leben um ihn herum und für diesen Planeten geworden. Auch wenn es so scheint, dass es bisher nicht möglich war, in dieser Entwicklung einen Umkehrpunkt zu finden, so ist es vielen unterbewusst sehr wohl klar, dass etwas falsch läuft. Die Abkupplung des Menschen von der Schöpfung, das permanente Handeln gegen sich selbst und das natürliche Umfeld, die Unterdrückung der eigenen Empfindungen und der eigenen Seele, die vielen Kompromisse, die scheinbar alternativlos einzugehen sind und immer weiter vom eigentlichen Sinn des Lebens wegführen, all dies führt bei immer mehr Menschen zu psychosomatischen oder besser gesagt seelischen Erkrankungen. Zwar beginnen zunehmend mehr Menschen, aus freien Stücken bestimmte Ereignisse und Erfahrungen zu hinterfragen, doch noch mehr werden erst durch Erkrankungen dazu genötigt, sich den großen Sinnfragen zu stellen: Wer bin ich? Was ist der Sinn meines Lebens? Ist das alles, wofür ich lebe? Wo komme ich her und wo gehe ich hin? Weshalb fühle ich mich so einsam? – So macht die Seele auf die Trennung von der Schöpfung, auf Isolation und fehlende Werte aufmerksam. Sie weckt genetisch verankerte Erinnerungen an Zeiten, in denen der Mensch im Einklang mit der Natur und deren Rhythmen lebte und aktiver Teil der Schöpfung war.

Der Mensch wäre nicht Mensch, hätte er sich nicht ständig weiterentwickelt und keine neuen wertvollen Erkenntnisse und Weisheiten errungen. Auf vielen Gebieten wuchs sein Wissen über die Zusammenhänge in diesem Universum, und entstanden unter anderem Wissenschaftszweige wie die „neue Biologie", die „neue Medizin", die „neue Physik", die uns helfen können, ein zeitgemäßes Verständnis für die alten Weisheiten zu erlangen, und eine sachliche Ebene hinsichtlich der Bedeutung spiritueller Entwicklung bilden. Mit Hilfe ihrer Erkenntnisse ist es möglich, dass eine neuzeitliche naturspirituelle Arbeit tatsächlich ihre Wirkung entfalten kann und dass die Menschen dazu bewegt werden, wieder in Einklang mit der Natur und der Schöpfung zu kommen und zu leben. So können neue und tragfähige Formen des Zusammenlebens entstehen, die entwicklungsfördernd in jeglicher Hinsicht sind. Allerdings, und das wird sehr wahrscheinlich der Fall sein, wird es zu einer Aufspaltung der Menschheit kommen. Die einen, wie wir, gehen den Weg hin zu mehr Einklang mit der Schöpfung und nutzen Technik, die schöpfungsrichtig arbeitet beziehungsweise angewendet wird, leben lange, gesund und erfüllt, selbstbestimmt und frei und erfreuen sich des Lebendigseins. Die anderen werden den unbewussten und fremdbestimmten Weg weitergehen, sich immer weiter von der Natur entfernen und von technischen Hilfsmitteln in einer künstlichen Umgebung abhängig sein. Sie werden pharmazeutisch gesund und produktiv gehalten, ihre kurze Lebensspanne wird mit ihrer hohen Reproduktionsrate ausgeglichen.

Jenseits der etablierten Geschichtsschreibung

Die offizielle Geschichtsschreibung ist den meisten mehr oder weniger bekannt, doch hinter dieser verbirgt sich eine weitaus interessantere und der Wahrheit näher kommende Wirklichkeit über unsere Historie. Gerade Europa ist in Bezug auf die Menschheitsgeschichte eines der unbeständigsten und bewegtesten Gebiete der Erde, wobei unser besonderes Interesse hinsichtlich der Thematik Naturspiritualität vor allem West- und Nordeuropa gilt. Allerdings werden wir die Vorgänge in diesen Regionen nur verstehen, wenn wir uns den gesamten Kontinent ansehen, also auch Mittel-, Süd und Osteuropa, und auch ein Stück weiter nach Osten schauen. In diesem Großraum fanden über Jahrtausende unzählige kleine und große Völkerwanderungen statt, wobei die meisten Bewegungen in der Regel von Ost nach West mit mal mehr oder weniger nach Norden und Süden verlaufenden Tendenzen erfolgten. Es gab nur wenige Vorstöße vom Westen aus in Richtung Osten, wie beispielsweise die von Alexander dem Großen oder des Römischen Reiches und so wie diese waren auch nicht alle nach Westen gerichteten rein friedlicher Natur.

Die Neuankömmlinge in den schon bewohnten und bewirtschafteten Gebieten wurden verständlicherweise nicht immer mit offenen Armen empfangen. Für die auf der Suche nach neuem Land befindlichen Menschen gab es schließlich einen oder auch mehrere Gründe, die alte Heimat zu verlassen und neue Gebiete zu finden, in denen sie sich, oft in nicht gerade geringer Zahl, niederlassen konnten. Die Gründe für diese Wanderungen reichten von gewaltsamer Vertreibung über Natur- und Hungerkatastrophen sowie Seuchen bis hin zu ehrgeizigen Expansionsbestrebungen ehrgeiziger bis größenwahnsinniger Herrscher, um schlichtweg die eigenen Kassen aufzufüllen. Andere Länder zu überfallen, bedeutete für Einzelherrscher und zentralistisch organisierte Reiche nicht nur Gebiets- und somit Ressourcengewinn, sondern, was noch viel wichtiger war (und auch heute noch ist), ein Zuwachs von Menschen, die der Leibeigenschaft sowie der Sklaverei anheim fielen oder einfach nur abgabenpflichtig für beispielsweise Steuern wurden (und werden).

Auch in sehr früher Zeit gab es wie schon erwähnt ökologische Katastrophen, in erster Linie in Gegenden, in denen zentralistische Machtstrukturen die Ressourcen des eigenen Einzugsgebietes verschlangen. Schon in der Frühzeit der Menschheitsgeschichte zeigte sich, dass die Konzentration der Macht auf einen Punkt (einen Herrscher, eine Hauptstadt usw.) zur Bildung von Städten und Großräumen um das Herrschaftszentrum führte und diese die Ressourcen des Landes von diesem aufgebraucht wurden. Zur damaligen Zeit bedeutete dies oftmals den Untergang des Machthabers, des Reiches und der Stadt, in der er residierte, sowie die Suche nach neuen, noch intakten Lebensräumen; es hieß dann, die Sachen zu packen.

Doch war es natürlich so, dass in bereits besiedelten Ländern und Gebieten die besten und vielversprechendsten Plätze bereits erschlossen und oft schon über Generationen hinweg bewirtschafteten waren. Dass die ansässigen Menschen nicht immer erfreut über den Zuzug anderer waren, liegt auf der Hand und war schon immer der Fall. Da die Länder damals aber bei Weitem nicht so dicht bevölkert waren wie heute, fanden sich oft Plätze, die noch frei waren, auch wenn es nicht die besten waren, aber gut genug, um neu anzufangen, waren sie allemal. Manchmal war es auch so, dass Zuwanderer sich auf das Leben in einem besonderen Umfeld spezialisierten und so eine Lücke, einen noch nicht erschlossenen Lebensbereich in den neuen Landen fanden. In solchen Fällen konnten die Neuankömmlinge diese Nische ohne weitere Probleme neben den schon ansässigen Menschen belegen und waren eine echte Bereicherung der Region.

Oft genug wurde jedoch auch gewaltsam erobert, verdrängt oder unterjocht. Gerade ab etwa 1200 v. d. Z. gab es in Europa eine ständiges Hauen und Stechen um neue Lebensräume. Gründe hierfür waren wie schon erwähnt beispielsweise Naturkatastrophen unterschiedlichster Arten, Vertreibungen oder eigens verursachte ökologische Desaster. Im Anschluss an eine gewaltsame Landnahme folgte das, was bis heute auf der ganzen Welt gängige Praxis ist: getreu der Maxime „die Eroberer schreiben die Geschichte" wurde und wird, besonders intensiv in Europa, die Geschichte immer wieder neu und umgeschrieben. Und auch wenn die Wenigsten es wahrhaben wollen, weil es sich ohne dieses Wissen so bequem leben lässt, selbst heute, ja jetzt gerade, werden den Menschen in der Bundesrepublik Deutschland nur die Geschichte und Informationen über ihre Vergangenheit präsentiert, die dem Gedankengut und den Zielen der Besatzer dienlich sind, die im Hintergrund immer noch die Befehle geben. Die Sieger-Maxime findet heute ebenso uneingeschränkte Anwendung wie damals in der Frühzeit. Demnach kann keine Berichterstattung, egal von welchem Krisenherd auf der Welt, als authentisch, manipulationsfrei und wahr angesehen werden. – Eines der bekanntesten Beispiele aus der Geschichte sind die *„Commentarii de bello Gallico"* („Kommentare über den Gallischen Krieg") von Julius Cäsar, denen seine jährlichen Dienstberichte an den Senat zugrunde liegen. Selbst seine Mitkämpfer hatten diese Beschreibungen der Vorgänge heftig und öffentlich kritisiert. Für Cäsar hatten die Dienstberichte nur den einen Sinn: sie sollten den Senat dazu bewegen, seine Kriege weiter zu finanzieren. Es müssen also alle Schriften, welche die Geschichte betreffen, und das nicht nur aus der damaligen Zeit, mit Vorsicht betrachtet werden. Neben all der Freude über diese Quelle muss der Blick auf die hinter den Texten stehende Motivation gerichtet sein. Dies rate ich auch jedem Menschen in Bezug auf das, was heute von den Medien so veröffentlicht wird, dringend an.

Eroberer und Kriegsherren haben zu allen Zeiten die Historie und die kulturellen wie auch die gesellschaftlichen Wurzeln der unterlegenen Menschen und Völker verfälscht. Und das macht es generell sehr schwierig, sich den wahren Begebenheiten und der echten Geschichte anzunähern; mehr als eine Annäherung ist aufgrund zahlloser Fälschungen nicht möglich. Es geschieht nicht von ungefähr, die Geschichte und Kultur eines eroberten Landes oder eines besiegten Volkes zu verändern beziehungsweise zu unterdrücken, denn es bringt, konsequent umgesetzt, klare Vorteile für die Invasoren: die unterlegenen Menschen werden entwurzelt und so für die neuen Herrscher leichter regierbar gemacht. Zudem können auf diesem Wege die eigenen Gräueltaten in einem besseren Licht dargestellt und der Sieg dem Rest der Welt als Resultat wahrer Heldentaten verkauft werden. Besonders intensiv wurde im Rahmen der Christianisierung die Historie und Kultur der „bekehrten" (bekriegten) Völker gerade in Mittel- und Westeuropa deutlich verändert, umgeschrieben und vernichtet. Dies geschah meist sogar durch die eigenen und oftmals sogar gewählten Herrscher. Da der katholische Papst für sich in Anspruch nahm, der alleinige und wahre Stellvertreter Gottes hier auf Erden zu sein, beanspruchten er und seine kirchlichen Brüder, alleine mit Wissen und Weisheit gesegnet und daher unfehlbar zu sein. Neben dem, was die Kirche den Menschen an Ideologie vorgab, konnte es keine andere Wahrheit und Wirklichkeit geben. Dies betraf (und betrifft heute noch) im Besonderen den Anspruch, dass das Christentum überhaupt erst Kultur und menschliche Ausdrucksformen sowie rein menschliches und gottgefälliges Zusammenleben ermöglichte. Vor der Zeit der christlichen Kirche herrschte nur der Teufel und alles Böse weilte hier auf Erden. Heute wissen wir, dass diese Kirche das einzig Teuflische war und ist, das hier sein Unwesen treibt. Ihre Mittel, Wege und Konzepte der Machtentfaltung und -erhaltung gehören auch heute noch zu den erfolgreichsten und am häufigsten kopierten. Sie befreite das Streben nach Macht sowie deren Erhalt von jeglichen Grundsätzen der Menschlichkeit und der Achtung vor dem Leben, sie beseitigte sämtliche Grenzen hinsichtlich menschlicher Leidzufügung. Dabei nutzte die Kirche wirklich alle Möglichkeiten skrupellos aus und agierte strategisch ohne Vorbehalte gegen bestehendes Recht oder geltende Vereinbarungen und Verträge. Die Folgen davon waren und sind ungemein weitreichend für die gesamte Menschheit, besonders in Europa.

Einer der genialsten und gleichzeitig fatalsten Schachzüge war der kirchliche Schulterschluss mit den sogenannten weltlichen Herrschern, das ganz Europa bis heute in Abhängigkeit hält. Indem die Kirche es den mit ihr verbündeten Machthabern ermöglichte, „durch Gottes Gnade" ihren Titel sowie die damit verbundenen Rechte zu führen, wurden die weltlichen Machthaber, oder solche, die es werden wollten, davon befreit, ihre Herrschaft durch eigene Leistungen und Fähigkeiten gegenüber dem gemeinen Volk zu rechtfertigen. Es entstand damit ein Bündnis zwischen weltlicher Herrschaft und Klerus. Durch die mit ihr verbandelten Herrschergeschlechter verfügte die Kirche seit dem Untergang des weströmischen Reiches wieder über die nötigen Schwerter für eine gewaltsame Christianisierung der Völker. Im Gegenzug erhielten die Herrscher völlig freie Hand bei ihrer Machtausübung, soweit es natürlich mit den klerikalen Zielen vereinbar war. Erst durch diesen Verbund entstand der sogenannte Adel. Kirche und Adel wurden zu einer, nein zu der erfolgreichsten Zweckgemeinschaft aller Zeiten – und das nun schon über mehr als eintausendvierhundert Jahre. Und dennoch genötigte dieses Bündnis die sogenannte kleine Eiszeit im 14. Jahrhundert mit ihren Missernten und Hungersnöten, womit auch die Pest Verbreitung fand, das Konzil von Konstanz (1414-1418) und letztlich die katholische Doktrin von der Unfehlbarkeit des Papstes (Beschluss auf dem ersten Vatikanischen Konzil 1870), um die vollständige Macht in Europa zu erlangen. Bis dahin war es ein Hauen und Stechen unter den weltlichen Herrschern, gab es Machtgerangel unter kirchlichen „Würdenträgern" (mit bis zu drei Päpsten gleichzeitig) und Auseinandersetzungen zwischen kirchlichen und weltlichen Herrschern. Erst das Konzil von Konstanz formte die Machtstrukturen so, wie wir sie kennen; Rom erfuhr durch die Einigung auf einen Papst mit Sitz in dieser Stadt die heutige Bedeutung. Vorher war Avignon das päpstliche Machtzentrum. Hinsichtlich des Papstsitzes reicht die Bedeutung Roms als die „ewige Stadt" also nicht so weit zurück, wie es vordergründig den Anschein hat. Nach dem Einmarsch der Goten um 410 n. d. Z. und dem damit beginnenden Niedergang des Römischen Reiches zerfiel Rom zusehends. Entvölkerung und Naturkatastrophen wie zahlreiche Erdbeben machten aus Rom eine leere Stadt, die teilweise nur von weniger als eintausend Menschen bewohnt war. Wir stoßen also auch hier auf eine bewusste Falschdarstellung der päpstlich-kirchengeschichtlichen Linie, welche direkt von Paulus bis heute Bestand habe. Nach Wilhelm Kammeier wurde die päpstlich-katholische Kirche erst 1409 auf dem Konzil von Pisa gegründet. Das, was wir heute als päpstliche römisch-katholische Kirche kennen, konnte also immer nur in Zusammenarbeit mit weltlichen Gewaltherrschern Bestand haben; das menschengemachte Konstrukt Kirche konnte nur so seine Macht aufrechterhalten und ausbauen. Ein Blick auf die zahlreichen Machteliten der Neuzeit, besonders die sogenannten Militärherrschaften, verdeutlicht dies, denn mit Ausnahme der sozialistischen Diktaturen waren und sind immer Kirchenvertreter auf Unterdrückerseite involviert. Auch wenn diese Zweckbündnisse nichts Gutes für die Menschheit brachten, so ist es trotz allem eine beachtenswerte Leistung, über eine solch lange Zeit die Macht erhalten zu haben, auch wenn es zum Leidwesen der Menschen geschah.

Das Geniale an diesem System ist, dass es die römisch-katholische Kirche geschafft hat, die von ihr als Organisation ausgeübte Macht von den ihr offiziell vorstehenden Personen (Päpsten) zu trennen, und mit den Menschen, die scheinbar weltliche Führungspositionen innehaben, gefügige Marionetten installiert zu haben. Wenn also nichts mehr half, um Unmut gegen die Kirche zu entkräften, konnten offizielle Vertreter als die daran Schuldigen ausgegeben und durch andere ersetzt werden, ohne dass die Kirche als Ganzes dadurch Schaden nahm. Im Mittelpunkt allen Strebens der Kirche standen seit jeher (und stehen auch heute) ihr eigener Erhalt und ihre bisher erfolgreichen Strukturen. Bewusste Geschichtsfälschung in großem Stil war hierfür dienlich, und die Mittel dazu wurden geradezu verschwenderisch eingesetzt. Durch die enge Verknüpfung mit dem durch sie zügig entstandenen Adel erkannte dieser schnell die Vorzüge dieser Organisationsstruktur und übernahm ebenfalls dieses Konzept des Machterhalts. Erst durch Gottes Gnaden wurden nun auch die Titel und Ansprüche weltlicher Herrscher erblich und der Adel konnte sich, immer in Abhängigkeit von der Kirche, komplett vom Volk und dessen Ansprüchen und Verpflichtungen ihm gegenüber restlos trennen. Bis heute wird im Adel eine Heiratspolitik betrieben und werden Stammbücher geführt, aus denen ersichtlich ist, wer als lohnendste Partie infrage kommt und von wem man besser die Finger lässt. Diese Verfahrensweise wird nach wie vor strengstens eingehalten, ein Abweichen hat den Ausschluss aus der Erbfolge und den Erbentzug zur Folge. Die wenigen, die es je gewagt haben, beispielsweise eine Bürgerliche zu ehelichen, wurden, wenn sie Glück hatten, großzügig ausgezahlt und vor die Tür gesetzt. Wer mehr über diese Thematik erfahren möchte, dem sei von Otto Titan von Hefner das *„Stammbuch des blühenden und abgestorbenen Adels in Deutschland"* (drei Bände) empfohlen. Es ist auf jeden Fall spannend, einmal einen Blick da hineinzuwerfen. Über viele Jahrhunderte waren das Schwert und das Recht des Stärkeren das Maß der Dinge. Wenn ein Fürst, König oder Ritter das Land des Nachbarn wollte und diesem an militärischer Kampfkraft wenigstens gleichwertig oder überlegen war, nahm er sich einfach, was er wollte und fertig. Solange dabei keine Interessen der Kirche oder eines höheren Adligen tangiert wurden, hatte dieser nicht zu befürchten. Der gesamte heute noch existierende Adel mit all seinen Ländereien, Burgen und Schlössern ist auf diese willkürliche Art und Weise entstanden, hat sich mit Gewalt genommen, was er wollte. Es gibt also keinen Grund, auf diese Menschen stolz auf oder ehrfürchtig vor ihnen zu sein, sie entstammen gewaltbereiten skrupellosen Gangs, wie man heute sagen und sie kriminalisieren würde.

Mit dem Bündnis von Kirche und Adel standen dem Volk nun zwei zusammenwirkende Machtblöcke gegenüber: der eine beanspruchte den Geist und die Seele der Menschen für sich und der andere deren Körper und Arbeitskräfte – ein genialer Gesamtkomplex aus Machtausübung und Unterdrückung. Das von der Kirche vorgegebene höchste Ziel, die Erlangung des menschlichen Seelenheils, das natürlich nur von ihr definiert und nur durch sie gewährt wurde, konnte wiederum nur durch eine entsprechende weltliche Lebensweise bestehend aus Frömmigkeit, Entsagung und Fronarbeit erreicht werden. Um jedoch die Seelen der Menschen beherrschen zu können, mussten diese erst gebrochen und entwurzelt werden. Und dies geschah durch die unglaublich brutalen und gewaltsamen Christianisierungsfeldzüge, durch die alles, was mit der vorchristlichen Kultur und Historie sowie den geistigen Errungenschaften und religiösen Praktiken der überfallenen Menschen zu tun hatte, restlos beschlagnahmt und vernichtet wurde. Der noch heute so verehrte und angesehene Karl der Große war dabei einer der größten und schlimmsten Kirchenbüttel und Menschenschlächter der Geschichte. Gerade diese Diskrepanz zwischen Ansehen und Taten dieses sogenannten Herrschers zeigt, wie eine einseitig gesteuerte Propaganda schon damals funktionierte. Kein Herrscher vor oder nach Karl dem Großen christianisierte so viele Volksgruppen in Mittel- und Westeuropa wie er. Doch neben seinem Bekehrungsstreben kümmerte er sich noch um andere Belange des Machterhalts: Einerseits wurde durch ihn eine umfassende Bildungsreform angestoßen und umgesetzt, was durchaus positiv war, andererseits aber auch Schriften und Sprachen von ihrer „sprachlichen Verwilderung" befreit und beispielsweise das althochdeutsche Alphabet gekürzt und damit die Ausdrucksmöglichkeiten gemindert. Er verarmte sozusagen die Sprache und damit die Möglichkeit, sich vollständig und präzise auszudrücken. Die Bereinigung von „sprachlichen Verwilderungen" betraf jedoch nicht nur das Althochdeutsche, sondern auch alle anderen in seinem Reich vorhandenen Sprachen, ganz besonders die alten Hochsprachen. – Ähnliches geschieht heutigentags nicht durch die Willkür eines Herrschers, sondern dank moderner Technik: Durch Twitter und SMS-Kommunikation wird die Sprache zu einer Aneinanderreihung von Kürzeln und Synonymen. Manche Menschen sind inzwischen nicht mehr in der Lage, einen vollständigen Satz niederzuschreiben oder einen Text zu formulieren, der mehr als 140 Zeichen umfasst, genauso viele wie eine Nachricht, ein Tweet, bei Twitter maximal enthalten kann.

Karl der Große, so kam irgendwann heraus, hatte allerdings wohl doch einige Skrupel, die Vereinbarung mit der Kirche, alles zu zerstören, was auf eine Kulturgeschichte vor dem Christentum hinweist, vollends einzuhalten. Zwar raubte und beschlagnahmte er auf seinen Bekehrungszügen alle Beweise einer vorchristlichen Zivilisation, doch er vernichtete nicht alles, sondern lagerte einiges davon ein. Zerstört wurde dies dann aber trotzdem: Nach Karls Tod tat dies sein Sohn Ludwig und erhielt dafür von der Kirche den Beinamen „der Fromme". Wir können also davon ausgehen, dass jegliche Beweise für eine europäische Hochkultur, die vor der Zeit der Christianisierung bestand, über Jahrhunderte hinweg gründlich und systematisch vernichtet wurden. Schließlich sollte es ja die Kirche sein, die uns das Himmelreich auf Erden brachte, zusammen mit Zivilisation, Sprache und Schrift. Heute wissen wir sogar, dass es vom 12. bis 15. Jahrhundert zahlreiche Klöster gab, die nur den Zweck erfüllten, historische Tatsachen, Ereignisse und Personen zu fälschen beziehungsweise aus der Geschichtsschreibung verschwinden zu lassen. Eine Gruppierung kennt man als „Fälschergenossen", welche die „Große Aktion" im 15. Jahrhundert in Szene setzte und zu der mindestens einmal nachweislich ein

Papst gehörte: Pius II. (von 1458 bis 1464 im Amt), mit bürgerlichem Namen Enea Silvio de Piccolomini. Wer glaubt, dass dies der einzige Papst war, der davon wusste, der glaubt auch, dass Frau Merkel die „Mutti der Nation" ist. Tatsächlich kennt man heute eine Vielzahl gefälschter Besitz- und Schenkungsurkunden, Urkunden über Sonderrechte und vieles mehr. „Um an Land und Besitztümer zu kommen, fälschten skrupellose Mönche im Mittelalter Urkunden und erschwindelten sich Sonderrechte. Die meisten Fälschungen sind im 12. und 13. Jahrhundert angefertigt worden und sollten so aussehen, als stammten sie aus der Zeit der Merowinger (5. bis 7. Jahrhundert). Wenn bei einem Kloster oder einem Geistlichen keine Urkunde für ein beanspruchtes Recht existierte, griffen sie selbst zu Federkiel und Pergament", so die „Rheinische Post" nach einer dpa-Meldung am 11.01.2002. Schon um 1139 machte sich Abt Wibald von Stablo zusammen mit Bischof Otto von Freising ans Werk, für dessen Besitz 43 alte Königsurkunden zu erfinden und zu fertigen (Faussner, 1997). Auch was das Register der Päpste betrifft, gibt es zahlreiche fragwürdige Dokumente und Lücken, welche dieses als Ganzes infrage stellen. Die Urkunden, auf die sich die römisch-katholische Kirche als Beweis für ihre kontinuierliche Herrschaft in Rom sowie ihren Besitz der römischen Ländereien bezieht (Schenkung von Pippin dem Jüngeren um 756, von Karl dem Großen um 800 und Otto dem Großen um 962), sind auf mysteriöse Weise verschwunden. Die Konstantinische Schenkung, mit der Kaiser Konstantin I. dem Papst die Herrschaft über Rom und alle abendländischen Provinzen zugestand, ist nachweislich eine Fälschung. Offensichtlich gab es gar keinen päpstlich-römischen Kirchenstaat vor den Konzilen im 15. Jahrhundert, und vieles, wenn nicht gar der überwiegende Großteil dessen, was als deren Kirchenbesitz gilt, wurde auf höchst kriminelle Weise erschwindelt und geklaut.

Der Dominanz von Adel und Kirche war zunächst – regional begrenzt ab Karl dem Großen (800), europaweit ab dem 15. Jahrhundert – kaum etwas entgegenzusetzen. Doch sind die steinernen Überbleibsel zahlreicher Über-Egos dieser Allianz, die Burgen, Schlösser, die herrschaftlichen Anwesen, die Kirchen, Abteien, Dome und andere kirchliche sowie weltliche Prachtbauten, wohl kaum Belege für ein zivilisiertes und hochentwickeltes Mitteleuropa. Sie sind vielmehr die fragwürdigen Hinterlassenschaften pervertierter, sich als gottähnlich ansehender und von Gott auserwählt glaubender Wahnsinniger, die all das durch Erpressung, Gewalt, Leibeigenschaft und mit dem Blut tausender Menschen erzwungen haben. Diesem Machtgefüge ist über die vielen Jahrhunderte hinweg kaum etwas entgangen, das ein anderes Geschichtsbild zeigt als das ihre. Und falls es doch der eine oder andere Beleg schaffte, die Jahrhunderte zu überstehen, wird er noch heute mit Fleiß und mit Hilfe zahlreicher Speichellecker diskreditiert, als Lüge dargestellt und bekämpft. In dieser Hinsicht hat sich – wie bei so vielen Dingen auch – seit dem Mittelalter nicht viel verändert, nur die Methoden der Verfolgung und Unterdrückung sind heute etwas subtiler als damals, aber auch nicht weniger grausam, sie spielen sich nur auf einer anderen Ebene ab. Beim Blick auf die Geschichte sind Entwicklungen nur in Bereichen wie der Technik, der Kunst, der Methodik und der Systematik zu entdecken, hinsichtlich der Menschlichkeit und menschlicher Machtgefüge allerdings kaum.

Möchte man sich der wahren Entwicklungsgeschichte in Europa annähern – etwas anderes als ein Sich-Annähern ist ohnehin nicht mehr möglich –, ist man gezwungen, sich ganz bewusst gerade die Dinge anzusehen, die von den „etablierten und öffentlichen" Autoritäten und Stellen verstellt und in Verruf gebracht werden. Denn trotz diverser Widerstände gab und gibt es Menschen, die an der Wahrheit und den Tatsachen unserer Vergangenheit interessiert sind und diese intensiv erforschen. Und zum Leidwesen der öffentlichen Meinung und der Etablierten (von diesen wegen der Forschung behelligt zu werden, ist ja so etwas wie ein Gütesiegel) schreibt mancher von ihnen auch noch Bücher, die ein ganz anderes Bild des europäischen Kontinents vor der Zeitenwende und der Christianisierung zeichnen. Zu diesen gehörte beispielsweise Frau Dr. Elisabeth Neumann-Gundrum, die ihr Leben der Erforschung des sogenannten Ur-Europas gewidmet und insbesondere die Groß-Steinskulpturenkultur erforscht hat. Ihr Werk *„Europas Kultur der Groß-Skulpturen"* wurde aus meiner Sicht rein wissenschaftlich erarbeitet und ist frei von ideologischem Gedankengut, weshalb ich auf diese Arbeit nachfolgend immer wieder Bezug nehme. Elisabeth Neumann-Gundrums Forschung konzentrierte sich auf einen Zeitraum von 32.000 bis etwa 8.000 Jahre vor der Zeitenwende. Eine weitere Quelle, die sich mir nach viel Recherche und Prüfung verschiedenster Werke als überzeugend sachlich und hervorragend ausgearbeitet erwies, ist das Buch von Harm Menkens, das sich nicht nur mit einer Übersetzung und Interpretation der sogenannten *„Oera-Linda-Handschrift"* begnügt. Vielmehr untersuchte und erforschte er die in dieser Handschrift beschriebenen Ereignisse anhand belegter astrologischer Ereignisse sowie geschichtlicher Dokumentationen anderer Völker, und die so offenbar gewordenen Verbindungen und Synergien belegen klar, dass die *„Oera-*

Linda-Handschrift" als schlüssige und stimmige Chronik der frühen Geschichte Ur-Europas von 2192 v. d. Z. bis etwa 800 n. d. Z. zu sehen und zu verstehen ist. Diese und andere Werke, beispielsweise *„Das Geheimnis des Elsaß"* von Meier/Topper/Zschweigert, *„Kolumbus kam als Letzter"* von Hans-Joachim Zillmer, *„Der Brunnen der Erinnerung"* von Ralph Metzner, *„Kelch und Schwert"* von Riane Eisler und ganz besonders die Arbeiten von Marija Gimbutas auf ihrem Fachgebiet der Archäomythologie, das auf spannende Weise die archäologischen Fundsituationen in einen größeren seelenbezogenen Zusammenhang bringt, lassen im Zusammenhang ein ganz anderes Bild unserer frühen Geschichte und der Zeit, in der unsere wahren Wurzeln liegen, entstehen als jenes, das uns von der Schulgeschichte gezeichnet wird. Diese genannten Forscher und Autoren haben neben anderen auf ungewöhnlichen Gebieten Außergewöhnliches geleistet und echten Mut bewiesen, sich gegen die offizielle Meinung zu stellen. Allerdings beleuchten ihre Forschungsarbeiten immer nur jeweils einzelne Epochen oder Facetten der Geschichte und geben so dem Leser und Betrachter spannende und tiefgehende Einblicke in nur das eine oder andere Teil eines Ganzen. Erst wenn man die Übereinstimmungen der einzelnen Erkenntnisse dieser Pioniere ermittelt und herausstellt, erhält man ein schlüssiges Gesamtbild unserer wahren Frühgeschichte, unserer Herkunft. Für mich ist es darüber hinaus wichtig, einen erkennbaren roten Faden in diesem Geschichtsbild zu finden sowie all diese Quellen und Informationen aus meiner naturspirituellen Sicht zu ergründen, schöpfungsrichtige Aspekte aus all den Zahlen und Fakten herauszufinden und ihnen Geltung zu verschaffen. Damit verbunden sind immer Fragen wie: Wie haben die Menschen damals gelebt und wie haben sie schwere Zeiten überlebt? Sie mussten nicht nur um ihre Existenz ringen, sondern auch gesund durchs Leben gehen, ihre Nachkommen großziehen und ihnen Perspektiven weisen, die es ihnen als lohnenswert erschienen ließen, sie zu ergreifen und umzusetzen. Was war es, was diesen Menschen so viel Freude am Leben bereitete, dass sie immer weiter versucht haben, es zu verbessern? Und: Wie haben sie sich fit gehalten (Skelettfunde belegen, dass sie kräftig und muskulös waren, was nicht nur durch harte Arbeit geschieht)? Diese Fragen sind durchaus berechtigt, denn das Leben war wohl etwas anstrengender als heute. Ihnen standen nur die Natur mit ihren vielfältigen Ressourcen, ihre Freude am Leben und ihr Erfindungsreichtum zur Verfügung, um dem Leben einen Sinn zu geben. Wie verbunden waren sie mit der Natur, die als reiner Ausdruck der Schöpfung ihr unmittelbares Lebensumfeld war? Was erlebten sie – im Gegensatz zu uns – im Einklang mit der Natur, was wussten sie über den Jahreslauf oder über gesunderhaltende Kräuter und essbare Wildpflanzen? Welchen Bewusstseinsstand und welchen Zugang zu den Geheimnissen der Schöpfung hatten sie? – Eines ist für mich in jedem Fall sicher: Sie müssen Genies gewesen sein und keine primitiven Kreaturen.

Ergebnisse und Erkenntnisse der „verbotenen Archäologie"

Der Blick richtet sich nachfolgend zunächst auf die Zeit von 32000 bis 800 vor der Zeitrechnung (v. d. Z.). Diese Zeitspanne wird archäologisch in vier Perioden aufgeteilt:

- Jungpaläolithikum → von 35000 bis cirka 8000 v. d. Z.
- Mittelsteinzeit → cirka 8000 bis cirka 5.800 v. d. Z.
- Jungsteinzeit → cirka. 5800 bis cirka 3500 v. d. Z.
- Bronzezeit → cirka 3500 bis cirka 800 v. d. Z.

Auch wenn diese Gliederung sicher sehr grob ist, so verdeutlicht sie doch, um welch großen Zeitraum es sich handelt, den wir hinsichtlich der vorchristlichen Menschheitsgeschichte und somit unserer Wurzeln, unseres Ursprung betrachten wollen. Beginnen wir mit dem ersten und größten Zeitraum, dem Jungpaläolithikum. Diese Periode ist für uns jedoch erst ab cirka 32000 v. d. Z. interessant, denn ab da sind die sogenannten Groß-Steinskulpturen ein zentrales und wesentliches Merkmal dieser Epoche. Frau Dr. Neumann-Gundrum hat diesen Zeitraum und die Groß-Steinskulpturen eingehend erforscht und ausführlich belegt. Die Zeitspanne dieser Periode ergibt sich anhand des Alters gefundener Skulpturen. So kann man die Steinfigur am Goldstein am Istenberg auf cirka 32000 v. d. Z. datieren. An anderer Stelle wurde eine Skulptur in einer Fundschicht entdeckt, die älter als 14.000 Jahre ist. An einem weiteren Ort ist ein steinzeitliches Riesenschaf dargestellt, das seit cirka 8.000 Jahren v. d. Z. ausgestorben ist.

Die sorgfältige Forschungsarbeit von Frau Neumann-Gundrum wurde natürlich, vor allem im deutschsprachigen Raum, scharf kritisiert und die Skulpturen als natürliche Felsformationen abgetan. Doch die Vielzahl der dokumentierten Bearbeitungsspuren und die Bestätigungen, dass es solche sind, von Sachverständigen und diplomierten Bildhauern sowie die Zustimmung zwar weniger, aber

Goldstein (Großaufnahme und Skizze von Elisabeth Neumann-Gundrum, „Das vor-einzelvolkliche Ur-Wissen Europas", Seiten 126 und 127)

 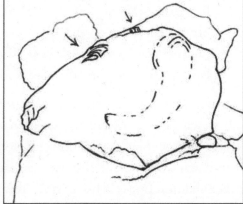

Widderkopf auf dem nördlichen Teil des Felsens IV der Externsteine, von Süd-Westen gesehen (Großaufnahme und Skizze von Elisabeth Neumann-Gundrum, „Das vor-einzelvolkliche Ur-Wissen Europas", Seite 270 und 271)

immerhin einiger Wissenschaftler nationaler wie internationaler Institutionen führten letztlich doch zur öffentlichen Anerkennung ihrer Arbeit, zumindest auf internationaler Ebene.

Doch was ist das Besondere an diesen europaweit zu findenden Groß-Steinskulpturen? Zunächst sind es die Skulpturen an sich, die aufgrund zweier wesentlicher Darstellungsmotive einen überaus fortgeschrittenen Bewusstseinsstand ihrer Schöpfer widerspiegeln: es sind die Zwie- oder Vollsicht sowie die sogenannte Atemgeburt. Mit Zwie- oder Vollsicht sind Darstellungen gemeint, bei denen das rechte Auge geschlossen oder nicht vorhanden beziehungsweise eine leere Augenhöhle zu sehen ist. Ein sehr bekanntes Beispiel hierfür, allerdings aus eher jüngerer Zeit, ist der Gott Odin/Wodan, der nur ein Auge hat. Jenes Attribut dieses Gottes ist wohl ein in die germanische Mythologie übernommenes Artefakt des alten Wissens und Bewusstseins um die echte Vollsicht.

Die an den Groß-Steinskulpturen dargestellte Zwie- oder Vollsicht symbolisiert die ganz bewusste Sicht des Menschen nach innen und nach außen. Erst der gleichzeitige Blick in die Innen- und die Außenwelt wurde und wird als wahre Vollsicht gesehen. Denn nur wenn man die Innen- und die Außenwelt nicht mehr getrennt voneinander, sondern als ein Ganzes erkennt, sieht man das Gesamtbild, ist man vollständig im Hier und Jetzt. Jegliche Trennung in zwei oder gar mehrere Welten teilt das Sein in einzelne Bereiche, die innerhalb oder außerhalb für sich allein Bestand haben. Aufgrund dieser fragmentarischen Sicht (man kann auch sagen eine auf Einzelprozesse fixierte Sicht) ist es unmöglich, vollständige und ganzheitliche Entscheidungen zu treffen.

Diese Darstellungen der Zwie- oder Vollsicht sind in dieser Form eine absolute Besonderheit, da sie fast nur in Europa vorkommen und in keiner anderen Kultur dieser Welt auch nur annähernd in solcher Ausprägung zu finden sind. Die Groß-Steinskulpturen dokumentieren einen ganz besonderen Bewusstseinsstand, den die Menschen nach dieser Epoche offensichtlich verloren haben. Es ist ein Bewusstseinsstand, den wir, die wir wieder nach mehr Natürlichkeit und Nähe zur Natur und zur reinen und ideologisch unverfälschten Schöpfung suchen, uns erst wieder mühsam erarbeiten müssen. Die seelenzentrierte Sicht, die Vollsicht, wie sie in der Groß-Steinskulpturen-Epoche gegenwärtig gewesen sein muss, macht aus dem animalischen und rein physischen Menschen einen vollständigen, beseelten und bewussten Menschen, der im Einklang mit sich und seiner Umwelt ist. Da das eine das andere bedingt, können wir davon ausgehen, dass nur ein dauerhaft erweitertes Bewusstsein der Menschen und wohl auch das Wissen um dessen Besonderheit oder Wichtigkeit, die sie für das Leben darin sahen, dazu führten, dass die Menschen dieser Zeit die Nachwelt genau daran erinnern wollten und deshalb so zahlreich bildhafte Spuren hinterließen. Weitere diesen Bewusstseinsstand verkörpernde Darstellungen sind Zwiegesichter mit einem dritten Auge und teilweise einem sogenannten Kopfhöcker, wie er uns auch oft bei Buddhaskulpturen und -abbildungen begegnet. Die das dritte Auge und/oder einen Kopfhöcker wiedergebenden Darstellungen, sind weitestgehend nur aus dem asiatischen Raum und zu einer viel späteren Zeit (näher an der Zeitenwende) bekannt, sie versinnbildlichen ebenfalls einen höheren Bewusstseins- oder gar Erleuchtungszustand.

Neben der Zwie- oder Vollsicht ist die sogenannte Atemgeburt eine weitere zentrale Symbolik dieser Zeitepoche. Die Atemgeburt ist eine unglaublich klare sowie weise Darstellung der Schöpfung und zeigt auch deutlich differenziert sowohl den Hervorbringer/Schöpfer als auch den schöpferischen Akt und das Erschaffene: aus dem Mund des Gebärenden gehen Menschen und Tiere hervor, sie werden auf diese Weise erschaffen. An diese Atemgeburt erinnert auch die spätere religiöse Vorstellung vom Einhauchen des Lebens, vom Atem Gottes, der den Menschen und allen Wesen das Leben einhaucht.

Einige Groß-Steinskulpturen zeigen auch noch einen anderen Schöpfungsvorgang als den der Atemgeburt: es handelt sich um Kopf-, Achsel- oder Kniegeburten. Allerdings wurden solche Darstellungen in deutlich geringerer Anzahl gefunden. Auch diese Vorstellung von „Geburt/Schöpfung" hat sich bis in spätere mythologische und religiöse Ansichten gehalten, so wurde in der griechischen Mythologie Athene aus dem Kopf von Zeus geboren und nach christlichem Glauben schuf Gott Eva aus einer Rippe Adams. Ob sich aus der Art der Geburt, also der Kopf-, Atem-, Achsel- oder Kniegeburt, irgendwelche hierarchischen Ordnungskriterien herleiten lassen, ist in der Tiefe bisher noch nicht untersucht worden, es wäre aber sicher die Anstrengung wert, dies zu tun.

Neben den genannten Motiven sind immer wieder zahlreiche und ganz unterschiedliche Tiere wie Eidechsen, (Ur-)Schafe, Vögel, aber auch verschiedene Menschentypen dargestellt. Klar zu erkennen sind beispielsweise der Neandertaler, der Cro-Magnon-Mensch (breitschädliger Typus) und der diesen später verdrängende, aus dem Osten stammende leptodolichomorphe Mensch (schmalschädliger Typus). Am Goldstein des Istenberges im Hochsauerland ist beispielsweise die Begegnung eines Neandertalers mit einem anderen, viel größeren Menschen, der aus seinem Mund einen Menschen des Typus homo sapiens sapiens gebiert, zu erkennen. Oder mit anderen Worten: ein Neandertaler wird Zeuge wie der moderne Mensch durch einen anderen, viel größeren Menschen durch eine Atemgeburt erschaffen wird.

Die Vollsicht und die Atemgeburt als zentrale Motive der Groß-Steinskulpturen, die in ganz Europa geschaffen wurden, lassen wie schon erwähnt nicht nur einen fortgeschrittenen Bewusstseinsstand der damaligen Menschen vermuten, sondern auch ein klares Wissen über Schöpfungsprozesse erkennen. Diese Darstellungen verdeutlichen die Ansicht, dass es einen einzigen Hervorbringer (mit Zwiesicht,

 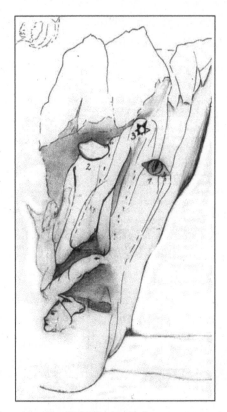

*Motiv der Vollsicht: vorstehender Kopf, Externsteine, Fels II von Süden
(Großaufnahme und Skizze von Elisabeth Neumann-Gundrum, „Das vor-einzelvolkliche Ur-Wissen
Europas", Seite 238 und 239)*

drittem Auge und/oder Kopfhöcker) gab, der seinen Geschöpfen wohl in gewissem Umfang die gleichen Eigenschaften wie die seinen mitgegeben hat. Wie sonst ließen sich die Darstellungen von Wesen ohne drittes Auge und Kopfhöcker neben solchen mit einem dritten Auge erklären, die andere durch Atem- oder Körpergeburten hervorbringen? – Neben der Vielzahl an Groß-Steinskulpturen wurden zahlreiche Klein-Skulpturen und Medaillons gefunden, die als zentrale Motive ebenfalls die Vollsicht und die Atemgeburt aufweisen. Die Fundsituation als Ganzes lässt also vermuten, dass der hohe Bewusstseinsstand und das Wissen von den Schöpfungsprozessen keiner elitären Priester- und/oder Führungsschicht vorbehalten, sondern in allen Menschen zu dieser Zeit und an diesen Orten verankert waren. Mit anderen Worten: Sie lebten als Schöpfer in Einklang mit der Schöpfung.

Wie sich die Vollsicht, der zentrale Wesenszug dieser frühen Europäer, im alltäglichen Leben auswirkte und die Menschen ihr Leben gestalten ließ, können wir heute nur vermuten beziehungsweise aufgrund unseres heutigen Wissens und unserer Vorstellungen spekulieren. Und genau das tun wir nun einmal: Ein Mensch mit Vollsicht, also jener, der gleichzeitig in die Innen- und die Außenwelt blickt, wird sich als ein Teil der Schöpfung erkennen, so wie sie sich um ihn herum in Form der Natur sichtbar, greifbar, riechbar, schmeck- und fühlbar manifestiert hat. In Einklang mit ihr wird er eine Lebensweise führen, welche im Rhythmus mit den Jahreszeiten, mit dem Jahreskreis verläuft. Im Umgang mit seiner Umwelt wird er darauf bedacht sein, die Ressourcen zu schonen und nicht mehr zu verlangen und zu nehmen, als er benötigt. Seine Zeit wird er neben der Sicherstellung seiner Ernährung, Bekleidung und Unterkunft damit verbringen, sich und seine Eigenschaften und Talente schöpfungsrichtig zu entwickeln und diese auszubauen, doch immer im Einklang mit der Natur und nie gegen sie. Er wird immer tiefer in die Mysterien des Lebens und der Schöpfung eintauchen, um diese immer besser zu verstehen. Damit erkennt er sich und seine Position und Aufgabe darin immer deutlicher und damit den Sinn seines Lebens. Seine Passion ist daher nicht das Wissen-Schaffen, sondern das Bewusstsein-Schaffen, die Seele in allen Wesen und der Schöpfung zu erfahren und auf diesem Weg selbst und in seinem Rahmen schöpferisch tätig zu werden. Da er alles als beseelt erkennt, gibt es für ihn keine leblosen Dinge, wird alles als lebendig angesehen und mit Achtung behandelt. Dabei sammelt er, beginnend mit dem Eintritt in seine Lebensspirale und endend mit dem Ausstieg aus dieser, permanent Erkenntnisse und Einsichten, die sein Bewusstsein und Verstehen immer weiter voranbringen und entwickeln.

Im Zusammenleben und Zusammensein mit anderen wird er kein dominantes Verhalten zeigen und darum bemüht sein, Entscheidungen sachlich und anhand der Notwendigkeiten und Fakten zu treffen, ganz im Einklang mit anderen Menschen und seinem Umfeld als Ganzes. Mann und Frau werden wohl gleichberechtigt miteinander leben. Wobei der Frau als Lebensbringerin eine besondere Rolle zukommen mag, während der Mann die Position als Lebensbewahrer innehat. Durch solche Partnerschaften entsteht eine sich gegenseitig fördernde Polarität. Die gesamte Gemeinschaft hat nur wenige, aber dafür sehr klare Regeln, die von allen festgelegt und mitgetragen werden. Die in Gruppenaktivitäten nötigen Leiter oder Führer werden alleine nach ihren Fähigkeiten bestimmt. Machtgier und -gelüste werden als wesensfremde Züge angesehen. Es bedarf keiner Strafgesetze, wenn überhaupt Regeln geschaffen werden, dann nur in Form von Ausgleichsgesetzen, die aber so gut wie nie angewendet werden müssen, da jeder von sich aus nach

Ausgleich strebt. Diese Menschen leben wild und frei, in Liebe zur Schöpfung und in Achtsamkeit gegenüber deren Wesen. Dabei sind sie sehr wohl in der Lage, sich zu behaupten und weniger bewussten Menschen klare Grenzen zu zeigen, wohlwissend, dass diese eben nicht über das notwendige Bewusstsein verfügen, um bessere Entscheidungen treffen zu können.

Interessant an dieser Spekulation – die zugleich eine Wunschvorstellung für eine zukünftige Gesellschaft darstellt – ist die Tatsache, dass es keine Funde gibt, die erkennen lassen, dass es in Europa vor dem dritten Jahrtausend v. d. Z. Umweltzerstörungen oder Raubbau an der Natur gab, wie es in späteren Zeiten häufiger der Fall war. Auch wurden keine spezifischen Kriegswaffen gefunden, solche kamen erst viel später auf.

Hinsichtlich bildhafter Darstellungen aus frühen Zeiten überwiegen in anderen Regionen dieser Welt ganz andere Motive. In Asien beispielsweise wurden Gesichter mehrheitlich mit nur ganz leicht geöffneten oder gänzlich geschlossenen Augen festgehalten, was eher eine Abkehr von der Außenwelt in die Innenwelt zum Ausdruck bringt. Untermauert und bestärkt wird diese Mutmaßung durch die späteren östlichen Weisheitslehren und Religionen, bei denen in überwiegendem Maße die individuelle Einkehr und der Ausstieg des Einzelnen aus dem karmischen Rad der Inkarnationen im Vordergrund stehen. Im süd- und osteuropäischen Raum hingegen überwiegen in den Darstellungen geöffnete Augen, was einer Abkehr von der Innenwelt und einer völligen Zuwendung zur Außenwelt gleichkommt, an die sich beispielsweise die Griechen gänzlich verloren haben, und zwar so sehr, dass sie Menschen wie Sokrates, die noch andere Sichtweisen auf die Dinge und das Leben aufzeigten, einfach umbrachten. Im Gesamtbild der Menschheitsentwicklung sind die aus diesen unterschiedlichen Darstellungen und Geisteshaltungen resultierenden Folgen sehr beachtlich und anhand des geschichtlichen Verlaufes klar nachvollziehbar. So basieren auf dem griechischen Vorbild alle späteren Entwicklungen in Europa. Folgerichtig musste aus dieser Haltung heraus in unseren Breiten das mechanistische Weltbild mit seinen vielen Spezifizierungen entstehen sowie die zunehmende Entfremdung und Loslösung von allem natürlichen und der Schöpfung stattfinden.

Eine nicht unwesentliche Frage ist die, wie die Groß-Steinskulpturen, die immerhin zwischen zehn und mehreren dutzend Metern hoch sind, überhaupt geschaffen wurden. Zum einen mussten die damaligen Menschen ein sehr gutes

Gespür für die „richtigen" natürlichen Gesteinsformationen gehabt haben, die für das geplante Motiv prädestiniert waren. Das setzt wiederum voraus, dass diese Menschen schon eine klare Vorstellung davon hatten, was sie darstellen wollten, dreidimensional und weitgehend richtig proportioniert. Andersherum inspirierte sicher auch die eine oder andere natürliche Form eines Felsens zu bestimmten Motiven und gab gewissermaßen das Thema vor. So oder so müssen die Arbeiten gewaltig gewesen sein, um die Skulpturen und die einzelnen Motive so klar erscheinen zu lassen, und das auch noch mehrere tausend Jahre später, im Falle des Goldsteins über 30.000 Jahre. Noch heute schauen uns nahezu unbemerkt aus vielen Felsformationen unzählige Gesichter und Augen an. – Wie mögen diese Groß-Steinskulpturen wohl direkt nach ihrer Fertigstellung ausgesehen haben und welch erhabenen Eindruck hinterließen sie bei den sich der Symbolik, die vielleicht noch farblich hervorgehoben wurde, wohl bewussten Menschen? Wer kann das schon sagen, auch hier sind der Vorstellungskraft wieder einmal keine Grenzen gesetzt.

Da diese Arbeiten wohl nicht oder nicht nur mit Stein- oder Kupferäxten durchgeführt werden konnten, stellt sich die Frage, welche Werkzeuge tatsächlich benutzt wurden. Auch die Lage der für eine Groß-Steinskulptur vorgesehenen natürlichen Gegebenheiten berechtigt zu der Suche nach einer Erklärung, wie die Schaffung der jeweiligen Skulptur überhaupt gelang. Der Kalmbergkopf in Kärnten beispielsweise wird noch heute von den dortigen Dorfbewohnern alljährlich feierlich geputzt, aber von erfahrenen Kletterern und mit entsprechender neuzeitlicher Bergsteigerausrüstung. Ein solches Equipment wäre aus heutiger Sicht für die Schaffung der meisten solcher Groß-Steinskulpturen unbedingt nötig. In diesem Zusammenhang ist natürlich auch zu bedenken, dass vollsichtige und ganzheitlich bewusste Menschen für solche Skulpturen sicher nicht zahllose Menschenleben opfern würden, wie man es in späteren Zeiten beispielsweise in Ägypten tat. Welchen technologischen Stand hatten die Menschen der Groß-Steinskulptur-Epoche also wirklich und welche verlorengegangenen Kenntnisse hatten sie darüber hinaus noch?

Auch die Frage nach schriftlichen Hinterlassenschaften wird durch die Groß-Steinskulpturen beantwortet. Der hohe Bewusstseinsstand der damaligen Menschen erklärt im Grunde, weshalb sie nichts aufschreiben mussten, denn über alles, was für sie wichtig war, waren sie sich voll bewusst, das heißt, sie kannten alles in aller Tiefe und hatten die Seele darin erkannt. Ähnliches kennen wir von den späteren Druiden, die viele viele Jahre zur Lehre gingen und ebenfalls nichts aufschrieben,

 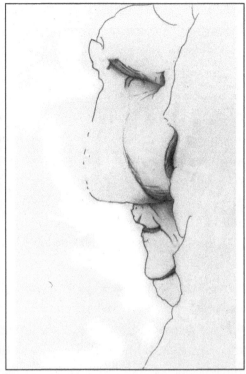

Kalmbergkopf, Goiserntal in Österreich (Großaufnahme und Skizze von Elisabeth Neumann-Gundrum, „Das vor-einzelvolkliche Ur-Wissen Europas", Seite 396 und 397)

sondern alles so lernten, dass sie es im Kopf hatten und sie sich keiner Aufzeichnungen behelfen mussten.

Ein alter Spruch lautet: „Wer weiß, hat es im Kopf, wer nicht weiß, muss es sich aufschreiben." Es ist ein Schwerpunkt meiner Seminararbeit, den Menschen beizubringen, sich bewusst mit einer Sache auseinanderzusetzen. Die wenigsten sind heute dazu in der Lage und haben ein schweres Stück Arbeit vor sich, um überhaupt dahin zu kommen, etwas bewusst tun zu können. Und es ist zu beachten: etwas „bewusst" zu tun, ist etwas ganz anderes, als etwas „konzentriert" zu tun. Wer den Unterschied, kennt weiß, dass dazwischen Welten liegen wie zwischen Leichtigkeit und Schwere oder Verbundenheit und Isolation. Die Erfahrung hat gezeigt: Wenn es den Teilnehmern gelingt, sich wieder bewusst mit einem Thema oder einer Sache auseinanderzusetzen, sie die Seele darin gefunden haben und alles darüber wissen, was für sie nötig ist, dann müssen sie sich dazu nichts mehr notieren oder aufschreiben. Sie erkennen selbst, dass dies nun unnötig ist. Eben aus dieser vielfachen Erfahrung nehme ich an, dass der Bewusstseinsstand der Menschen der Groß-Steinskulptur-Epoche Niederschriften unnötig machte.

Zusammenfassend kann gesagt werden, dass in Mitteleuropa über einen sehr langen Zeitraum Menschen existiert haben müssen, deren Bewusstseinsstand auf einem sehr hohen Niveau war, die im Einklang mit der Schöpfung lebten, vollsichtig und ganzheitlich ausgerichtet waren und Werke wie die Steinskulpturen schufen, die genau dies motivhaft darstellten und der Nachwelt hinterließen. Zudem müssen sie sehr handfertig gewesen sein und über herausragende Technologien verfügt haben, und für den Umgang und die Weitergabe all ihres Wissens waren schriftliche Hinterlassenschaften nicht erforderlich.

Genau in diese besondere Zeit und zu diesen Menschen reichen unsere wahren Wurzeln zurück. Sich das bewusst zu machen, ist ein wahrlich gutes Gefühl. Allerdings erhebt dieses bisher weitestgehend unbekannte Bild unserer Ur-Ahnen auch einen gewaltigen Anspruch an uns: Wir müssen heute erst wieder einen solchen Bewusstseinsstand erreichen beziehungsweise ihm überhaupt erst einmal nahekommen. Das ist umso schwieriger, da dies nicht unsere einzige Aufgabe ist, denn es hat ja einen Grund, weshalb diese Menschen und diese Kultur, die immerhin von Sizilien bis Spanien und bis hoch nach Norwegen existierte, im Dunstschleier der Geschichte verschwanden. Im weiteren Verlauf dieses Buches werden wir sehen, was das für Aufgaben sind, die wir für das Wiedererlangen eines höheren Bewusstseinsstandes zu verrichten haben. Für mich scheinen unsere Vorfahren ein erstes Leuchtfeuer im Dunkel der Menschheitsentwicklung gewesen zu sein, doch irgendetwas fehlte noch, um darauf aufbauen und sich weiterentwickeln zu können, oder der richtige Zeitpunkt, um daran anzuknüpfen, war noch nicht da.

Der Übergang von der Groß-Steinskulptur-Epoche in eine andere Zeit

Die Spur der Groß-Steinskulptur-Kultur verliert sich zwischen dem 8. und 6. Jahrtausend v. d. Z., eindeutige Hinweise für eine direkte Nachfolge gibt es keine. Rein archäologisch gesehen begann etwa 4.700 Jahre v. d. Z. ganz langsam die sogenannte Megalithkultur, Zeugnisse dieser Zeit sind noch heute Dolmen sowie Steinkreis- und/oder Holzkreisbauten. Das bekannteste Bauwerk der Megalithzeit ist der Steinkreis von Stonehenge, doch es zählt neben den vielen anderen noch erhaltenen Hinterlassenschaften aus dieser Zeit zu den jüngeren Bauten. Außer diesen Steinkreisbauwerken sind andere Dolmenbauten sowie die bekannten Dolmengräber über ganz Europa verstreut, schwerpunktmäßig in West- und Nordeuropa, so in der Bretagne, in Irland, Wales, Deutschland oder Dänemark. In Südeuropa befinden sich einzelne Häufungen beispielsweise in Spanien, Portugal, Griechenland und auf Sizilien. Weiterhin stehen vereinzelte Dolmen-Gruppen in Georgien, Südrussland, Thrakien, Bulgarien und in der Türkei, auch in Algerien, Tunesien, Marokko, Indien, Japan und Korea sowie in Nord- und Südamerika wurde man fündig. Insgesamt fällt auf, dass die meisten der bisher gefundenen Megalithbauten in Küstennähe stehen, im Landesinneren sind es verhältnismäßig weniger.

Die Megalithkultur scheint eine globale Kultur gewesen zu sein, die uns heute mehr Rätsel aufgibt als Antworten liefert. Zu diesen Rätseln tragen auch die in der Nähe einiger Steinkreise gefundenen Holzkreisbauten, Woodhenge genannt, bei, da sie die Gesamtfundlage in einen anderen Kontext stellen und damit das Gesamtbild, das bisher von der damaligen Zeit bestand, deutlich verändern und erweitern. Die Stein- und Holzkreise gehörten offensichtlich zusammen, diesen Schluss lässt besonders die sehr umfangreiche und gute Fundsituation um Stonehenge zu. Archäologen gehen sogar davon aus, dass Stonehenge den Toten und Woodhenge den Lebenden geweiht war. Man fand sogenannte Prozessionsstraßen, die vermuten lassen, dass es zu den Sonnenwendfeiern Umzüge zwischen den beiden Bauwerken gab, die wegen der Abstände der Bauten zueinander wohl mindestens einen Tag dauerten. Berge von Abfällen, die von riesigen Feiern zeugen, lassen darauf schließen, dass diese Bauwerke und deren Umgebung nur zu den Sonnenwenden bevölkert waren und es an Überfluss nicht mangelte. Diese Aussage hat man aufgrund der Art der Abfälle treffen können, die klar einer Ernte- und/oder

Wachstumsperiode zugeordnet werden konnten. Mit anderen Worten: Das, was man dort an Abfall fand, war damals nur im Sommer oder Winter verfügbar. Im Sommer, wo alles frisch und im Überfluss vorhanden war, hat man sicher keine haltbar gemachten Dinge verzehrt. Im Winter hingegen gab es keine frischen Nahrungsmittel und keine Tiere, deren Wachstumsstatus dem des Sommers entsprach.

Die Megalithzeit beziehungsweise -kultur, die größtenteils datiert wird auf den Zeitraum um etwa 4500 bis 2000 v. d. Z., ist archäologisch gesehen und entsprechend der Fundsituation scheinbar eine späte Nachfolgerin der Groß-Steinskulptur-Epoche, die 8000 v. d. Z. endete. Allerdings ist diese zeitliche Angabe eine „Sicherheitsangabe", um den Kritikern dieser Forschung ein anhand des Aussterbezeitraums des Ur-Schafes gesicherten Zeitraum vorweisen zu können. Es klafft daher zwischen den beiden Kulturen zwar eine scheinbare Zeitlücke von rund 3.500 Jahren, doch ist diese eher eine künstlich herbeigeführte., Eher wahrscheinlich ist es, dass die Megalithkultur auf der Groß-Steinskulpturen-Zeit gründet oder aus ihr hervorgegangen ist, denn frühe Megalithbauten weisen noch Symbole der „alten" Zeit auf, die dann aber im Laufe der Zeit mehr und mehr verschwanden.

Während aus der Groß-Steinskulptur-Epoche „nur" noch einige Skulpturen erhalten sind, gibt es aus der Megalithkultur neben den genannten Steinzeugen noch die eine oder andere Hinterlassenschaft mehr, die auch von einem deutlich veränderten Umgang mit Wissen und Kenntnissen zeugt. Prominente Beispiele sind die Himmelsscheibe von Nebra und die Goldhüte oder Goldkegel aus Berlin, Schifferstadt, Ezelsdorf und Avanton. Für die Fertigung dieser Werke wurden offensichtlich ein Wissen und Fertigkeiten angewandt, die über sehr viele Generationen zurückreichte. Die Himmelsscheibe von Nebra, die auf eine Zeit zwischen 2100 und 1700 v. d. Z. datiert wird, ist etwas älter als die Goldhüte oder Goldkegel, die zwischen 1700 und 1200 v. d. Z. gefertigt wurden. Zu der eher unspektakulär anmutenden Himmelsscheibe ist aus meiner Sicht und an dieser Stelle nur zu sagen, dass sie ein Beweis dafür ist, dass die Menschen sich damals intensiv mit dem Lauf der Gestirne und der Bestimmung der jahreszeitlichen Fixpunkte beschäftigten und ziemlich genaue Vorstellungen von dem sie umgebenden Kosmos sowie auch der Position der Erde in diesem hatten. Manch einer, wie beispielsweise Rahlf Hansen vom Planetarium Hamburg, vermutet, dass zu dieser Zeit auch das Wissen von den Unterschieden zwischen Sonnenjahr und Mondjahr sowie deren Ausgleich bestand. Wenn man diese Vermutung als Tatsache ansieht, dann wären die mit der Himmelsscheibe verbundenen astronomischen Kenntnisse nicht nur gleichzusetzen mit dem

 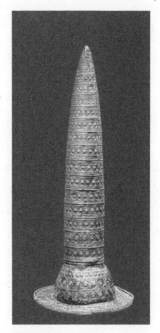

Links: Goldhüte von Avanton (Westfrankreich), Ezelsdorf-Buch (Bayern) und Schifferstadt (Rheinland-Pfalz) (aus „Bronzezeit in Deutschland. Archäologie in Deutschland", Sonderheft 1994)
Rechts: Berliner Goldhut (Quelle: Wikipedia, Foto: Philip Pikart)

Wissen um die babylonischen und altägyptischen Schaltmonate, das auf den Venus-Tafeln des Ammi-saduqa (ca. 1680 v. d. Z.) festgehalten ist, sie wären sogar älter.

Doch weitaus interessanter als die Himmelsscheibe von Nebra sind die Goldhüte, denn sie zeigen eindrucksvoll, auf welch hohem Niveau die Himmelsforschung, das Kalenderwissen, die Mathematik und das Handwerk in der Megalithkultur waren. Die Menschen dieser Zeit hatten den Himmel verstanden. Sie wussten, dass das Sonnenjahr 365,5 Tage beträgt, das synodische Mondjahr aber nur 354, also 11 Tage weniger. Sie teilten das Jahr mit den Sonnenwenden und den Tagundnachtgleichen in vier Jahreszeiten und dritteln diese, so dass sich zwölf Monate mit abwechselnd dreißig und einunddreißig Tagen im Jahreslauf ergaben. Die Goldhüte beschreiben eine 19-jährige Periode oder anders gesagt 235 Mondumläufe und sind dabei beispiellos präzise. Dies verwundert nicht, wenn man bedenkt, dass sie zur Herstellung derselben ein über viele Generationen zurückreichendes Wissen über den Lauf der Gestirne in ein arithmetisches Rechensystem umsetzen mussten, um dieses auf die kegelförmigen, sich nach oben verjüngenden Hüte übertragen zu können. Die Darstellungen mussten exakt nach Zahl der Zonen, es sind insgesamt drei, nach der Breite der Punzierung sowie der Anzahl und Größe der Punzstempel, der Breite der Friese und in Bezug auf den konisch zulaufenden Hohlkörper vorberechnet werden. Dies ist selbst für heutige Verhältnisse eine nicht einfache Aufgabe. Betrachtet man die Arbeit genauer, wird die Faszination über diese Werke noch größer, denn das Gold wurde ohne Fehler hauchdünn ausgetrieben und die Symbolik ohne bis heute Risse zu bilden einpunziert. Nach heutigen Maßstäben sind dazu über 30 unterschiedliche Werkzeuge nötig. Der Goldhut von Schifferstadt beispielsweise ist breitkrempig, 35 Zentimeter hoch und wiegt nur 350 Gramm. Auch für heutige Goldschmiede wäre die Herstellung beziehungsweise Nachbildung eines solchen Hutes mehr als eine Herausforderung.

Mögen Funde wie die Goldhüte noch so groß- und einzigartig sein sowie von einem hohen technologischen und methodischen Wissen zeugen, die Steinkreise stehen ihnen diesbezüglich in nichts nach. Stonehenge wurde erbaut aus einem durch Silikate verbundenen Sandstein, einem Material, das etwas härter ist als Granit, sowie aus grauem und blauem Basalt, sogenanntem Dolerit. Alle Steine sind, auch wenn man wohl versuchte, ähnlich proportionierte Steine zu verwenden, unterschiedlich lang, breit und dick. Ihr Einzelgewicht ist erheblich, sie wiegen zwischen 25 Tonnen (die Decksteine und die inneren Steine) und mehr als 50 Tonnen (die äußeren stehenden Steine). Um Stonehenge zu errichten, mussten diese Schwergewichte zunächst zwischen 30 und 240 Kilometer zum Bauort transportiert werden. Um einen der großen Sarsensteine oder Heidensteine, wie die Säulensteine auch genannt werden, zu bewegen, wurden nach Angaben der Archäologen für ansteigende Streckenabschnitte rund 1.000 Menschen oder eine entsprechende Anzahl von Zugtieren benötigt. Nachdem sie vor Ort waren, wurden sie nicht einfach in den Boden gestellt, diese stehenden Steine wurden an der Oberseite nicht nur plan gearbeitet, sondern es wurden je zwei Zapfen stehen gelassen, auf welche die Decksteine, die eine entsprechende Vertiefung aufweisen, passgenau gesetzt wurden. Bevor jedoch die Decksteine aufgelegt werden konnten, mussten all die unterschiedlich hohen Säulen so platziert werden, dass ihre obere Fläche vollkommen waagerecht und alle zusammen auf der gleichen Höhe waren, obgleich der Untergrund nicht ganz eben war. War nicht schon die Bearbeitung des enorm harten

Materials eine große Leistung, so zeugt das passgenaue Aufstellen der großen Steine von ebenso hoher Fachkenntnis und Fertigkeit. Damit die Oberseiten auf gleicher Höhe sind, musste für jeden der unterschiedlich langen Sarsensteine ein passendes Fundament ausgehoben werden. Und nicht nur das: Die Fundamente mussten so angelegt sein, dass ein späteres Absenken für lange Zeit nicht geschehen konnte. Anschließend mussten die den Ring bildenden tonnenschweren Decksteine nicht nur auf eine beachtliche Höhe gebracht werden, sondern jeder einzelne musste mit den eingearbeiteten Löchern auf die beiden Zapfen des jeweils vorgesehenen Sarsensteines passen. Ähnliche Beispiele finden wir in Gobekli Tepe in der Türkei und in Baalbek in Persien, wo sogar Steinblöcke mit über 1.500 Tonnen Gewicht verbaut, das heißt bewegt und zu einem Bauwerk zusammengefügt wurden. – Wie konnten die damaligen Menschen all dies bewerkstelligen? Die Erklärungen der Archäologen belaufen sich darauf, dass die Erbauer mit Steinwerkzeugen, handgeknüpften Seilen aus Pflanzenfasern und Holzkonstruktionen ans Werk gingen. Doch welche Werkzeuge sind wirklich dafür nötig, um harten Granit zu bearbeiten? Was bedarf es, um einen 50 Tonnen schweren Stein auch nur zu bewegen, geschweige denn mehrere Kilometer zu transportieren? Heute nutzen wir für solche Arbeiten Laser, Diamantwerkzeuge und spezielle Hochleistungskräne. Glaubt da wirklich jemand, Steinwerkzeuge und Pflanzenfaserstricke seien da eine echte Alternative?

Es stellt sich also immer wieder die Frage, wie die Menschen früher solche Bauwerke und höchst kunstvolle Gegenstände errichten beziehungsweise fertigen konnten und wozu sie darüber hinaus noch fähig waren? Sind beispielsweise die Sonnenscheibe von Nebra oder die Goldhüte allein ihre Errungenschaft oder brachten sie in diese ein viel älteres Wissen ein, um es nicht gänzlich zu verlieren? Vielleicht die Reste der Groß-Steinskulptur-Epoche?

Um die Megalithkultur etwas klarer und nicht nur aus archäologischer Sicht betrachten zu können, helfen die Ausführungen der sogenannten *„Oera-Linda-Handschrift"* (nachfolgend OLH genannt) in der Übertragung von Harm Menkens (andere Werke dazu sehe ich eher als verwirrend an), um den ein oder anderen Sachverhalt zu verstehen. Um aber die Ereignisse der damaligen Zeit richtig einordnen zu können, muss man wissen, dass Europa, insbesondere im Norden und Westen, ganz anders aussah als heute. Der gesamte Bereich von der Deutschen Bucht, also das Gebiet der heutigen dänisch-deutsch-niederländischen Nordseeküste, bis hin zur Doggerbank, einer großen Sandbank etwa 500 bis 600 Kilometer vor der Nordseeküste, war weitgehend trockenes und besiedeltes Land. Manche gehen sogar davon aus, dass man trockenen Fußes vom heutigen Dänemark bis Großbritannien laufen konnte. Nach der letzten Eiszeit entstanden im nordwesteuropäischen Tiefland, zu dem die Deutsche Bucht zählt, bis hin zur Doggerbank zahlreiche flache Binnenmeere, die nach und nach zuwuchsen und riesige Torfmoore bildeten. Damals wie heute war dieser Bereich flach und sandig. Die Küstenlinie verlief also etwa 600 Kilometer weiter nördlicher als heute, der Meeresspiegel war um einiges niedriger, die Angaben schwanken zwischen 4 und 12 Metern (während der großen Eiszeit waren es cirka 120 Meter). Diese gesamte Landfläche hatte also keinen wirklich festen Untergrund und bestand in großen Teilen aus den schon erwähnten Torfmooren, den sogenannten Torflinsen, die sich zwischen Sand und Tonflözen gebildet hatten; es waren zunächst Niedermoore, die sich mit der Zeit zu Hochmooren entwickelten. Hinzu kam noch, dass fast diese gesamte Festlandfläche, die zwischen der Doggerbank und der heutigen Nordseeküste bestand, knapp unter dem damaligen Meeresspiegel lag, womit Überflutungen durch den bestehenden Höhenunterschied ein hohes Zerstörungspotenzial hatten. Bei einer normalen Flut sind die Kräfte der Wassermassen schon enorm, doch bei Überflutungen einer Landfläche, die tiefer als der Meeresspiegel liegt, kommt zum Druck des einströmenden Wassers noch dessen erhöhte Beschleunigung durch das Gefälle hinzu, was gewaltige Kräfte erzeugt.

Damals war dieses gesamte „unsichere" Land zwischen Doggerbank und Festland besiedelt, eine Fläche, die so groß war wie mehrere heutige Bundesländer. Das scheint nun zwar recht leichtsinnig gewesen zu sein, doch merkt man nicht unbedingt, auf welch unsicherem Untergrund man sich da ansiedelt. Wir kennen mehrere Beispiele aus jüngerer Zeit, wo solch unsicheres Terrain bebaut wurde und dann plötzlich einbrach. Durch die wiederholte Überspülung mit Sand, wie beispielsweise bei Fluten oder Hochwassern, wird dieser angespült und abgelagert. Wenn die Sandschicht irgendwann dick genug ist, kann man nicht mehr erkennen, ob man auf solch einer Torflinse steht oder auf zwar sandigem, aber festem Grund. Die Geschichte Rungholts ist ein gutes und zeitnahes Beispiel sowohl für die Besiedlung des Landes zwischen der heutigen Küste und der Doggerbank als auch für den Untergang der vielen Niederlassungen durch eine große Flut. Es war wohl eine der größeren Katastrophen der neueren Geschichte, denn es gingen bei der „Marcellusflut" 1362, auch bekannt als „Grote Mandränke", gingen insgesamt 30 Dörfer in den Wassermassen unter, etwa 10.000 Menschen ertranken. Der Name „Rungholt" bedeutet übersetzt „Niederholz" und bezieht sich auf den kleinwüchsigen Wald in diesem hügeligen Gebiet. Rungholt wurde in zeitgenössischen Schriften als sehr wohlhabende Gegend beschrieben, die von Seehandel, Viehzucht und Salzgewinnung lebte. Dieser Wohlstand wird auch der Grund gewesen sein, weshalb man seinem Untergang überhaupt so viel Aufmerksamkeit schenkte, denn solche Tragödien kamen in dieser Gegend häufiger vor. Zwei benachbarte Orte, die ebenfalls in der „Groten Mandränke" (1362) untergingen, fanden damals kaum Erwähnung. Tatsächlich verschwanden damals neben Rungholt und seinen zwei direkten Nachbarorten insgesamt 30 Dörfer vollständig in den Fluten, weshalb die Zahl von etwa 10.000 ertrunkenen Menschen nur eine grobe Schätzung sein kann. Damals wurde das gesamte Gebiet an der damaligen norddeutschen Küste, die nur wenige Dutzend Kilometer vor der heutigen Küstenlinie lag, überflutet. Durch das mit hohem Druck einströmende Wasser und die schweren Regenfälle schwamm auch das Torfmoor auf, und der mit Wasser durchtränkte Oberflächensand „verflüssigte" sich. Was die Sturmflut nicht mit sich riss, versank im sandigen und torfigen Untergrund und ließ weder Mensch noch Tier eine Überlebenschance.

Im Jadebusen in Norddeutschland gibt es vor dem Seedeich von Seestedt noch immer solch ein Stück schwimmendes Moor mit einem für dieses Habitat ganz spezifischen Pflanzenwuchs, der sich deutlich vom Umland unterscheidet. Dort kann man sich „live und in Farbe" die Aktivität einer solchen Torflinse ansehen: Bei Flut hebt sich das gesamte Moor an, schwimmt sozusagen auf, und bei Ebbe senkt es sich wieder. Kommt dann eine Überflutung oder ausreichende Durchnässung der Sandschicht von oben hinzu, sind die besten Voraussetzungen für eine sogenannte Sandverflüssigung gegeben. So oder so ähnlich kann man sich die gesamte Landfläche zwischen Festland und Doggerbank um 3000 v. d. Z. vorstellen.

Auf diesem unsicheren Land lag das politische und kulturelle Zentrum eines Volkes, das sich – in unsere heutige Sprache übersetzt – „Fryas Volk" oder auch „Volk der Freien" nannte. Tacitus erwähnt dieses Volk in seinem Werk *„Germania"* und nennt es interessanterweise „Ingaevonen" (Ingwäonen), was übersetzt „die Einzigen, die Gesetze haben" bedeutet (inga = einzige und èvva = Gesetze). Diese auch wissenschaftliche Bezeichnung des bisher eher unbekannten Volksstammes ging im Laufe der Frühgeschichte zwischen den großen Stämmen von Germanen und Kelten unter. Doch nicht nur von Tacitus wissen wir von diesem Volk, auch in den Schriften und Erzählungen der Griechen und Ägypter wird es immer wieder erwähnt. Aus den griechischen Quellen erfahren wir, seit wann es dieses Volk in etwa gab. Platon (427-347 v. d. Z.) erzählt in seinen um 360 v. d. Z. geschriebenen Dialogen „*Timaios*" und „*Kritias*" von den Reisen Solons (640-560 v. d. Z.) nach Ägypten. Zwar geht es in diesem unvollendet gebliebenen Werk Platons in erster Linie um den Krieg mit Atlantis, doch werden in diesem Zusammenhang auch die Reisen von Solon erzählt, die einige Generationen vor Platon stattfand. In Ägypten traf Solon einen Priester, der ihm von den Anfängen der Griechen, Ägypter und dem Volk hinter den Säulen des Herkules berichtete. Der Priester erzählte Solon, dass dieses Volk die Gründerväter der vor cirka 8.000 Jahren entstandenen Länder Griechenland und Ägypten waren. Rechnet man das Jahr 570 v. d. Z., an dem die Reise etwa begann, hinzu, muss sich dieses Volk etwa 8500 bis 8600 v. d. Z. nicht nur wahrnehmbar entwickelt und Bekanntheit bis in den Mittelmehrraum erfahren haben, sondern auch in der Lage gewesen sein, dort große Niederlassungen zu gründen. In Platons Werk wird sogar vom Krieg gegen die Atlanter als ein Ereignis gesprochen, das mehr als neun Jahrtausende zurücklag. Rechnen wir nun die cirka 360 Jahre v. d. Z., in dem das Werk entstand, hinzu, kommen wir auf mehr als 9.300 Jahre v. d. Z. Wir können diesbezüglich also nur mit Zeiträumen und nicht mit exakten Jahreszahlen umgehen.

Das Fryas Volk war nach den Angaben aus „fremden" Ländern allerdings nicht nur das einzige, das lange vor der Zeitenwende Gesetze hatte, sondern auch das einzige, das zu so früher Zeit (8500 v. d. Z.) zur See fuhr. Die Fryas nannten den nördlichen Teil ihres Reiches, in dem auch ihr Zentrum lag, Aldland oder Atland. Heute weiß man, dass sie unter anderem für die ägyptischen Pharaonen zur See fuhren und deren Handelsverbindungen aufrecht erhielten und dass sie enge Beziehungen im gesamten Mittelmeerraum pflegten. Es heißt auch, dass sie an der Entstehungsgeschichte des einen oder anderen Mittelmeervolkes mitwirkten, sprich mit an deren Anfang standen. So hat man in der Nähe des heutigen „alten Marseille" eine noch viel ältere Ansiedlung gefunden, und nach der OLH hatten die Fryas dort eine Niederlassung gegründet. Dass ihre Wege beziehungsweise Fahrten bis zum Mittelmeer führten, bezeugt der Sensationsfund eines Schiffes, das Ende des 14. Jahrhunderts v. d. Z. vor der Landzunge Uluburuns (Ost-Türkei) sank. Es hatte die typische Form der Frya-Schiffe (sie ähnelten den späteren Wikinger-Schiffen) und hatte eine Ladung mit einem Gewicht von cirka 20 Tonnen. Mitgeführt wurden Kupferbarren, Zinn, Glas, Perlen, Ebenholz, Elfenbein, Gewürze und Amphoren. Dieses Schiff wurde von experimentellen Archäologen nachgebaut und auf seine

Seetauglichkeit überprüft – dies hatte die Nachbildung mit Bravour bestanden. Im Mittelmeerraum gab es bereits um 2000 v. d. Z. einen regen Seehandel, wobei beachtliche Tonnagen befördert wurden, und 20 Tonnen Fracht sind natürlich keine Kleinigkeit.

Bemerkenswert war auch die äußerst hochentwickelte Gesetzgebung der Fryas. Allerdings waren die Gesetze nicht nur in Schriftstücken verankert, sie standen zudem an den Wänden ihrer Burgen, so dass jeder, der diese betrat, sie lesen konnte/musste, weshalb auch davon ausgegangen werden kann, dass der Großteil der Menschen sowohl lesen als auch schreiben konnte, da ansonsten eine solche Maßnahme wohl ihren Sinn verfehlt hätte. Da die aus Holz errichteten Burgen später vernichtet wurden, zeugt als einziges die *„Oera-Linda-Handschrift"* von der Allgegenwärtigkeit der Gesetzestexte. Der Fryas höchstes Gut war Freiheit, als „frei" sahen sie jene an, die weder Sklave eines anderen noch ihrer Leidenschaften waren – eine auch für heutige Verhältnisse weise und weitreichende Sichtweise. Sklaventum war bei anderen Völkern in dieser Zeit üblich, und es konnten sich jene, die lieber von anderen versorgt werden wollten, anstatt sich selbst zu unterhalten, entsprechend gut gestellten Menschen als Sklave anbieten (ein Schelm, wem da Parallelen zur heutigen Zeit auffallen). Die spirituellen Vorstellungen der Fryas waren einfach und im Grunde monotheistischer Natur: Vvralda ist das einzig Ewige, Unveränderliche und Vollkommene. Alles kommt aus Vvralda, zunächst der Anfang, dann die Zeit, anschließend Irtha, die Erde. Irtha gebärt alle Pflanzen und Tiere sowie auch die drei Rassen der Menschen, die Lyda, die Finda und die Frya, die ihre Stammmutter und Vertreterin Vvraldas auf Irtha ist und entsprechend verehrt wurde.

Die Gesetze des Fryas Volkes wirken bezogen auf unsere heutige Zeit sehr weise, und es gab drei Grundsätze, auf denen sie errichtet wurden:

1. Jedermann weiß, dass er seinen Unterhalt haben muss. Aber wird jemandem sein Unterhalt vorenthalten, weiß kein Mann, was er tun soll, um sein Leben zu behalten/unterhalten.
2. Alle erwachsenen Menschen werden angehalten, Kinder zu zeugen. Wird das verwehrt, so weiß niemand, was Arges davon kommt.
3. Jeder weiß, dass er frei und unverletzt leben will und dass andere das auch wollen.

Daraus gingen nun sämtliche Gesetze hervor, welche die freiheitlichen Rechte aller Fryas regelten, darunter waren auch ganz spezielle, so die Rechte der Mutter und der Könige oder für die Seefahrer. Zudem gab es Wehrgesetze, Gesetze gegen Not und Unzucht, Gesetze für neidische Menschen, Gesetze, wie Armen zu helfen ist. Es wird ersichtlich, dass die Gesetzgebung darauf ausgerichtet war, dass jeder in Freiheit leben, sich unterhalten und im Einklang mit den anderen seinen Weg gehen konnte. Wer sich etwas eingehender mit der *„Oera-Linda-Handschrift"* beschäftigt, wird erstaunt sein, wie fortschrittlich auch aus heutiger Sicht diese Gesetze waren. Eine der für mich wichtigsten Anordnungen war, dass die Gesetze sich immer an der Natur zu orientieren haben und bei Veränderungen dahingehend zu korrigieren sind. Dies ist das genaue Gegenteil unserer gegenwärtigen Gesetzgebung und dem „Vorschriftenwahn". Heute geht es immer weiter weg von der natürlichen Ordnung, obwohl sie der wirkliche Maßstab für das Leben ist.

Das Ausdehnungsgebiet des Fryas Volkes reichte im Osten bis an das Ende der Ostsee (Baltikum), im Westen bis Britannien, entlang der europäischen Westküste bis in den Mittelmeerraum hinein. Im Süden begrenzte das Mittelmeer ihr Land und im Norden waren es die Ostsee und die Dena-Marken, das heutige Dänemark. Ihre Grenze im Osten bezeichneten sie als Twiskland, das mit seinen dichten und weitläufigen Wäldern und Bergen als natürlicher Schutz zwischen ihnen und Findas Volk lag. Aus der OLH erfahren wir, dass Twiskland ein von Norden, beginnend mit dem Baltikum, nach Süden verlaufender Gürtel war und dass dieser „Schutzwall" so benannt wurde, weil dieser Landstreifen dicht bewaldet und voller wilder Tiere war, weshalb er von den Findas zumindest anfänglich nicht durchquert wurde. Im gesamten Land der Fryas erstreckten sich zwölf Ströme, wobei der Rhein von einem Ende bis zum anderen speziell erwähnt wird. Es wird berichtet, dass das gesamte Land ein überaus fruchtbares mit viel Sonne, milden Wintern und reichen Ernten war – und dies alles so beständig, dass die Jahre nicht gezählt wurden, da eines so gut wie das andere war und keine Ereignisse so besonders waren, dass sie niedergeschrieben wurden, um den nachfolgenden Generationen als Lehre oder Mahnung zu dienen. Wir erfahren sogar, welche Nahrungspflanzen sie ackerbaumäßig kultivierten: Gerste, Hafer, Roggen und Süßkorn, der „spätere" Weizen. Darüber hinaus sammelten sie die zahlreichen Früchte und Nüsse, die überall an den Bäumen und Sträuchern wuchsen.

Auch die gesellschaftlich-weltlichen Strukturen waren sehr klar und transparent. Über ihren gesamten Ausdehnungsbereich waren Burgen verteilt, selbst in Dena-Marken, Britannja und den Krekalanden, das hinter dem Land des Volkes der Lyda begann (der nordafrikanischen Küste), waren solche errichtet. Diese Burgen wurden von den Burgfrauen mit ihren Maiden geführt und mussten wirtschaftlich selbständig und autark sein. Die Burgfrauen waren die oberste Instanz in allen das Wohl des Volkes betreffenden Fragen, ihnen stand nur die sogenannte Volksmutter des Frya Volkes in Teksland in Aldland vor. Unterstützt wurden die Burgfrauen von den Grafen und Königen, Heermeistern und anderen, die ihnen und der Volksmutter als Ratgeber zur Seite standen. Alle, Männer wie Frauen, wurden vom Volke in verschiedene Positionen oder besser gesagt Funktionen gewählt. Ob eine Frau zur Burgherrin oder Volksmutter, ein Mann zum König auf Land, Seekönig der Handelsflotte, zum Heerführer, der für den Schutz sorgte, Burgherren, Grafen oder Obergrafen gewählt wurde, hing allein von schon bewiesenen Fähigkeiten und dem jeweiligen Können ab. Es zählten also allein die Befähigungen eines Menschen, um eine Funktion ausfüllen zu können. Somit wurden vom Fryas Volk nur die Besten in die entscheidenden Positionen gewählt, und für alle galten ausnahmslos gleiche Rechte und Gesetze. Die Fryas waren das, was als eine matriarchalisch oder matrilinear organisierte und geführte Gesellschaft bezeichnet werden kann, und zugleich so etwas wie eine echte Ur-Demokratie. In erster Linie betrieben sie Seehandel, Landwirtschaft und sonstigen Handel von der Ostsee bis nach Ägypten. Die *„Oera-Linda-Handschrift"* berichtet auch über ihre Handelsverbindungen und die Ursprungsländer ihrer Waren: Aus Dena-Marken (Dänemark) und Juttar-Landen (Jütland) gewannen sie unter anderem Kupfer und Eisen, Teer, Pech, und Bernstein kam aus dem Baltikum. Aus Britannja holten sie Zinn.

Die Quelle, aus der all diese Informationen stammen, ist die schon mehrfach erwähnte *„Oera-Linda-Handschrift"* oder *„Oera-Linda-Chronik"*, die im deutschsprachigen Raum bis heute vehement unterdrückt und diskreditiert wird. Dennoch haben sich – völlig unabhängig voneinander und ohne von der Arbeit des jeweils Anderen Kenntnisse zu haben – ein deutscher und ein amerikanischer Forscher eingehend mit dieser Chronik befasst und sind zu gleichen Feststellungen bezüglich des Wahrheitsgehaltes der beschriebenen Ereignisse gelangt. Sie kommen zu dem Schluss, dass die *„Oera-Linda-Handschrift"* ein wahres Zeitdokument ist, welches von damaligen Augen- und Zeitzeugen erstellt wurde, sie ist zweifelsfrei echt. Ihre über zahlreiche wissenschaftliche Bereiche wie Astronomie, Archäologie, Nautik usw. reichende und die unterschiedlichsten geschichtlichen Aufzeichnungen sowie verschiedene Kulturen verbindende Beweisführung ist auch für mich durchaus überzeugend. Beide Forscher schrieben über ihre Erkenntnisse ein Buch: Harm Menkens veröffentlichte „*Die Oera-Linda-Handschriften – Die Frühgeschichte Europas*" (ISBN 978-3-926328-08-3), Alewyn J. Raubenheimers Buch heißt „*Chronicles from Pre-Celtic Europe: Survivors of the Great Tsunam*") (ISBN 978-1496168771). Da beide Autoren die gleichen Schlüsse ziehen und ähnlich in der Beweis- und Nachweisführung sind, stützte ich mich in erster Linie auf das Buch von Harm Menkens, der in seinem Werk die Ergebnisse seiner über vierzigjährigen Forschungsarbeit niederschrieb.

Leider beginnen die Aufzeichnungen der „*Oera-Linda-Handschrift*" auf Grund der oben genannten gleichbleibend guten Lebensbedingungen erst mit einer großen Katastrophe, die im Jahre 2193 v. d. Z. von dem Kometen Swift-Tuttle/Perseiden, nach seinem Entdeckungsjahr auch 1862 III oder „Tränen des Laurentius" genannt, im nördlichen Europa ausgelöst wurde. Alwyn Raubenheimer spricht von einem großen Tsunami, der auf eine Höhe von mindestens 40 Metern (auf See) geschätzt wird. Im Vergleich dazu war der Tsunami von 2004 im Indischen Ozean etwa 2 bis 3 Meter hoch (auf See) und verwüstete dennoch riesige Küstenbereiche und kostete über 230.000 Menschen das Leben. Das brisante an den Tsunamiwellen ist die Tatsache, dass sie sich zum einen beim Auflaufen auf Land dramatisch erhöhen, wobei es darauf ankommt wie die Küste gestaltet ist, und zum anderen ist mitentscheidend, wie viele Wellen es insgesamt sind, die nachschieben, denn der nachfolgende Druck bestimmt, wie weit das Wasser in die Landfläche gedrückt wird. Das bedeutet, dass die Wellenhöhen von auf See 40 Metern damals wie auch den 3 Metern 2004 im Indischen Ozean beim Auflaufen auf Land ganz schnell um ein Vielfaches anstiegen. Gerade das Gebiet der Deutschen Bucht hat auch nach der Swift-Tuttle-Katastrophe noch viele Male Landnahme durch Naturereignisse erlebt, bei denen immer wieder Menschen ihr Leben gelassen haben. Von dem wohl bekanntesten historischen Beispiel aus dem Bereich der Deutschen Bucht, dem Untergang Rungholts im Jahre 1362 bei der sogenannten „Marcellusflut"/„Grote Mandränke", wurde ja schon berichtet.

Im Jahre 600 v. d. Z. wurden dann auch die bis dahin in den verschiedenen Burgen der Fyas befindlichen Aufzeichnungen von Gesetzestexten und Regeln sowie die Niederschriften seit der großen Katastrophe zur „*Oera-Linda-Handschrift*" zusammengefasst. Der Auslöser dafür war, dass die Burgmaid Adela den endgültigen Untergang ihres Volkes voraussah und auf diese Weise sämtliche Schriften retten wollte. Alle damaligen Burgen erhielten von dieser Zusammenfassung eine Abschrift, doch nur eine hat gut bewahrt vom Adelsgeschlecht Oera-Lindas, von dem die Chronik auch ihren Namen hat, bis ins Jahr 1800 alle Unbillen der Zeit überstanden. Um sie zu erhalten, wurde die Handschrift über die Jahrhunderte hinweg immer wieder auf neue Unterlagen übertragen, da Leder, Pergament, das frühe Papier sowie andere Materialien, auf denen geschrieben wurde, nur eine sehr begrenzte Lebensdauer hatten.

Es ist natürlich davon auszugehen, dass von den Schriftstücken, die in der Zeit zwischen der großen Katastrophe und der Zusammenfassung der Burgentexte entstanden, einige verlorengingen. Letztlich beschreibt die OLH wie schon erwähnt weniger das Leben und den Fortbestand des Fryas Volkes als vielmehr dessen Untergang. Wir erfahren im Wesentlichen nur etwas über die Zeit nach der Katastrophe, die ja einen Großteil der Heimat dieses Volkes mit samt seinem Zentrum Aldland vernichtet hatte; der Rest der Fryas versuchte im weiteren Verlauf der Geschichte, einfach nur zu überleben. Doch die Zeiten waren alles andere als einfach, denn die Katastrophe von 2193 v. d. Z. war nur eine von mehreren, die noch folgten und die ganz Europa in erheblichem Maße umgestalteten.

Der bereits erwähnte Auslöser dieser Katastrophen, der Swift-Tuttle, gehört zu den sogenannten kurzperiodischen Kometen und ist mit einem Durchmesser von derzeit 31,2 Kilometern nicht gerade klein. Cirka alle 133 Jahre zieht er an der Erde vorüber, wobei Teile seines mitgeführten Ballasts als Meteoritenschauer auf unseren Planeten regnen. Scheinbar verlor Swift-Tuttle im Laufe der Jahrtausende seine größeren Begleiter und mitgeführten Brocken, denn die letzten Male, als er der Erde auf seiner Umlaufbahn am nächsten kam, waren, vor allem in der jüngeren Geschichte (der letzter Vorbeiflug geschah 1992), eher unspektakulär, zumindest für die Menschen in Europa. Zwischen 2193 v. d. Z. und 1224 n. d. Z. richtete er hingegen nicht selten erhebliche Schäden bei seiner Wiederkehr an. Welcher Kontinent jeweils von seinem Meteoritenschauer getroffen wurde beziehungsweise wird, hängt vor allem davon ab, welcher Erdteil sich gerade gegenüber des vorbeifliegenden Kometen befindet. Europa erlitt nachweislich schwere Treffer in den Jahren 2193 v. d. Z., 1193 v. d. Z. und 667 v. d. Z., die jedes Mal Katastrophen verursachten und zu Völkerwanderungen, zum Auslöschen von Volksgruppen und Zivilisationen, Landverlusten sowie in Folge zu großen Kriegen führten.

Zwischen den ersten beiden Katastrophen (2193 und 1193 v. d. Z.) versuchten die Überlebenden des Fryas Volkes, sich neu zu organisieren, neu zu strukturieren, sich gegen die zunehmenden Umbrüche zu behaupten und ihre bisherige Lebensweise unter den veränderten Bedingungen fortzuführen. Zwar scheint ein Zeitraum von fast 1.000 Jahren sehr lange, doch wie wir noch erfahren werden, gab es auch jede Menge Herausforderungen, welche ein erneutes Zusammenwachsen des Fryas Volkes verhinderten. Als die zweite Katastrophe über Europa hereinbrach, war es jedoch schon so durch äußere Einflüsse geschwächt und korrumpiert, dass es ab da unaufhaltsam zerfiel und sich in alle Welt verstreute. Ein großer Teil strömte in den den Fryas wohlbekannten Mittelmeerraum und versuchte, sich dort eine neue Heimat zu erobern – in der Geschichte ist dies dokumentiert als die sogenannten „Kriege der Seevölker". Allerdings gingen diese Eroberungszüge nicht gut aus für die Fryas, und es scheint, als ob ihnen ihre eigenen Gesetze und Regeln zum Verhängnis wurden: ihre Waffen (Speere, Messer und Schwerter, teilweise Äxte und Schilde), mit denen sie in die Kriege zogen, waren in erster Linie für die Jagd und die Verteidigung gefertigt, weniger für Angriffs- oder Eroberungskriege und schon gar nicht für eine kriegerische Lebensweise. Waffen und Organisationsformen für größere Schlachten und entsprechende Strategien waren ihnen wohl eher fremd. Es ist von den Kriegen der Seevölker überliefert, dass die Angreifer, die Fryas, von dem massiven Einsatz des Bogens durch die Verteidiger, die vor allem aus Ägypten und Griechenland stammten, entsetzt waren und sie selbst keine Bögen gegen Menschen gebrauchten.

Doch es waren nicht nur die Naturkatastrophen, die es den Fryas schwer machten, ihren Lebensstil, ihre Kultur, Sprache, Schrift und Weisheit zu erhalten. Bereits 4300 v. d. Z. begann in den Weiten des Urals, um die Flüsse Wolga und Ob herum, sowie in Gebieten des heutigen Südrusslands (dem Einzugsgebiet des Volkes der Finda) eine Entwicklung, die für das Fryas Volk verheerend war, ja 3.000 Jahre später sogar zu dessen Untergang führen sollte. Doch was zu dieser Zeit geschah, beschränkte sich nicht nur auf die Fryas, es betraf die Menschen im gesamten Europa und ließ die Geschichte dieses Kontinents in eine Richtung laufen, die noch heute fatale Auswirkungen hat. Da sich das Klima in den östlichen Gebieten deutlich verändert hatte (zunehmende Trockenheit), der Bevölkerungszuwachs stetig größer wurde und noch weiter östlich lebende Stämme Druck auf die Menschen in diesen Landen ausübten, wurden diese nomadisch lebenden Hirtenvölker gezwungen, in andere Gegenden abzuwandern. So begann 4300 v. d. Z. langsam eine aggressive

Völkerwanderung der kurganischen Stämme, aus denen sich die späteren Magyaren*
herausbildeten, in Richtung Westen. Diese Wanderungen brachten das Fryas Volk
nach der großen Katastrophe 2193 v. d. Z. massiv in Bedrängnis, denn durch den
Einschlag großer Teile des Swift-Tuttle-Kometen wurde auch ein Großteil der dichten Wälder und wilden Tiere in den Zwischenlanden, welche die Stämme der Fryas
und der Findas bisher voneinander ferngehalten hatten, durch Feuer und anschließenden Dauerregen vernichtet. Somit war für die kurganischen Stämme nun der
direkte Weg nach Westen frei. Schon einhundertundein Jahre nach der Katastrophe
kam es zum ersten größeren Krieg zwischen den Fryas und den Findas, zu denen
sich noch einige Tartarenstämme gesellten.

Die OLH beschreibt die Menschen des Fryas Volkes als im Einklang mit
sich selbst und mit der Natur lebend. Sie kannten ihre eigenen Schwächen und
Versuchungen und begegneten diesen mit wenigen, aber klaren und weisen Gesetzen, die ein jeder verstehen konnte. Jeder hatte seinen festen Platz in der Gesellschaft, den er maßgeblich selbst durch seine ihm eigenen Fähigkeiten bestimmen
konnte. Sie sprachen ingaevonisch beziehungsweise ingwäonisch und hatten eine
Schrift, die überwiegend alle lesen und schreiben konnten. Ihre spirituelle und
religiöse Ausrichtung kann als monotheistisch bezeichnet werden, eine Priesterschaft war nicht vorhanden, denn jeder war mit der Stammesmutter Frya und dem
Ursprung, aus dem alles kommt, Vvralda, verbunden, jeder hatte entsprechend seinen Fähigkeiten Zugang zu allen Ressourcen, weltlichen wie auch geistigen/spirituellen. Ihr höchstes Gut war die Freiheit, zu deren Erhalt ganz wesentlich ihre
sehr spezifische Gesetzgebung beitrug. Als frei sahen sie all jene an, die weder Sklave
eines anderen Menschen, wie bei anderen Völkern üblich, beispielsweise den
Ägyptern und Griechen, noch ihrer eigenen Leidenschaften waren. Ihre Gesellschaftsstruktur basierte auf freien Abstimmungen, bei denen jeder eine Stimme
hatte, der frei und aufrichtig und kein „Lauer" war. Menschen, die sich dem
Müßiggang hingaben und sich nicht bemühten, frei zu sein, wurden als „Laue"

---

* Die Magyaren kennen wir aus der jüngeren Geschichte Europas, es sind die Urväter Ungarns.
Die Bezeichnung „Magyaren" ist jedoch ein Oberbegriff für bis zu zehn finno-ugrische Stämme,
die ihren Ursprung im Ural, in der Wolga- und Ob-Gegend sowie in Südrussland haben und
erst sehr viel später (zwischen 1400 und 1680 n. d. Z.) in der Geschichte Europas erschienen.

bezeichnet und verloren ihre Stimme. „Lau" zu sein, war in den Augen der Fryas so etwas wie eine Todsünde. Wurden aus Lauen „Kriminelle", so konnten diese verbannt werden und wurden entweder direkt in die Zinnminen nach Britannja verbracht oder haben sich Menschen anderer Völker als Sklaven angeboten. Auf Grund ihrer spirituellen Ausrichtung zu ihrer Stammesmutter Frya waren sie als Gesellschaft matriarchalisch strukturiert. Es war jedoch keine absolute Frauenherrschaft, kein reines Matriarchat. Alle Entscheidungen fanden immer in Übereinstimmung und im Ausgleich mit den Fähigen ihres Volkes und ihrer Ratgeber statt. Für die damalige Zeit war dies sehr außergewöhnlich, ähnliches berichteten späterer nur noch die römischen Geschichtsschreiber über die Germanen, bei denen die Frauen als Partner und Ratgeber hohe Achtung erfuhren.

Die verbreitete Verwendung der Schrift, sicher auch schon lange vor der großen Katastrophe 2193 v. d. Z., lässt einen deutlich anderen Umgang mit Wissen und einen veränderten Bewusstseinsstand gegenüber der Zeit der Groß-Steinskulptur-Epoche vermuten. Das erstaunt zunächst ein wenig, da, schenkt man den ägyptischen Chroniken Glauben, die Fryas wohl, resultierend aus den zeitlichen Angaben (Gründung Ägyptens und Griechenlands um ca. 9300 v. d. Z.), die direkten Nachfolger der Menschen der Groß-Steinskulptur-Epoche gewesen sein müssen. Doch nicht nur die Verwendung der Schrift als Mittel der Wissensübertragung auf bisher vergänglichen und nun auf beständigen Materialien wie Gold und Kupfer ist eine Abkehr vom bisherigen bewussten Umgang mit Wissen, Weisheit und der Schöpfung. Auch diese beständigeren Objekte wie beispielsweise die Goldhüte wurden idealisiert und instrumentalisiert, was es zuvor nicht gab. – Natürlich hilft die Verwendung einer Schriftsprache, Wissen, Erfahrungen, Kenntnisse und Geschehnisse zu dokumentieren, zu vervielfältigen und vielen anderen Menschen zugänglich zu machen. Allerdings verleitet sie auch zum oberflächlichen Umgang mit sämtlichen Errungenschaften und führt zum Vergessen der eigenen Wurzeln und deren wahren Bedeutung, denn wozu sollte man dies verinnerlichen, wenn es auch nachzulesen ist. Doch was nicht in uns ist, das ist auch nicht bei uns! Was nicht bei uns ist, kann vergessen, vernichtet und manipuliert werden. Der unbewusste Umgang mit Schrift verleitet dazu Erfahrungen, Erlebnisse, Wissen und Kenntnisse anderer Menschen einfach zu übernehmen, ohne dieses und jenes durch eigenes Erleben zu prüfen. Allein die Arbeit, sich von dem Geschriebenen zu überzeugen, wird gerade heute meist gar nicht in Erwägung gezogen, und genau das führt zu einer entwurzelten und unbewussten Gesellschaft, die ihre Meinung wie ein Fähnchen im Wind immer nach den neuen Trends verändert und ausrichtet, aber nichts mehr wirklich weiß und keine selbst erarbeiteten Überzeugungen hat.

Auf mich macht es den Eindruck, als wären die Fryas, ähnlich wie die Menschen der Groß-Steinskulptur-Epoche, ihrer Zeit weit voraus und ein beachtlicher und hoffnungsvoller Funke im Dunkel der frühgeschichtlichen Menschheitsentwicklung gewesen. Ein Funke allerdings, der, von einer Übermacht einfacher Geister umringt, um sein Überleben kämpfte und diesen Kampf am Ende verlor.

Was 4300 v. d. Z. mit ersten Vorstößen der von den Findas abstammenden Kurganen in Richtung Westen anfing, entwickelte sich im Laufe der Zeit zur Invasion der sogenannten kurganischen Krieger-Hirten-Völker aus dem Osten (Ural und Südrussland) nach Europa. Diese nomadischen Stämme waren hinsichtlich ihrer Gesellschaftsstruktur das genaue Gegenteil der europäischen Altvölker, ganz besonders der Fryas. Diese nomadischen Jäger und räuberischen Hirten setzten ihre Fähigkeiten mit der Zeit auch gegen Menschen, Stämme und Völker ein und lernten auf diese Weise, sich persönlichen Reichtum und neue Weidegründe zu erkämpfen sowie sich von Schwächeren und Unterlegenen einfach zu nehmen, was sie wollten. Der persönliche Status in Familie und Gesellschaft wurden bei diesen Hirtenvölkern zunehmend am Besitz eines Mannes gemessen, beispielsweise wie viele Rinder, Schafe, Ziegen oder Frauen er hatte. Da es bei ihnen mit der Zeit üblich und normal war, es aber auch an anderen Möglichkeiten mangelte, seinen Reichtum auch durch Diebstahl zu mehren, waren gewalttätige Auseinandersetzungen, auch untereinander, ein fester Teil dieser nomadischen Gesellschaftsordnung. Sich in dieser Gemeinschaft zu behaupten und sie zu leiten, war auf Grund der physischen Anforderungen alleine dem Mann vorbehalten. Nur ein Mann war der unumstrittene Mittelpunkt der Familie, des Clans und der Gesellschaft, solange er sie verteidigen und ihren Reichtum mehren konnte; so entstand eine durch und durch patriarchale Gesellschaft. Dies ging so weit, dass zur Zeit der ersten Kontakte der Fryas mit diesen Stämmen allein deren Anführer als Menschen angesehen wurden, alle anderen unter ihnen nur so etwas wie deren Sklaven und rechtloses Eigentum waren. Es gab nur zwei Hierarchieebenen, den Gottkönig und den Rest. Ihre Götter waren keine schöpferisch-erdgebundenen, sondern kriegerische Himmels- und Sonnengötter, die über allem standen und von denen die Anführer selbst abzustammen glaubten, weshalb sie immer sowohl weltliche als auch religiöse Führer waren. Zur Sicherung ihrer weltlichen Macht hatten sie die Krieger, die ihnen sklavisch loyal waren, und zum Erhalt ihrer religiösen Macht hatten sie die Priesterkasten, die besonders durchtrieben und hinterhältig waren. In allem sahen sie böse Geister wirken, denen es zu begegnen oder sie zufrieden zu stellen galt, was bei einer solchen Lebensführung nicht verwundern dürfte. Sie waren vollends durchdrungen von der Leidenschaft, zu kämpfen und zu töten, das waren ihr Lebenszweck, ihr Lebenssinn und ihr Lebensinhalt. Folglich waren ihre gesamte Kreativität und ihr Erfindungsreichtum, denn sie waren durchaus sehr intelligente Menschen, auf die Verbesserung dieser kriegerischen Fähigkeiten gerichtet. Bei all dem waren sie durchtrieben und es war ihnen jedes Mittel recht, um zu siegen. Alles drehte sich darum, andere Menschen, Stämme und Völker schneller, effektiver und konsequenter zu besiegen, ohne Rücksicht auf irgendwelche Regeln und Gesetze, alles war erlaubt. Heute ist bekannt, dass sich einige dieser kurganischen Stämme selbst als „Arier" (aus dem Sanskrit: der „Edle") bezeichneten, und dies entsprach exakt ihrer Selbstwahrnehmung.

Doch was waren, neben ihrer ausgeprägten Neigung zu Streit, Kampf und Mord, die wesentlichen Vorteile und Stärken dieser kurganischen Nomaden, die sie den Altvölkern Europas vorerst so überlegen machten? Im Wesentlichen waren es fünf Punkte, die man klar fixieren kann. Einer davon war die Domestizierung des Rindes. Sie hatten neben den üblichen Tierrassen wie Ziegen und Schafe auch das heute bei uns verbreitete Rind domestiziert und gezüchtet, womit sie direkt da über Fleisch, Milch, Leder und Knochen verfügten, wo sie ihr Lager aufschlugen, was den Aufwand für die Jagd erheblich minimierte. Auf ihren Eroberungszügen brachten sie diese Rinder mit nach Mitteleuropa, wo es bis dahin nur Wildrinder wie den Auer (oder Ur) und den Wisent gab. Eine weitere herausragende Leistung dieser kurganischen Völker war die Domestizierung des Pferdes, wodurch nicht nur ihre Mobilität, sondern auch ihre Kampfkraft und die Schnelligkeit, mit der sie nun operieren konnten, verbessert beziehungsweise erhöht wurde. Das Pferd steigerte und beeinflusste deren Kriegsführung und -strategie maßgeblich. Als drittes ist eine sehr bedeutende Innovation zu nennen: die Erfindung des beräderten Wagens. Dieser steigerte ihre Mobilität als Ganzes nochmals deutlich und führte schließlich auch zu den ersten Streitwägen, die in den Eroberungsfeldzügen erfolgreich eingesetzt wurden. Mit den Wägen war es ihnen möglich, die nötige Ausrüstung für die Lager und sich selbst sowie ausreichend Verpflegung für alle mitzuführen. All dies reduzierte den Aufwand im Alltagsleben auf Reisen erheblich. Der vierte Punkt waren ihre eigens spezialisierten Kriegswaffen sowie die sehr schnelle Übernahme und Optimierung fremder Waffentechnologien, dies machte ihre spätere Überlegenheit aus. In Europa, besonders in West- und Nordeuropa, gab es in erster Linie das Schwert, den Speer, den Schild, unterschiedlich lange Messer und Äxte, die schon überwiegend aus Stahl gefertigt wurden. Im Gegensatz dazu verfügten die Kurganen anfangs nur über Stein und Kupferwaffen. Allerdings erkannten sie nach ihren ersten Niederlagen gegen europäische Volksstämme schnell den Wert des Eisens, und sie versuchten nach ihrem Rückzug eifrig, Handelsbeziehungen zu den eisenverarbeitenden Altvölkern West- und Nordeuropas aufzubauen. Sie tauschten ihr Gold gegen die begehrten Stahlwaffen und eigneten sich Kenntnisse für deren Herstellungen an. Ihr Plan war, ausreichend Eisenwaffen und Wissen für deren Fertigung zu erwerben, um gegen die europäischen Altvölker zukünftig erfolgreicher vorgehen zu können. (Wer hierüber mehr wissen möchte, der beachte oben und im Literaturverzeichnis genannten Bücher.) Während die Alteuropäer im Allgemeinen nur in begrenztem Maße über so etwas wie ein Heer für echte Kriegsführung verfügten und deren Männer in erster Linie mit eisernem Schwert oder langen Messern, Speer oder Axt sowie einem Schild ausgerüstet waren und die nicht in dieser Weise eingebundenen Frya im Notfall ihre eisernen Werkzeuge und Jagdgerätschaften als Waffen benutzten, hatten diese kriegerischen Nomaden Kriegswaffen, wenn auch nicht aus Eisen, aber dennoch hochspezialisierte, effektive und erprobte, die sie im späteren Verlauf der Geschichte mit den Eisenwaffenimporten aus Alteuropa noch weiter verbesserten. Auch dank ihrer Leidenschaft für das Kämpfen und Töten perfektionierten und ergänzten sie ihre Waffen von Schlacht zu Schlacht immer weiter, sie passten sie an alle möglichen Gegebenheiten an. Somit war es ihnen bald möglich, sowohl strategisch als auch waffentechnisch auf alle möglichen Entfernungen einer Schlacht zu reagieren: Bögen gebrauchten sie für große, Lanzen und Speere für mittlere Distanzen, für den Nahkampf hatten sie Schwerter, Messer und Dolche. Ihre Erfahrungen in der Kriegsführung nutzten sie auch, möglichst effizient und mit niedrigen Verlusten zu agieren. Mit der Zeit konnten sie ihre Gegner und deren Möglichkeiten immer besser abschätzen und ihre Strategien auf die jeweiligen Bedingungen und Notwendigkeiten abstimmen. War ihr erster gewaltsamer Vorstoß um 2000 v. d. Z. noch vehement und erfolgreich von den Fryas zurückgeschlagen worden, so konnten sie später gegen die Altvölker nicht nur bestehen, sondern sie auch besiegen.

Der fünfte und vielleicht wichtigste und bis heute am deutlichsten nachwirkende Punkt, der zum Erfolg der Invasoren aus dem Osten beitrug, war die Vereinigung von religiöser und weltlicher Führerschaft auf eine Person, den Gottkönig oder den von Gott Berufenen, bei den Kurganen als Magy, der Mensch, bezeichnet. Alle unter ihm waren schon von der Begrifflichkeit her keine Menschen, sondern rechtlose Sklaven und damit Eigentum des Magy. Zu dieser Personalunion aus Führer und oberstem Priester, die eine Art Gott-Königtum war, gehörte neben der seine weltliche Macht repräsentierenden und durchsetzenden Armee auch der Aufbau einer Priesterschaft, die neben der Huldigung des gottgleichen Führers auch für die indirekte Machtausübung, den Machterhalt und die stille Kriegsführung zuständig war. Der Priesterkaste oblagen das Spionieren, die Hinterlist, die Manipulation, der Verrat, die Lüge, das Fälschen, der Betrug und die Agitation im Stillen. Sie verstand es, über die Jahrhunderte hinweg zunehmend perfekter Lüge in Wahrheit zu drehen und Unrecht als Recht hinzustellen. Dieser Heimtücke waren die europäischen Altvölker nicht gewachsen. Und bis heute haben deren Nachfahren kein Mittel dagegen gefunden, ganz im Gegenteil, mehr als jemals zuvor prägt diese Heimtücke die Führungseliten der heutigen Welt.

Allein das Zusammenwirken dieser fünf Entwicklungspunkte, die maßgeblich mit den kurganischen Völkern verbunden sind, stand dem Leben und Geschehen in Zentraleuropa gegenüber und sorgte im Laufe der Zeit für eine technische, strategische und psychologisch-mentale Überlegenheit der Kurganen in Sachen Kampf, Manipulation und Machterhalt. Interessanterweise ist auch archäologisch nachgewiesen, dass hochspezialisierte Kriegswaffen erst mit den kurganischen Invasoren in Zentraleuropa Einzug hielten.

Vor diesen Einwanderungen waren also auf Krieg spezialisierte Waffen in dieser Region der Welt eher unüblich. Wenn gekämpft wurde, dann eher in überschaubaren Ausmaßen und meist Mann gegen Mann, was im Gegensatz zu den „Hit-and-Run"-Strategien der Kurganen stand. – Was der Unterschied zwischen Jagdwaffen, die natürlich auch zum Kampf benutzt werden können, und spezialisierten Kriegswaffen ist, zeigt das Beispiel des Bogens. Um erfolgreich zu jagen, auch größere Beute wie Hirsch, Reh und Wildsau, reichen bei einem klassischen Langbogen cirka 40 bis 50 Pfund Zugkraft vollkommen aus. Kriegsbögen in Form der Langbögen wurden später mit bis zu 180 Pfund Zugkraft gebaut. Ich selbst schieße mit einem traditionellen Langbogen, der eine Zugkraft von 65 Pfund hat, und selbst da geht ein Pfeil mit richtiger Spitze durch einiges an Rüst hindurch. Doch Zugkraft alleine macht einen Bogen nicht aus, wichtig ist auch, wie schnell der Pfeil beschleunigt wird. Die Reiterbögen der Kurganen bestanden daher aus mehreren Lagen unterschiedlicher Materialien wie Holz, Sehnen und Horn, die miteinander verleimt wurden. Hinzu kam die spezielle Biegung der Wurfarme entgegen der Zugrichtung. Dies zusammen sorgte für eine kurze Bauweise, die bei relativ geringer Zugkraft (40 bis 60 Pfund) eine sehr hohe Beschleunigung der Pfeile ermöglichte. Ein einfacher, aber effektiver Aufbau eines solchen Bogens bestand beispielsweise aus einem Holzkern, der auf der Vorderseite mit Tiersehnen und auf der Rückseite mit Hornplatten verklebt und verschnürt wurde. Mit den hohen Pfeilgeschwindigkeiten erreichten sie Durchschlagskräfte, die mit einem Einkomponentenbogen wie dem traditionellen Langbogen nur mit erheblich höheren Zugkräften (mehr Kraftaufwand) und größerer Bauweise möglich waren. Auf diese Weise wurde aus einem Jagdinstrument eine effektive Kriegswaffe.

Grundsätzlich kann jedoch nicht davon ausgegangen werden, dass die kurganischen und indogermanischen Völker gegenüber den Altvölkern Europas handwerklich geschickter, besser geschult oder technologisch weit voraus gewesen wären und deshalb vortrefflichere Waffen herstellen konnten. In der Anwendung und Verarbeitung von Stein, Knochen, Holz, Kupfer, Bronze und Gold waren beide Kulturen wohl auf gleichem Niveau, hinsichtlich der Verarbeitung von Eisen waren die Europäer anfangs sogar deutlich weiter. Der Unterschied war nur der, dass die Ostvölker aus diesen Materialien in erster Linie Waffen herstellten, während die Alteuropäer hauptsächlich Werkzeuge, Ritual- und Alltagsgegenstände sowie Schmuck daraus fertigten. Aus diesem Grund waren die europäischen Altvölker den kriegerischen Invasoren in den späteren Schlachten meistens deutlich unterlegen, obgleich sie harten Widerstand leisteten. Es traf eine mobile gewalt- und kampforientierte patriarchale Gesellschaft, welche Mensch und Tiere gleichermaßen zu dominieren suchte, auf sesshafte, überwiegend friedliche, Landwirtschaft und Handel treibende Volksgruppen. Die Himmelsgötter der Eroberer triumphierten zunehmend über die Erdgötter der besiegten Europäer, so scheint es zumindest auf den ersten Blick.

Die Invasoren waren intelligente, flexible und anpassungsfähige Menschen, weshalb sie schnell erkannten, dass sie mit ihrer auf das Leben in der Steppe spezialisierten Lebensweise sowohl in den bewaldeten, feuchten und bergigen Landstrichen als auch in den ungewohnten Küstenregionen auf Dauer nicht bestehen konnten. Sie erkannten schnell die in dieser Region bestehenden Vorteile einer sesshaften Landwirtschaft und zwangen anfangs die Bauern zu Frondiensten und dazu, ihre Felder nun für sie zu bestellen. Vergewaltigungen und der Raub von eroberten Frauen führten schnell zu einer Durchmischung der Alteuropäer mit den östlichen

Eroberern. Allerdings dauerte es nicht allzu lange, bis auch die Teile der Altvölker, die nicht oder nur teilweise erobert wurden, ihre Waffen, Strategien und ihre allgemeinen Kampffähigkeiten verbesserten und so das weitere territoriale Vordringen der Kurganen zunehmend erschwerten. Diese mussten sich daraufhin zurückziehen und weiter südlich und/oder nördlich ihr Glück versuchen, weiter in Richtung Westen zu gelangen. Das zuvor bestehende Matriarchat der Altvölker wich auch in deren nicht eroberten Kernlanden mehr und mehr dem sich mit den Eroberern ausbreitenden Patriarchat. Gerade die nicht so männlichen und eher schwächlichen Männer (im Sinne eines reifen und ganzen Mannes), erkannten den Vorteil des Patriarchats als Dominanzmittel über die Frauen, die für sie unter den bisherigen Bedingungen nicht erreichbar waren. In der germanischen Mythologie hat dieser geschichtliche Vorgang in besonderer Weise seinen Niederschlag gefunden: In der Götterwelt stehen die Asen für die Himmelsgötter der Eroberer aus dem Osten, während die Wanen die alten erdverbundenen Götter der Altvölker versinnbildlichen. Und wie im irdischen Leben vermischen auch diese sich gelegentlich.

Die Invasionen aus dem Osten erfolgten etappenweise über mehrere Jahrhunderte beziehungsweise Jahrtausende hinweg und waren nicht nur rein militärischer Natur. Seit je her folgten militärischen Vorstößen die schon angesprochenen genetischen Durchmischungen der Invasoren mit den überwundenen Völkern. So kam es, dass mit den Invasionen die sich etablierenden neuen Handelsverbindungen, neue Glaubensformen/Religionen und weitere friedliche Zuwanderungen noch wesentlich und entscheidend an Umfang gewannen. Besonders die kurganischen Einflüsse veränderten die Menschen Europas derart, dass fortan auch sie der Hang zum Kämpfen, Töten und Dominieren prägte – und das spiegelt sich, wie wir noch sehen werden, bis heute in der Welt wider. Doch genauso bedeutend, wenn nicht sogar noch bedeutsamer, wie diese „genetische Infizierung" mit der Lust zu töten und zu dominieren, war die Ausbreitung der sogenannten Priesterkasten, die ihre Art der stillen und versteckten Machtausübung mit allen Mitteln in das alte Land trug. Um das gesamte Bild richtig verstehen zu können, ist es wichtig zu wissen, dass diese Vorstöße aus dem Osten auf mehreren Wegen erfolgten, zunächst auf zwei Hauptlinien: Die eine verlief in Richtung Süden bis nach Indien, Persien und zum östlichen Mittelmeer und spaltete sich dort in einen von da aus noch weiter nach Süden verlaufenden Ast und einen stärkeren, der entlang der nördlichen Mittelmeerküste Richtung Westen ging. Der zweite vom Ursprungsgebiet ausgehende Strang war eine Nordrute, die sich am Baltikum gabelte: Eine Linie verlief über Finnland nach Norwegen, Schweden und dann nach Dänemark, soweit diese Bereiche eisfrei waren. Der andere Strang verlief entlang der südlichen Ostseeküste und durch das küstennahe Binnenland. Erst die dritte und späteste Angriffswelle führte direkt auf „einer Linie" von Ost nach West in das Herz des alten Kontinents.

Auf all diesen Routen bildeten sich die von den kurganischen Völkern mitgebrachten Priesterkasten, von denen sich im Laufe der Zeit einige verselbständigten und eigene Religionsgemeinschaften ins Leben riefen. Oft genug wurden aber auch vorhandene Glaubensrichtungen von den kurganischen Priesteragitatoren unterwandert und zu hörigen Kulten umgeformt. Das betraf etliche der heute als heidnisch bezeichneten Glaubensrichtungen und erklärt zum Teil auch deren priesterliche Strukturen und mitunter extreme Ausformungen bis hin zu Hörigkeit und Menschenopfern. Nicht selten und mit der Zeit zunehmend häufiger bildeten die Priester die Vorhut der „weltlichen" kurganischen Eroberer. Sie sondierten vorab die Lage, spionierten die Möglichkeiten eines erfolgreichen Angriffs aus und suchten, bei den Altvölkern vor allem die schwachen Geister und „Lauen" für sich zu gewinnen. Alles, was wir heute an priesterlichen Strukturen in den unterschiedlichsten Glaubensrichtungen kennen, hat seinen Anfang in diesen frühen kurganischen Priesterkasten. Dies trifft in besonderem Maße auf die Religionsbewegungen zu, deren „Sendungsbewusstsein" darauf abzielt, andere Menschen von ihrem alleingültigen Glauben zu überzeugen und sie zu dominieren, und das sind nicht wenige. Mit Ausnahme des Hinduismus gilt dies genau genommen für alle „großen" Religionen. Und das Erschreckende ist, dass die Art und Weise dieses Vorgehens und Agierens bis heute nahezu identisch ist, ja mit der Zeit nur noch subtiler wurde als damals.

Doch was bedeutet das alles hinsichtlich des Fryas Volkes, unserer Vorfahren? Kurz gesagt wurden sie durch die Angriffswellen die von Norden und von Süden kamen in die Zange genommen und danach frontal angegriffen. Auf diese Weise gerieten sie mehr und mehr in Bedrängnis und hatten keine Ausweich- oder Rückzugsmöglichkeiten. Fatal war für das Fryas Volk vor allem die Agitation der kurganisch-priesterlichen Vorhut und deren Art und Weise, „schwache Geister" und „Laue" zu manipulieren, sie für ihre Interessen einzusetzen und es auch noch schafften, diese durch Lügen und Heimtücke in Führungspositionen zu bringen und somit sich selbst als aus dem Schatten Regierende zu installieren. Kommt Ihnen das irgendwie bekannt vor?

Die OLH enthält zahlreiche ausführliche Warnungen vor den Priestern und ihrem verlogenen Wesen, ihr zufolge breiteten sich das Schlechte und die Verderbtheit in der Welt durch sie aus, und dies geschieht bis in die Gegenwart hinein. Da offensichtlich keiner auf diese Warnungen hörte, ähnlich wie heute, und der Druck auf die Fryas so groß wurde, dass sie die Folgen der priesterlichen Unterwanderung und weltlichen Invasionen nicht von sich fern halten konnten, kam das, was kommen musste: Noch deutlich vor den Seevölkerkriegen, etwa um 1629 v. d. Z., gab es die ersten Kriege zwischen den sich mittlerweile herausgebildeten unterschiedlichen Parteien des einst so homogenen Fryas Volkes. Bereits zu dieser Zeit zeigte sich klar und deutlich, was durch Machtgier geschehen kann, wie diese ausgeübt und wie das Leben der nachfolgenden Generationen dominiert wird. Es bedarf heimlicher und skrupelloser Agitatoren, welche die schwachen und dennoch machthungrigen Marionetten im Vordergrund dirigieren.

Diese Zusammenhänge erklären auch die so vehemente Verdrängung des sogenannten heidnischen „alten Glaubens" durch die christliche Kirche, die ja auf der Wüstenreligion eines räuberischen Nomadenstammes, der sehr wahrscheinlich kurganischen Ursprungs war, gründet. Dieses kurganische Erbe trägt die christliche Kirche mit all ihren Ausprägungen bis heute in sich, ganz besonders die römisch-katholische Kirche. Es ist wichtig für uns Westeuropäer, dies zu erkennen, um den Lauf der Geschichte richtig verstehen zu können, denn bis über das erste Jahrtausend hinaus existierten mehrere christliche Strömungen in Europa nebeneinander, und nicht wenige, wie die weit verbreitete schottisch-irische Christianisierungsbewegung, waren eine Mischung zwischen christlichem und heidnischem Glauben und bei weitem nicht so radikal und Machtbesessen wie die katholische Bewegung. Mit dem Niedergang des Römischen Reiches fanden die christlichen Priester genügend schwache, aber zugleich machtgierige Geister und „Laue", um das Machtvakuum auszufüllen, welches das weltliche Rom hinterließ. Und natürlich passt das gesamte hierarchische Kirchenkonzept, wie schon angesprochen, perfekt zu den Bedürfnissen gewalttätiger und nach Macht strebender Menschen. Das jene, die ihre weltliche Macht einem Schulterschluss mit kirchlichen Instanzen verdankten, immer auch priesterliche Büttel blieben, egal wie sie sich nach außen präsentierten, war der wohl kalkulierte Preis, den sie für ihre Position zahlen mussten. Die mit beliebiger Gewalt einhergehende Verbreitung des katholischen Glaubens erkennt man sehr schön an dem Entstehen sogenannter Wehrklöster, die nicht, wie man uns heute glauben machen will, die Menschen der

Region vor Überfällen, sondern die gewaltsam bekehrenden katholischen Mönche vor den zu christianisierenden Menschen der Umgebung schützen sollten. – Weise Menschen durchschauen ein solches Spiel und bringen sich nicht in eine derartige von Willkür geprägte Abhängigkeit.

Doch zurück zum Schicksal des Fryas Volkes: Nachdem auf dieses der Druck von außen so zugenommen hatte, dass es schon untereinander Fehden führte, auch wenn es nur vereinzelte Auseinandersetzungen waren, brach ihnen die Naturkatastrophe von 1193 v. d. Z. nun endgültig das Genick. Die Fryas verloren erneut große Landstriche und mussten wieder zahllose Opfer beklagen, da Swift-Tuttle wiederholt große Teile Nord- und Südeuropas verwüstete. Als letzten Befreiungsversuch aus ihrer Situation unternahmen sie einen massiven Eroberungs- oder besser gesagt Auswanderungsfeldzug in die ihnen vertrauten und bekannten Mittelmeerregionen; dieser letzte Versuch, als Ethnie zu bestehen und sich neuen Lebensraum zu erobern, ging als die sogenannten Seevölkerschlachten in die offizielle Geschichtsschreibung ein. Diese letzten Maßnahmen waren jedoch nicht erfolgreich, das Fryas Volk verlor seine Schlachten und zerstreute sich in dem damaligen Chaos dieser lange nachwirkenden Naturkatastrophe in alle Welt. Der in ihrem Heimatland verbliebene Rest wurde zwischen den aufkommenden Völkergruppen der Kelten und Germanen zerrieben.

Ägypten, als starker Handelspartner der Fryas, wurde von den Swift-Tuttle-Katastrophen, die auch im Mittelmeerraum, beispielsweise in Griechenland, für Verwüstungen sorgten, am wenigsten in Mitleidenschaft gezogen. Doch seine alte Größe, wie vor den Kometeneinschlägen, konnte auch Ägypten niemals wiedererlangen. Griechenland dagegen wurde mehrmals fast völlig zerstört und richtete sich zum wiederholten Male neu auf, allerdings ohne an seine vorherige Geschichte und Kultur anknüpfen zu können. Dies bezeugt auch eine Aussage, die der Staatsmann und Lyriker Solon zu hören bekam, als er einige Jahrhunderte nach dieser Katastrophe nach Ägypten gesegelt war: „Oh Solon, Solon, ihr Hellenen bleibt doch immer Kinder, und einen alten Hellenen gibt es nicht." Mit diesen Worten wurde Solon in Ägypten von einem alten Priester empfangen, was diesen nicht nur sehr verwunderte, sondern auch neugierig machte. Solon fragte: Wieso denn, wie meinst du das? „Ihr seid alle jung an Geist", erwiderte der Priester, „denn ihr tragt in ihm keine Anschauung, welche aus alter Überlieferung stammt, und keine mit der Zeit ergraute Kunde." Von diesem Priester erfuhr er, dass es nun schon der dritte Aufbau Griechenlands sei (siehe Arno Behrends: *„Nordsee-Atlantis",*

Anhang: *„Der Atlantisbericht"* oder Platons *„Timaios"* und *„Kritias"*). Ohne eine Ahnung von den zwei vorherigen griechischen Zivilisationen geschah dieser dritte Aufbau ganz im Außen und geprägt vom Intellekt, sogar mit einer regelrechten Abneigung gegen seelische und „innere", mystische Aspekte. Einen Eindruck von dem „inneren" Chaos der Hellenen geben deren Geschichten über die Götterwelt um Zeus, die geprägt sind von Willkür, Machtgier, Neid, Missgunst sowie vielem mehr und die ja auch ein Abbild der Volksseele sind.

Nach der „Hoch-Zeit" der Griechen sah Europa gemäß der allgemein vorherrschenden Sichtweise grob zusammengefasst so aus: Es entstand das zentral regierte und organisierte Reich der Römer, und in der Übergangszeit zwischen Griechen und Römern hatten sich die keltischen Völker von den östlichen Gebieten Europas bis nach Frankreich und Britannien ausgebreitet, sie zeigten gegenüber der römischen Expansion einigen Widerstand. Zur gleichen Zeit waren im Norden die Germanen ansässig und behaupteten sich gegen so mancherlei Begehrlichkeiten aus Osten, Norden und Süden, namentlich des Römischen Reiches, das gegen 300 n. d. Z. seine größte Ausdehnung erfuhr. Theodosius I. erhob zusammen mit Gratian 380 das Christentum zur Staatsreligion. Etwa einhundert Jahre später, um 470, zerfiel das weltliche Römische Reich, an dessen Stelle offensichtlich das christlich-katholische trat. Aus den Überresten des weltlichen Römischen Reiches entstand nördlich der Alpen gegen 500 das Fränkische Reich, welches sich in nur dreihundert Jahren über ganz Süd-, Mittel- und Westeuropa erstreckte und das frühe Mittelalter einleitete. Seine größte Machtfülle erreichte das Frankenreich unter Karl dem Großen, der dann auch endgültig einen Schulterschluss mit der römisch-katholischen Kirche vollzog. Daraufhin wurde er im Jahre 800 von Papst Leo III. zum ersten Kaiser seit dem Niedergang Roms im Jahre 470 gekrönt. Karl der Große wurde zum größten Christianisierer der Geschichte, wohlgemerkt mit Schwert, Feuer und Mord, sowie zum Vereiniger der zahllosen unabhängigen Königreiche des alten Europas. Etwa zu dieser Zeit kamen aus dem Norden die Wikinger und breiteten sich über den ganzen Kontinent aus, bis weit ins heutige Russland, das vom Wikingerstamm der Russ seinen Namen erhielt. Um 900 spaltete sich das Fränkische Reich in das Deutsche Reich Römischer Nation und das Frankenreich, das heutige Frankreich, auf. Im 11. Jahrhundert kam dann Wilhelm der Eroberer groß heraus, er wurde nicht nur Herzog der Normandie, was ihm nicht genügte, er überfiel Britannien und vereinigte die zahlreichen rivalisierenden

Stämme und Kleinkönigreiche zum Königreich Britannien, dessen König er natürlich wurde. Aus den Wikingern sind romanisierte Normannen geworden, selbstverständlich mit dem Segen des Papstes in Rom. Dieser Schulterschluss zieht sich seitdem durch die ganze Geschichte: ohne Papst und Kirche keine weltliche Herrschaft und umgekehrt. Abgesehen von ein paar kleinen Querelen wie Papst und Gegenpapst hatte dieses Prinzip im Großen und Ganzen Bestand und gelangte nach dem Konzil von Konstanz zur absoluten Macht. Interessant an dieser Entwicklung ist, dass die in der offiziellen Geschichte hervortretenden Herrscher sich immer nur mit der katholischen Kirche an sich einließen und niemals mit anderen christlichen Strömungen, die gemessen an deren Verbreitung und Anhängern oft deutlich größer waren und keine Wehrklöster benötigten. „Gleich und Gleich gesellt sich gern", lautet ein Sprichwort, und ganz in diesem Sinne fanden machtgeile und gewalttätige Psychopaten zueinander und veränderten die Welt nach ihrem Sinn. In Europa galt nun, was die Fryas zu den drei Weisheiten und den Findas anmerkten: *„Das Volk Findas hat auch Bestimmungen und Gesetze. Aber diese sind nicht nach dem Recht gemacht, sondern nur zum Nutzen der Priester und Fürsten. Deshalb sind ihre Länder immerzu voll Zwiespalt und Mord."* – Inquisition, Glaubenskriege, Kreuzzüge und die Mittäterschaft bei einem Großteil der schrecklichsten Diktaturen, die diese Welt heimgesucht haben, geben Zeugnis vom Wahrheitsgehalt dieser Aussage.

Die Menschen Europas wurden zum Spielball des für sie äußerst destruktiven Zusammenwirkens von Kirche und Adel, seit dem 8. Jahrhundert und mit Karl dem Großen drehte sich ausschließlich alles um sie und ihre Machtentfaltung, welche ab dem Postulat der Unfehlbarkeit des Papstes um 1470 ihren Höhepunkt fand. Und dieses Spiel wird auf diesem hohen Niveau bis heute gespielt, dann und wann kamen neue Mitspieler und eine weitere kirchliche Strömung (die Protestanten) hinzu, mal wurden die Seiten gewechselt, weil man sich dadurch noch mehr Macht und Unterstützung erhoffte, dann wurde der Reigen mit Bankern und Händlerimperien erweitert. Doch wer auch immer hinzukam oder wegfiel, es waren immer kirchliche Strukturen und Amtsträger, die alles verbanden und mehr oder weniger geschickt lenkten. Bedient haben sie sich immer der Arbeitskraft der „anderen Menschen", denen, die nicht zu „ihnen" gehörten, den normalen Menschen, dem niederen, dem gemeinen Volk. Es waren die einfachen Menschen, von denen sich Adel und Klerus deutlich abgrenzten. Und so kam es nicht von ungefähr, dass die Menschen von den Klerikern arrogant und geringschätzig „unsere

Schafe" und vom Adel „Untertanen" oder „Gemeine" genannt wurden. Diese „Schafe" und „Untertanen" beziehungsweise das „gemeine Volk" waren gezwungen, für die Machteliten in den Krieg zu ziehen, ihnen Schlösser und Burgen zu bauen sowie Städte zu errichten, wobei sie überwiegend ein Leben in Armut führten. Gerade das Mittelalter wird von manchen ja oft auch als „das dunkle Mittelalter" bezeichnet, während andere dagegenhalten, dass es in dieser Zeit immer wieder ein Aufblühen der Baukunst, der Malerei, der Musik und der Wissenschaften sowie technische Innovationen gab. Es kommt eben immer auf den Standpunkt an. All das, was in der Kultur, der Kunst und dem Bauwesen passierte, geschah nur auf Geheiß und zugunsten des Adels oder der Kirche. Wenn wir uns heute Schlösser und Burgen ansehen und diese für unser kulturelles Erbe halten, dann unterliegen wir einem fatalen Selbstbetrug, denn diese Bauwerke waren und sind Eigentum des Adels und der Kirche. Das gemeine Volk darf sich deren Pracht zwar anschauen, doch nichts davon gehört ihm.

Königliche Thronfolgen und royale Hochzeiten sind in unserer Zeit Mega-Events. Die Schlösser der europäischen Kaiser und Könige, die Burgen der Grafen, Herzöge und Ritter, die Prachtbauten des Klerus und der Erfolgreichen ziehen gerade heute mehr und mehr Menschen aller gesellschaftlichen Schichten in ihren Bann. Man bestaunt die Architektur und fragt sich, wie „die" das damals hinbekommen haben. Man bewundert die Pracht und die Kunst, welche sich an solchen Orten angesammelt und verdichtet hat. Es wird von Eckpfeilern und Meilensteinen der Menschheitsgeschichte gesprochen, von epochalen Werken der menschlichen Entwicklung. Doch immer stehen nur die jeweiligen Herrscher und Mächtigen, die Kaiser, Könige, Herzöge, Grafen, Päpste, Kardinäle, Bischöfe und Dynasten, welche diese Bauten in Auftrag gaben, im Mittelpunkt des Interesses, auch wenn die Fremdenführer fleißig die Worte „wir" und „uns" gebrauchen. Stolz wird berichtet, welche beachtlichen Burgen, Prachtbauten und Kunstwerke Kaiser X und König Y errichtet und geschaffen haben und welche beeindruckenden Dome, Münster, Kirchen und Klöster von Papst Z, Kardinal W und Bischof V zu Ehren Gottes erbaut und mit unvorstellbarem Prunk ausgestattet wurden. Es sind unzweifelhaft ganz tolle Werke, die da entstanden sind, deren Faszination auch ich mich nicht entziehen kann. Als Besucher ist man stolz darauf, zeigt seinen Kindern, welch großartiger Kultur man entstammt, und irgendwie sehnt man sich selbst auch ein wenig nach diesem Prunk, möchte den einen oder anderen Strahl dieses Glanzes auch auf sich selbst scheinen sehen. Was dabei gerne vergessen oder übersehen wird, ist die Realität, wie diese Werke tatsächlich zustande kamen und worauf sich bis heute die Adelslinien oder Dynastien gründen. Nicht ein einziger Adliger, dessen Name für eines oder mehrere dieser Werke steht, hat auch nur einen Handstreich dazu beigetragen, keiner hat selbst Hand angelegt und Eigenleistungen erbracht. Außer seinem Namen kennt man eventuell noch den leitenden Baumeister und den führenden Künstler, doch kaum mehr. Die vielen Tausende von Menschen, die zur Fronarbeit genötigt oder unter minimalster Entlohnung ihre Arbeitskraft dem Werk opfern mussten, sind im Nichts des geschichtlichen Vergessens verschwunden. Zu den Zeiten, in denen diese von uns so bewunderten Werke entstanden, ging es nur einer Familie gut: der des jeweiligen Auftraggebers. Im Volk herrschte, mit Ausnahme der Händler und Kaufleute, die als Zulieferer und Versorger von den Baustellen profitierten, eine eher einfache und bescheidene Lebensweise vor, die mit fortschreitender Entstehung der adligen oder kirchlichen Anwesen in Armut und sogar Sklaverei endete, je nachdem wie es um die Kasse des Bauherrn bestellt war. Denn was der Auftraggeber an Geld für die Fertigstellung benötigte, wurde einfach aus dem Volk gepresst. Wer die immer höher werdenden Abgaben nicht mehr zahlen konnte, musste seine Arbeitskraft geben und wurde so zum Leibeigenen und seine Familie gleich mit.

Heute, wo wir doch so viel zu wissen glauben, uns so gebildet, zivilisiert und hoch entwickelt vorkommen, sollte da nicht auch ein wenig mehr Raum für diese Seite des „Glanzes" sein? Sollte nicht auch an jene gedacht werden, die wirklich dazu beigetragen, tatsächlich etwas geleistet haben? Wenn ich mir ein Schloss oder eine Burg anschaue, bin ich wie jeder andere auch beeindruckt von der Leistung und den Fertigkeiten, wie ein solches Bauwerk mit den damaligen Mitteln realisiert wurde. Mich interessiert aber vor allem, wie die Menschen damals dieses und jenes gemacht haben, welche Gewerke an einem solchen Projekt beteiligt waren, welches Wissen dazu nötig war und wie viele Menschen daran mitgearbeitet haben. Mich faszinieren die alten Handwerkskünste, die ohne moderne Maschinen auskamen und dennoch solch großartige und dauerhafte Resultate erschufen. Bezieht man das alles in seine Betrachtungen mit ein, so relativieren sich der Glanz und die Großartigkeit der Auftraggeber und es rückt die Gemeinschaftsleistung der Ausführenden, auch wenn sie erzwungen und erpresst wurde, in den Mittelpunkt, dann wird nicht mehr nur die nicht erbrachte Leistung des gerade Herrschenden, sondern die der tatsächlichen Erbauer bewundert. Der Blick fällt dann nicht nur auf die großartigen Werke, sondern darauf, wie sie entstanden und wie der Ruhm dafür von Einzelnen vereinnahmt wurde. Sich einfach alles zu nehmen, Menschen für den eigenen Ruhm und persönliche Vorteile bis zum Tode auszubeuten, diese Verachtung und Ignoranz gegenüber denen, die eine solche Leistung erbracht haben, war und ist bis heute die Grundlage aller Adelsgeschlechter, deren Hochzeiten und Jubiläen vom „gemeinen Volk" so frenetisch gefeiert werden. Sollten wir heute nicht in der Lage sein, diese Zusammenhänge zu erkennen? – In der Dreiteilung Klerus, Adel und „gemeines Volk" sowie in dem Selbstverständnis und der Selbstwahrnehmung der jeweiligen Menschen erkennen wir das tatsächliche Wirken des kurganischen Erbes in unserer gesamten Geschichte.

Gibt es angesichts des Gesamtbildes denn wirklich einen echten Grund, diesen Adelsleuten heute noch zuzujubeln, wenn sie heiraten oder einen Thron besteigen, eine Messe eröffnen oder sich in anderer Art öffentlich präsentieren? Ist es wirklich eine Ehre, wenn jemand, der von seinen Wurzeln bis in die heutige Generation nur das Nehmen und Ausbeuten kennt, für irgendetwas den Schirmherren mimt? Ist es wirklich etwas Besonderes, wenn sich Adlige als Kunstmäzene präsentiert? Sie haben dann ja doch die Hand drauf und den Nutzen davon. Hat der „normale" Mensch immer noch so wenig Selbstwert, dass er fremden „Glanz" benötigt, ohne zu bedenken, wie dieser zustande kam? Nach all den Jahrhunderten des „Untengehalten-Werdens" hat der normale Mensch, der einfache Bürger, selbst in dieser Zeit der scheinbaren Demokratie und Freiheit immer noch zu wenig Kraft, um sich als Gleicher unter Gleichen zu sehen. Er ist trotz all der Jahrtausende von Machtherrschaft, Unterdrückung und Ausbeutung noch immer auf Führerpersönlichkeiten angewiesen, um etwas Besonderes zu leisten. Scheinbar verhält es sich bei diesem Phänomen wie bei einer Geiselnahme, wo der Selbsterhaltungstrieb der Geiseln oft dazu führt, dass sie sich mit den Geiselnehmern identifizieren und sogar deren Position einnehmen – allerdings hält diese Geiselhaft nun schon über 1.200 Jahre an und hält die Menschen in dieser als Stockholm-Syndrom benannten Entwicklungsstarre fest.

Doch alles hat mindestens zwei Seiten, und daher es stellen sich noch ganz andere Fragen: Hätten die Menschen auch ohne diese Herrscher und ohne diesen Zwang solche oder ähnliche Leistungen auf den Gebieten der Architektur, der Kunst, der Handwerke und der Forschung erbracht? Hat dieser willkürliche und egoistische Zwang der Herrschenden eine menschliche Entwicklung überhaupt erst ermöglicht? Würden wir ohne den existentiellen Druck, der heute zwar subtiler erfolgt, aber nicht weniger dramatisch ist, weiterhin Fortschritte auf diesen Gebieten erreichen? Letztere Frage ist zwar sarkastisch, aber dennoch berechtigt, und eine Antwort werden wir so schnell sicher nicht finden, es sei denn, wir machen es mal ganz anders als bisher und schauen, was dabei herauskommt.

Das kurganische Erbe in Europa

Über Jahrtausende hinweg, beginnend mit dem griechischen und dann römischen Großreich, gingen und gehen noch heute Krieg und Imperialismus von Zentraleuropa beziehungsweise der heutigen, daraus entstandenen westlichen Welt aus. Die Profilierung über das Haben und das Streben nach Macht ist bis heute ungebrochen und geschieht weiterhin auf Kosten der friedlicheren und/oder technisch unterlegenen Völker. – Im Laufe der Jahrhunderte der Besetzung und der Vermischung mit den Invasoren wurden aus Dörfern befestigte Siedlungen, aus denen ummauerte Städte entstanden, die wiederum von kleinen Königreichen zu Imperien ausgebaut wurden – immer durch Kampf und Mord. Und als es in Europa zu eng wurde, okkupierte man gewaltsam im gleichen Stil die „Neue Welt", vernichtete die dortigen Völker mit der Macht der technischen Überlegenheit, übernahm ihr Land und beutete die Menschen und die Ressourcen aus. Allerdings fand diesmal keine so starke Vermischung statt, ganz im Gegenteil, es wurde häufig auf eine strikte Trennung geachtet, denn nun gehörte man als Invasor zu einer überlegenen Rasse. Obgleich beispielsweise die ersten Siedler der „Neuen Welt" kaum ohne die gutmütige Hilfe der einheimischen Indianer überlebt hätten, gab es keine Gnade für sie, nachdem sich die Einwanderer etabliert hatten. Von den geschätzten 100 Millionen Ureinwohnern Amerikas bei Ankunft von Columbus, überlebten bis kurz nach dem Zweiten Weltkrieg gerade einmal Achthunderttausend (800.000!). Das ist ein echter Genozid, der beileibe noch nicht zu Ende ist. Auch die imperialen Kolonisierungen Afrikas, Südamerikas und Asiens gehören zu diesen kriegerischen Expansionen und Vereinnahmungen. Die Welt, wie sie heute ist, mit all den Kriegen um Ressourcen, der rücksichtslosen Ausbeutung von Menschen, Tieren und Natur, der Konzentration von aberwitzig hohen Vermögen und Macht auf einige Wenige, hat ihren Ursprung in den kurganischen Einwanderungsströmenund beruht auf deren genetischem Erbe, beides verändert seit nunmehr 6.000 Jahren Europa und die Welt. Das alles ist eine Fortführung der kriegerischen Okkupation, die damals begann, und durch das mit der Vermischung übertragene Erbgut steckt dies mehr oder weniger in uns allen. Der Wohlstand in den westlichen Industriestaaten basiert auf Eroberung und Ausbeutung der Schwellen- und Entwicklungsländer, welche durch die nach wie vor prägende Leidenschaft, zu kämpfen und zu dominieren, angefacht werden und nur durch die technische Überlegenheit der Industrienationen möglich sind. Mit Hungerlöhnen in den Entwicklungsländern werden Luxusartikel für die westliche Welt produziert.

Betrachtet man sich die Geschichte etwas genauer, so erkennt man, dass diese Entwicklung nicht flächendeckend und nicht immer einheitlich war. Nach dem Verschwinden der Fryas bildeten sich vor allem im heutigen deutschsprachigen Raum Clanstrukturen, die zumindest noch teilweise das Gedankengut der Fryas eine Weile behielten: Das gesellschaftliche und geistige Leben war auf Fruchtbarkeit, Wachstum, Entwicklung und den Einklang mit der Natur ausgerichtet. In ihren Büchern *„Göttinnen und Götter im Alten Europa: Mythen und Kulturbilder"* (Arun, 2010) und *„Die Zivilisation der Göttin"*, (Zweitausendeins, 1998) hat Marija Gimbutas dieses Leben eindrucksvoll beschrieben und erklärt. Männer, die weit vor der Zeitenwende eine Frau „ehelichten", zogen zu ihr oder gründeten einen Ableger der Abstammungsfamilie der Frau. Wenn sie sich trennten, ging der Mann vom Hof und ließ alles zurück. Erb- und Besitzrecht waren oft matrialinear geregelt, so blieben die Höfe und Clans erhalten und konnten um die Frauen und Mütter herum wachsen und gedeihen. Starben oder verließen Männer den Hof, was wohl durch gewalttätige Auseinandersetzungen, Krankheit und die harte Arbeit häufiger vorkam, bedeutete dies nicht gleich den Untergang der Familie oder des Clans, denn die Frauen bildeten als Ganzes den Mittelpunkt des Geschehens und waren nicht von einem einzigen Mann abhängig, auf den sich alles fokussierte. Die Clanstrukturen waren auf das Gemeinwesen ausgerichtet und nicht auf den Reichtum des Einzelnen, so gehörte beispielsweise das Land dem Clan und stand allen zur Verfügung. Schon bei den Fryas gab es die Bemühung, die Interessen der Allgemeinheit und des Individuums in Ausgleich zu halten. So bekam ein Mann, der eine Frau ehelichte, vom Clan oder der Dorfgemeinschaft ein Haus und ein Stück Land, von dem die Familie ernährt werden konnte. So wurde der Mann in die Lage versetzt, sowohl für sich und seine Familie zu sorgen als auch durch seine Fähigkeiten seinen Teil zur Gemeinschaft beizutragen. Es wurde gejagt und gesammelt, es wurden Gräser angebaut und gezüchtet sowie in begrenztem Maße Tiere gehalten.

Je ländlicher und für strategische Machtinteressen unbedeutender die Gegend war, umso länger konnte sich dieser Lebensstil halten, der uns heute von der Systemlehre als arm und primitiv beschrieben wird. Auch gab es neben den Absolutbeispielen „abgelegene Landbevölkerung" und „Römisches Reich" für einige Zeiten Mischformen dieser unterschiedlichen Lebensweisen und Gesellschaftsstrukturen, wozu unter anderem die Kelten gehörten. Sie lebten einerseits sehr naturverbunden; das keltische Reich, wenn man es überhaupt als solches bezeichnen kann, bestand aus heterogen, untereinander vernetzten Clans, Dörfern und Städten. Damit waren sie das genaue Gegenteil des zentralistisch ausgerichteten Roms, das alle Ressourcen seines Machtbereiches kontrollierte und für sich vereinnahmte. Andererseits hatten die Kelten mit dem Druidentum eine eigene, aus ihren überwiegend südöstlich gelegenen Ursprungsländern stammende „Priesterkaste". Diese war zwar naturorientiert und wenig aggressiv hinsichtlich eines Sendungsbewusstseins, doch dominierten sie die Glaubenswelt der Kelten ebenso wie die Rechtsprechung und das Wissen. Vielfach waren sie die Berater der Clanführer, der Fürsten und dann auch der keltischen Könige. Und während die Druiden der weltlich-römischen Okkupation ihrer Gebiete anfangs noch erbitterten Widerstand entgegenbrachten, wechselten sie doch überraschend schnell die Seiten, als sich das Christentum ausbreitete. Ein schönes Beispiel hierzu ist die keltisch-christliche Kirche in Frankreich, die es bis heute gibt. In der OLH wird auch explizit vor der namentlich genannten Priesterkaste der Druiden gewarnt. Anders verlief es bei den Germanen, welche den nördlichen und mittleren Teil Europas bevölkerten. Sie leisteten lange Zeit erfolgreich Widerstand gegen sämtliche Okkupationsversuche, kriegerische wie auch religiöse. Allerdings waren es germanische Stämme, wenn auch südliche, aus denen sich das Fränkische Reich formierte, das wiederum extreme Christianisierer wie Karl den Großen hervorbrachte.

Die Art und Weise, wie sich das Erbe der östlichen Einwanderer in Europa festsetzte und verteilte, ist mit der Ausbreitung eines Virus zu vergleichen: Erst infizierten sich die Schwachen, dann jene, die durch große Bürden geschwächt wurden, und zuletzt erwischte es auch die Starken, vielleicht nicht so sehr wie die anderen, doch blieben auch sie nicht davon verschont. Der Unterschied zu einer echten Virusinfektion war in diesem Fall der, dass sich scheinbar keine flächendeckende Immunität nach dem Überstehen der Krankheit einstellte und sich nur ganz langsam und in geringem Umfang resistente Menschen zeigten – doch heute werden es mehr.

Interessanterweise spiegelt sich diese geschichtliche Entwicklung in der Götterwelt der Germanen, die sich am längsten autark halten und die alten Werte zumindest noch ein wenig länger als andere leben konnten, wider, genauer gesagt im Verhältnis zwischen den sich gegenüberstehenden Göttergeschlechtern der Asen und Wanen. Der Widerstand der Germanen, die am alten Lebensstil festhielten, scheint auch der Grund gewesen zu sein, weshalb in ihrer Mythologie die erdgebundenen Wanen, die für eben diese alten Werte standen, überhaupt eine solche Bedeutung behalten haben und nicht, wie in anderen Kulturen Europas, gänzlich von den Himmelsgöttern verdrängt wurden. Heute, nachdem genug Zeit vergangen ist und unendlich viel Blut vergossen wurde und wo wir dies alles überschauen, daraus lernen sowie andere Lösungen in Betracht ziehen können, sollten wir doch endlich in der Lage sein, die Dominanz der Himmelsgötter auf ein ausgewogenes Maß zu reduzieren und den sanftmütigen und wachstumsorientierten Göttern sowie dem friedlichen Miteinander der Menschen mehr Beachtung zu schenken – hierfür ist die germanische Mythologie beispielhaft und offenbart einen Lösungsweg für einen bewussten Ausgleich.

In der Vorstellung der Germanen gab es, im Gegensatz zu allen anderen Götterwelten, die jemals auf dieser Welt existierten, nur einen Gott, der für die Erlangung von Weisheit zu persönlichen Opfern bereit war und nicht nur für Macht: Odin oder Wodan. Er wird in den unterschiedlichsten Rollen, guten wie nicht so guten, beschrieben. Dennoch strebte er stets nach Weisheit, überschritt Grenzen und baute Brücken, um in andere Welten zu gelangen. So gab er beispielsweise für einen Schluck aus Mirmirs Brunnen der Weisheit sein eines Auge, und er hängte sich neun Tage und neun Nächte ohne Speis und Trank an den Weltenbaum, um die Weisheit der Runen zu erlangen. Er ging in der Welt sowohl der Wanen als auch der Asen umher und war angesehen dafür, wie er Himmlisches und Irdisches verband. So erlernte er auch das Seidr, eine Tranceform, die bis dahin nur den Frauen und Hüterinnen der Erdgottheiten vorbehalten war, und erweiterte damit seine Kenntnisse und Fähigkeiten. Odin war die erste und einzige Götterfigur, für die es kein „Entweder-Oder" gab. Obgleich er nur noch ein Auge hatte, erkannte er die Veränderungen und Energiebewegungen seiner Zeit klarer als alle anderen, denn ihm war scheinbar etwas zu eigen, worüber lange Zeit vor ihm offensichtlich niemand mehr verfügte: die Vollsicht, die er durch das Opfern eines Auges scheinbar erhielt.

Doch was bedeutete das Aufflackern dieses Bewusstseinsstandes, der wie dargelegt in der Groß-Steinskulptur-Epoche allgegenwärtig gewesen sein muss, in Gestalt des Gottes Odin so viele Jahre später? In meinen Augen ist Odin eine schwache Erinnerung der germanischen Volksseele an die Mentalität der Groß-Steinskulptur-Epoche und des Fryas Volkes. Dass es ein bewusstes oder vielleicht auch unbewusstes, aber in jedem Fall ein Erinnern war, erkennen wir an der verzweifelten und opfervollen Suche Odins nach Weisheit und nach dem Schlüssel zur Lösung des andauernden Streits zwischen den Asen und den Wanen (den Himmels- und den Erdgöttern). Uns treibt es ja auch um, wenn uns eine Ahnung verfolgt, und wir herausfinden wollen, was sich da in uns tut, zumindest geht es mir so. Die Erlangung von Weisheit ist ein Weg zu einem erweiterten Bewusstsein, das uns bis zur Vollsicht und darüber hinaus führen kann. Alles von und um Odin deutet auf diese Suche hin, nicht nur seine persönlichen Opfer und Reisen, sondern auch seine Attribute, beispielsweise seine geflügelten Begleiter, die Raben Hugin und Munin. Hugin bedeutet „der Gedanke/Sinn" und Munin „die Erinnerung". Es wird ganz klar ausgedrückt, dass Erinnerung und Gedanken – und zwar sinnvolle Gedanken – zusammengehören und sich bedingen. Nur aus der Erinnerung an das Vergangene kann gelernt werden, entstehen sinnvolle Gedanken für das aktuelle Handeln und eine bessere Zukunft. Doch all das Handeln und die nicht endende Suche Odins zeigen deutlich, dass er wahre Vollsicht nicht erlangte. Allerdings konnte er seine Weisheit mehren und mit ihr erkennen, dass es aus seiner damaligen Sicht kein Ende geben wird zwischen den die Menschheit zugrunde richtenden Asen und den unveränderlichen, in vegetativem Gleichmut (stetig wiederkehrende Zyklen und gleichbleibende Handlungsweisen) verharrenden Wanen. Für ihn war nach all seinen Bemühungen, mit Wissen und Weisheit den Ausgleich zu finden, klar, dass nur mit einem totalen Ende ein wirklicher Neuanfang möglich war. In der germanischen Mythologie heißt dieses Ende der Götter Ragnarök, die große Schlacht, in der alle sterben und nur ein Mann und eine Frau überleben, um dann frei vom Alten eine gänzlich neue Welt zu schaffen.

Auch unsere heutigen politischen, wirtschaftlichen und gesellschaftlichen Systeme sind offensichtlich nicht mehr zu reparieren und scheinen am Ende zu sein. Sie sind zum Selbstzweck und zu Religionen mutiert, die von selbstherrlichen Machtmenschen, in denen das kurganische Erbe noch zu stark ist, gegen den

Rest der Menschheit benutzt werden. Sie sind aktueller Ausdruck der Geschichte seit Karl dem Großen. Und die menschlich Schwachen, die sich in diesem System und seinen selbsterstellten Mechanismen und Verhaltensweisen festgefahren haben, agieren nur aus Eigennutz und Machtgier. Über all die Jahrhunderte hat sich dieses Machtsystem nicht verändert, aber es hat die in ihm involvierten Menschen verändert. Ethik und Moral sind in allen höheren Ebenen der Völker dieser Erde verschwunden. Gewalt, Dummheit, Machtgier, Perversion und persönliche Profitsucht beherrschen alle Bereiche in Wirtschaft und Politik. Ständig gibt es neue Enthüllungen um Betrug und Pädophilie im Vatikan, in den Gerichten, der Politik, bei hohen Wirtschaftsbossen usw. Fast scheint es, als würden wir heute vor diesem Ragnarök der germanischen Mythologie stehen und nicht unsere Vorfahren. Und wenn wir einerseits verfolgen, wie über die Jahrtausende hinweg die durch das kurganische Erbe immer wieder ausgelösten Wirtschaftskriege (denn das waren sie allesamt) mehr und mehr größere Ausmaße angenommen haben, und wir uns andererseits betrachten, wie die Geld- und Wirtschaftssysteme heute weltweit verbunden sind und gleichzeitig an ihrem Limit angelangt scheinen, wie weit sind wir dann mit den heutigen Möglichkeiten von einem nun wirklich und tatsächlich weltweiten Krieg, von diesem Ragnarök entfernt?

Ragnarök ist ein sehr gewaltsames Ende dessen, was war, und Odin, in dem noch ein letzter Funke des alten Bewusstseins vorhanden war, hat verzweifelt oder auch in zorniger Ablehnung dieses Gedankens an ein Ragnarök nach einer Alternative gesucht. Ob auch heute ein gewaltsames Ende notwendig ist, um dieses nun schon seit fast 4.000 Jahren übermächtige Prinzip von Kämpfen, Töten, Dominieren und Ausbeuten zu beenden, wird sich zeigen. – Ein altes Sprichwort sagt: „Man stirbt wie man gelebt hat." Darüber nachzudenken, lohnt sich allemal.

Bevor nun der Überblick über das bisher Geschriebene verlorengeht, werde ich das Ganze einmal kurz zusammenfassen: In Europa gab es scheinbar eine hochentwickelte Kultur, die sogenannte Groß-Steinskulpturen-Kultur, die von Italien bis Spanien und hoch bis Norwegen nachweisbar ist. Die Motive Vollsicht sowie Atemgeburt der Groß-Steinskulpturen und auch der überaus häufigen Amulette und Kleinskulpturen lassen auf einen sehr hohen Bewusstseinsstand der Menschen dieser Epoche schließen. Diese Kultur bestand in etwa von 32.000 bis 8.000 v. d. Z, also über mindestens 24.000 Jahre hinweg. Ab etwa 8.000 v. d. Z., so erfahren wir aus der „*Oera-Linda-Handschrift*" und anderen antiken Texten, lebte im Nordwesten Europas und in der heutigen Deutschen Bucht das Fryas Volk, die Freien. Sie hatten eine fortgeschrittene Gesetzgebung, eine in Grundzügen matriachale, auf Gleichberechtigung basierende Gesellschaftsstruktur und nautische Kenntnisse, die sie dazu befähigten, als damals einziges Volk zur See zu fahren. Ihre Art und Weise des Miteinanderlebens legt nahe, dass sie zumindest fragmentarisch in der Nachfolge der Groß-Steinskulptur-Epoche standen und zur sogenannten Megalithkultur beitrugen oder sie sogar initiierten. Sie schieden ab der Naturkatastrophe 2.192 v. d. Z. und dann endgültig mit der zweiten Naturkatastrophe um 1.200 v. d. Z. und den anschließenden Kriegen der Seevölker aus der belegbaren Geschichte. Neben den Naturkatastrophen sorgten im Wesentlichen die kurganischen Einwanderungs- und Invasionswellen für ihren Untergang, aber auch für eine vollständige und nachhaltige, bis heute wirkende Veränderung der Menschen in ganz Europa und darüber hinaus.

Nach den Kriegen der Seevölker und den Invasionen aus dem Osten begann, unter dem Einfluss dieses durch Vermischung genetisch verbreiteten Erbes der Kurganen, ein reges Hauen und Stechen, das immer neue Reiche hervorbrachte und wieder untergehen ließ. Nachdem bis 300 n. d. Z. beinahe ganz Europa von priesterlichen Orden übersät war und auch vormals heidnische Kulte von den kurganischen Priesterkastensystemen gesteuert wurden, kam es 380 dazu, dass das Christentum, eine besonders engagierte Glaubensbewegung mit sehr starken priesterlichen Strukturen, von Theodosius I. und Gratian in Rom zur Staatsreligion ernannt wurde. Die mehr als destruktive Ausrichtung dieses Priesterkastensystems überlebte den sich um 500 n. d. Z. vollziehenden Untergang des weltlichen Römischen Reiches und trat an dessen Stelle und übte vor allem Macht über die Seelen der Menschen aus. Die Strukturen des christlichen Priesterkastensystems waren für alle „schwachen Geister", die nach Macht und Reichtum strebten, ein Segen. Durch einen als „Stellvertreter Gottes auf Erden" fungierenden Papst und den Zusammenschluss der machthungrigen, aber „schwachen" weltlichen Führer („schwache Geister" und „Laue" sind Begriffe aus der „*Oera-Linda-Handschrift*") mit der Kirche gelang dank des Slogans „Durch Gottes Gnaden" deren vollständige und endgültige Trennung vom Volk, und es bildete sich eine Adelskaste, die ähnlich der Priesterkaste organisiert war und die ebenso wenig mit dem gemeinen Volk zu tun hatte wie die Kirche. Im Jahre 800 vollzog Karl der Große als König des vereinten Frankenreiches den endgültigen Schulterschluss mit der katholischen Kirche, die ihn dann zum ersten Kaiser nach dem Untergang Roms krönte. Mit seinen gewaltsamen Christianisierungsfeldzügen schaffte es Karl der Große, als einer der größten Menschenschlächter in die Geschichte einzugehen – ein äußerst zweifelhafter Ruf. Zwischen dem Adel und der Kirche gab es eine Vereinbarung, die lautete, dass alles, was bei den Bekehrungsfeldzügen an vorchristlichem Kulturgut vorgefunden wurde, zu vernichten sei. Diesem Abkommen wurde Folge geleistet, denn Adel und Kirche profitierten nur von dieser Allianz, wenn Vereinbartes eingehalten und Vorhaben auch vollständig umgesetzt wurden. Dem Adel gehörten die gemeinen Menschen und der Kirche die Seelen aller, und das wussten die Kirche wie auch der Adel für sich zu nutzen. – Seit dem Konstanzer Konzil und dem Postulat der Unfehlbarkeit des Papstes stehen das gesamte Europa und große Teile der westlichen Welt unter dem Joch der Allianz von Adel und Kirche. Das große Hauen und Stechen fand niemals wirklich ein Ende, es wird bis heute weitergeführt und verlagerte sich in jüngster Zeit hauptsächlich in die Entwicklungs- und Schwellenländer. Alle Kriege, besonders seit Karl dem Großen, waren und sind reine Macht-, Wirtschafts- und Verteilungskriege.

Doch was bedeutet das für uns heute? Wenn wir dem Ganzen die Weisheit zugrunde legen, dass nichts in diesem Universum grundlos geschieht, dann stellt sich gleich eine ganze Reihe von weiteren Fragen. Eine davon ist die, weshalb gerade uns und in der heutigen Zeit diese Zusammenhänge auffallen und uns Informationen zugänglich werden, die seit Ewigkeiten unterdrückt werden. Ein Grund dafür ist natürlich, dass wir heute einen erheblichen Zeitraum überblicken können, in dem sich so ziemlich alle möglichen Entwicklungen der Menschheitsgeschichte austoben durften. Fast monatlich verändern neue archäologische Funde das Bild, welches wir von unserer Vergangenheit kennen. Immer häufiger verlassen Wissenschaftler und Forscher die Kadersichtweisen der bisherigen Wissenschaftsdisziplinen, stellen Fragen und experimentieren mit Fundnachstellungen, was man bisher nicht tat und sich vielleicht auch nicht traute. Das Pendel der Geschichte schwang über lange Zeit hinweg vom Leben im Einklang mit der Schöpfung hinüber zu einem, das unter den Einflüssen einer „dunklen Macht" stand. Nun scheint es, dass es seinen Umkehrpunkt auf der dunklen Seite der Macht zwar noch nicht ganz erreicht hat, doch die Gegenkräfte schon ordentlich am Wirken sind. Uns obliegt es nun, aus dem Gelernten die richtigen Schlüsse zu ziehen und zwischen dem Leben im Einklang mit der Schöpfung und dem in der Welt herrschenden Machtmissbrauch einen Mittelweg zu finden und diesen auf für uns heute zeitgemäße Weise zu gehen.

Vielleicht musste die Geschichte genauso verlaufen wie sie verlief, mit all ihren matriarchalen und patriarchalen Ausprägungen, mit ihren Kriegen und Naturkatastrophen, den technischen und künstlerischen Errungenschaften sowie den vielen anderen Dingen, damit wir heute mit dem nötigen Abstand in der Lage sind, betrachten und erkennen zu können, was gut und was weniger gut war. Denn wenn man beide Seiten, die naturverbundene und die machtorientierte, nicht nur sieht, sondern diese auch versteht, können sie in Ausgleich gebracht werden – wahrscheinlich war eben dies den Menschen zu einem früheren Zeitpunkt noch nicht möglich. Umso mehr liegt es nun in unserer Verantwortung, aus dem, was war, endlich wirklich etwas zu lernen und zum Wohle von uns selbst als auch der Menschheit als Ganzes neue Wege zu gehen. Erleben wir oder sind wir gar der Wandel, auf den die Geschichte über all die Jahrtausende hingearbeitet hat? Sind wir die, auf denen die ganzen Hoffnungen unserer Ahnenreihen liegen?

Da die Hoffnung ja bekanntlich zuletzt stirbt, glaube ich fest daran, dass sich genug Menschen finden werden, die bereit sind, zu lernen, die bereit sind, den alten Erdgöttern wieder mehr Beachtung zu schenken, sie in Ausgleich mit den Himmelsgöttern und dem Erbe der Kurganen zu bringen. Denn wenn alles einen Grund und einen Sinn hat, dann auch der Untergang der Groß-Steinskulptur-Epoche mit dem hohen Bewusstseinsstand der damaligen Menschen, dem vielleicht die Kraft der Erneuerung und auch jene, sich in allen Situationen und Belangen behaupten zu können, fehlten. Aus dieser Synthese könnten freie, wachstumsorientierte, selbstbehauptende und selbstbestimmte Gesellschaften entstehen, für die es selbstverständlich ist, wieder in Einklang mit der Schöpfung zu kommen und entsprechend zu leben. Eine solche Gesellschaft oder gar Menschheit, in der nun endlich das Beste beider Seiten zum Tragen kommt, in der sich beide ergänzen und ausgleichen, in der die Summe ihrer Gemeinsamkeiten größer wird als die der einzelnen Völker und ihrer unveränderlichen Unterschiede, kann zum oftmals beschworenen und erhofften Goldenen Zeitalter der Menschen führen. Schaffen wir also nun die Zeit, von der wir in Sagen, Legenden und Geschichten schon so oft gehört haben! Das ist etwas, was wir von den alten Pfaden für unseren neuen Weg lernen können, und genau deshalb geht es im nächsten Kapitel darum, was wir ganz konkret aus der Vergangenheit lernen, was wir mit unserem heutigen Wissens- und Kenntnisstand beitragen und mit dem daraus Gelernten zu zeitgemäßen Lösungen und

Konzepten verknüpfen können. Dann werden wir wirklich in der Lage sein, diese goldene Zukunft zu gestalten.

Weshalb ich so fest daran glaube, dass wir den Ausgleich und den Wandel schaffen, ist die Alternative, die uns bevorsteht, wenn wir mit unserem Bemühen versagen. Denn scheitern wir, geschieht ein neuzeitliches und globales Ragnarök, und das möchte ich auf keinen Fall erleben, nicht in dieser und auch in keiner weiteren Inkarnation.

Ein kleiner Exkurs

Ich kann mir gut vorstellen, dass für manchen die bisherigen Informationen, ganz besonders die Zeiträume, um die es dabei ging, schwer zu begreifen sind, als zu weit hergeholt erscheinen und mit dem bisherigen Kenntnisstand der offiziellen Geschichtsschreibung nicht vereinbar sind. Für das bessere Verständnis dafür, welche Aspekte bei der Betrachtung der Menschheitsentwicklung mit einbezogen werden sollten, möchte ich einen kleinen Ausflug in den Bereich der Geschichtsforschung unternehmen, den man als „verbotene Archäologie" bezeichnet, und einige Beispiele aufzeigen. Diese sind nicht fiktiv, sondern ganz klar bewiesen und Stand des heutigen Wissens, sie sind hinsichtlich der Menschheitsgeschichte als Ganzes in ihrer Einzigartigkeit und Bedeutung erstaunlich und erweitern den Rahmen der Vorstellungsmöglichkeiten deutlich. Von der Kaderwissenschaft werden diese Artefakte, ohne auch nur den Versuch unternommen zu haben, sich diese anzusehen, pauschal als Fälschungen abgelehnt, was inzwischen als eine Art Huldigung verstanden werden kann. Ein Mann, der sich auf diesem Gebiet sehr engagiert und dem wir die Kenntnis vieler dieser Funde zu verdanken haben, ist Klaus Dona, aus dessen Beiträgen und Interviews die meisten der nachfolgenden Beispiele stammen. Diese und weitere Information über seine Arbeit und die seiner Kollegen sind über seine Internetseite zugänglich. Alle Untersuchungen dieser Artefakte wurden privat finanziert und von wenigen mutigen Wissenschaftlern durchgeführt, wobei sich die Echtheit der Artefakte und der Zeitzuordnungen herausstellte. Würde dies offiziell anerkannt, müsste die gesamte Menschheitsgeschichte, wie sie bisher anerkannt ist, umgeschrieben werden. Hier nun einige Beispiel:

- In Kolumbien wurde eine Steinplatte mit der Versteinerung einer Hand und eines Fußes ausgegraben. In der gleichen Fundschicht fand man zudem eine Vielzahl versteinerter Früchte und Gemüse wie Papaya, Mango, Mais, Kaffee, Banane, Ananas, die eindeutig aus einem kultivierten und organisierten Anbau stammten. Das Alter der Versteinerungen wird mit mindestens 100 Millionen Jahre angegeben.
- Ebenfalls in Kolumbien wurden Versteinerungen menschlicher Fußabdrücke und solche von Dinosauriern gefunden, und zwar in der gleichen Schicht. Das bedeutet, dass Menschen und Dinosauriern in Koexistenz lebten.
- In Zentralamerika gibt es eine Privatsammlung mit über 3.000 Objekten, die Flugscheiben und zahlreiche ganz verschiedene Menschen mit mannigfachen Schädelformen sowie unterschiedliche Sonnen- und Sternenkonstellationen, Schwarze Löcher und vieles mehr darstellen. Spannend ist, dass die heutige Wissenschaft erst vor kurzem und unabhängig von diesen Funden auf ähnliche Konstellationen stieß.
- Prof. Gutierrez hat in Kolumbien eine Steinscheibe gefunden, auf der in jeweils eigenen Segmenten paarweise Mann und Frau, Spermien und Eizelle, Fötus und Kind, befruchtetes und unbefruchtetes Ei usw. abgebildet sind. Es sind also Darstellungen, bei denen der Zeugungs- oder Entstehungsprozess des Lebens dokumentiert wurde. Eine weitere Besonderheit dieses Fundes ist das Material der Scheibe, es ist Lydit, eine blätterteigähnliche Steinstruktur mit der Härte von Granit. Fachleute stellten fest, dass man ein solches Material heute nicht formgebend verarbeiten kann, da die Lamellen bei der Bearbeitung zerbrechen würden. Ein solches Objekt wäre heute unmöglich herzustellen, und doch existiert es. Aber es wird noch seltsamer: Man fand auch Feinwerkzeuge, welche Ähnlichkeit mit medizinischen und handwerklichen Utensilien haben – ebenfalls aus Lydit. Auch diese Fundstücke sind heute nicht anzufertigen.
- In Ecuador wurden Tafeln gefunden, die man auf cirka 2500 v. d. Z. datiert und die Darstellungen von Ethnien aus allen Regionen der Welt aufweisen, beispielsweise Ägypter, Schwarzafrikaner und Asiaten.
- In einer Privatsammlung in Mittelamerika fand man eine Kiste mit Knochen, von denen acht Stück in Österreich untersucht wurden. Es konnte klar erwiesen werden, dass sie humanoid sind. Das Besondere daran ist, dass sie

cirka fünfmal größer sind als die Knochen heutiger Menschen. Aus den Berichten der spanischen Eroberer Mittel- und Südamerikas von 1570-1575 erfährt man unter anderem, dass an der Küste von Esmeralda (Estadillion) Skelette gefunden wurden, die siebenmal größer waren als die Entdecker; die Durchschnittsgröße der Spanier um 1570 lag zwischen 1,50 und 1,60 Meter. Wir können uns nun ausrechnen, dass die Skelette, selbst unter Berücksichtigung des Angeberbonus, sehr groß gewesen sein müssen. 1964 wurden in der Provinz Locha durch einen Bergrutsch riesenhafte menschliche Knochen freigelegt, die fünfmal größer als die heutiger Menschen waren. Man fand auch Werkzeuge wie Steinbeile (70 Zentimeter großes Blatt) und Hammerköpfe, die fünfmal größer als herkömmliche Funde waren und zu diesen Riesen passen.

- In Bolivien wurde eine Pan-Flöte aus Stein gefunden, die absolut präzise gearbeitete Löcher hat, wobei einige dieser Flötenlöcher an ihrem unteren Ende, also tief unten im Inneren des Steininstrumentes, verbunden sind. Das Alter dieser Flöte wird auf 6.000-8.000 Jahre geschätzt. Was neben ihrer Existenz und ihrer Verarbeitung noch interessant ist, sind die Töne, die sie erzeugt, sie entsprechen keiner bekannten Tonleiter, jedoch exakt den Frequenzen des menschlichen Gehirns. Neben der Flöte, die ebenfalls übergroß ist, fand man auch Masken, die aus demselben Material bestehen und von ihren Ausmaßen her zu einer Körpergröße von rund 2,60 Meter passen. Auch das zum Spielen der steinernen Panflöte nötige Lungenvolumen entspricht einem Menschen, der mindestens diese Größe hat.
- Weiterhin fand man überall auf der Welt Schädel, die ganz andere Schädelplattenzusammensetzungen aufweisen als die bekannten Funde der Systemarchäologie, was darauf schließen lässt, dass es früher weit mehr zivilisierte Menschenrassen gab als uns bekannt ist.
- In Illinois (USA), in Italien und anderen Gegenden der Welt entdeckte man Steinartefakte, welche die gleichen Schriftzeichen, eine Mischung aus Keil- und Runenschrift sowie anderen Schriftzeichen, aufweisen und deren Alter auch weit vor unsere Zeitrechnung zurückreicht. Auf den Rückseiten vieler dieser Steine findet man Porträts von Menschen verschiedener Abstammungen (Ägypter, Schwarzafrikaner, Asiaten).

All diese Funde, auf die ich nicht näher eingehen will, legen nahe, dass die Menschheitsgeschichte ganz anders verlaufen sein kann, als es von der Kaderwissenschaft propagiert wird, dass sie viel weiter zurückreicht und eine noch unbekannte Zahl an untergegangenen menschlichen Zivilisationen umfasst. Eine mögliche menschliche Zivilisation vor 100 Millionen Jahren lässt uns die Groß-Steinskulptur-Epoche vergleichsweise deutlich näher und denkbarer erscheinen. Doch die Funde lassen eine weitere und weit bedeutsamere Frage in Zusammenhang mit den beschriebenen Swift-Tuttle-Katastrophen aufkommen: Was ist, wenn Katastrophen nicht nur ein Land, sondern das weltweite Leben mehr als einmal vernichtet haben und die wenigen Überlebenden immer wieder ganz von vorne anfangen mussten, ähnlich wie in Griechenland? Die Geologen wissen von mehreren solcher globalen Katastrophen im Laufe der Erdgeschichte. Kometen-/Meteoriteneinschläge sind dabei zwar die bekanntesten, doch sind sie nicht die einzigen Ereignisse, die globale Katastrophen in der Vergangenheit ausgelöst haben. Über die ganze Erde sind riesige Krater verteilt, die vom Einschlag mächtiger Himmelskörper zeugen, auch hier in Deutschland. Das Nördlinger Ries beispielsweise ist ein solcher Megakrater, der noch heute einen Durchmesser von 25 Kilometern hat und in dem mehrere Ortschaften angesiedelt sind. Als der cirka 1,5 Kilometer große Meteor vor 15 Millionen Jahren im Nördlinger Ries auf der Erde aufschlug, verursachte er diesen riesigen Krater und ein cirka 4 Kilometer tiefes Loch.

Neben den kosmischen Einwirkungen gibt es auf unserem Planeten auch eine Reihe globaler „Killer", die von ihm selbst ausgehen, beispielsweise die sogenannten Supervulkane oder beachtliche tektonische Plattenverschiebungen. Vor etwa 27 Millionen Jahren brach beispielsweise der La-Garita-Caldera (Colorado/USA) aus, dieser war etwa doppelt so groß wie Yellowstone, der vor 2,1 Millionen Jahren seinen letzten Ausbruch hatte; der nächste ist im Grunde überfällig. Bekannt sind auch noch Toba auf Sumatra (zweitgrößter Ausbruch vor 75.000 Jahren) sowie La Pacana in Chile, das letzte Mal ausgebrochen vor etwa 4 Millionen Jahren, und Vilama in Argentinien, letztmaliger Ausbruch vor 8,4 Millionen Jahren. All diese und zahlreiche weitere Angaben sind leicht im Internet zu recherchieren. Jeder dieser Supervulkane hatte das Potential, für einen globalen „Reset" zu sorgen. Aktuell aktive Supervulkane sind derzeit der Yellowstone, Toba in Sumatra, die Phlegräischen Felder in der Bucht von Neapel, die Insel Kos vor Griechenland und Taupo in Neuseeland, also insgesamt fünf „schlafende globale Killer". Von diesen sind Yellowstone seit etwa 40.000 Jahren und die Phlegräischen Felder seit einigen hundert Jahren überfällig, gemessen an ihren bisherigen Zyklen. Am besten erforscht ist die Caldera des Yellowstone; die Folgen eines kommenden Ausbruchs sind in etwa so vorstellbar: Neben den Verwüstungen direkt um den Ausbruchsort (mehrere hundert Meilen) ist es der vulkanische Winter, dessen Dauer man nach einem Ausbruch der Yellowstone-Caldera auf mindestens 6 Jahre schätzt und der dem Leben auf diesem Planeten am meisten zu schaffen machen würde. Dabei würde um den Äquator die gesamte Vegetation vernichtet und in den gemäßigten Breiten, in denen beispielsweise Europa liegt, etwa 50 Prozent von ihr verloren gehen. Demgegenüber sind verheerende Erdbeben und Tsunamis, die durch erhebliche tektonische Verschiebungen ausgelöst werden, eher Bagatellschäden, da sie nur die küstennahen Gebiete betreffen.

Ist es angesichts des Vernichtungspotentials nur eines Supervulkans so unmöglich, dass es schon hochentwickelte Gesellschaften weit vor unserer Zeit gab, die beinahe oder sogar ganz von einer kosmischen oder erdgebundenen Katastrophe vernichtet wurden? Genau das legen uns die Funde der „verbotenen Archäologie" doch nahe. Darüber kann schon mal nachgedacht werden. Wer kann mit Sicherheit sagen, dass nur die Dinosaurier damals vernichtet wurden, als der Komet auf der Erde einschlug? Es sind ja nicht nur einige wenige Funde, sondern Tausende, von denen wir heute nicht wissen, wie sie hergestellt wurden, da es uns trotz all unserer technologischen Errungenschaften unmöglich ist, solche Gegenstände herzustellen. Es gab also früher ganz offensichtlich Wissen und Technologien, die uns heute unbekannt sind und die unseren Möglichkeiten teilweise wohl überlegen waren oder die wir erst wieder erfinden oder entdecken müssten.

Was können und sollten wir nun aus der zuvor beschriebenen Geschichte Europas ganz konkret lernen? Diese Frage darf sich uns nur in Bezug auf einen Nutzen in unserer heutigen und der noch vor uns liegenden Zeit stellen, nicht hinsichtlich eines Zurück zu irgendetwas. Zudem muss das Gelernte auch umgesetzt werden. In der Beantwortung dieser Frage wird es daher immer auch um das Wie gehen, also wie wir das aus der Vergangenheit Gelernte in die aktuelle Zeitqualität übertragen oder etwas Gleichwertiges schaffen können.

Was wir aus der Geschichte lernen können

Mit dem wahrhaften Lernen aus der Vergangenheit sollte einhergehen, klare Schlüsse aus ihr zu ziehen für unsere Zeit und für eine bessere Zukunft. Das Gelernte oder Erkannte soll uns wieder dahin führen, dass wir Menschen uns im Einklang mit der Schöpfung entwickeln. Und wenn wir auf unsere tatsächlichen Wurzeln blicken und zugleich in die Zukunft streben, bedeutet das nicht, zurück zu irgendetwas zu gehen, schon gar nicht in eine vergangene Zeit, oder etwas nachzustellen, denn alles Zurückliegende ist vergangen und hatte seine Chance. Was mich betrifft, so möchte ich nicht wie vor 100, 500, 2.000 oder 5.000 Jahren leben und auf die heutigen Erkenntnisse und Lernerfahrungen verzichten. Zurück in eine andere Zeit bedeutet immer auch ein Zurück zu einem vergangenen Wissens- und Weisheitsstand. Was ich jedoch möchte, ist, die besten Dinge aus den jeweiligen Epochen der Menschheitsentwicklung in einen Zusammenhang mit dem echten Wissen der heutigen Zeit zu bringen und sie dann, wo es möglich ist, in eine der aktuellen Zeitqualität entsprechenden Form umzusetzen und zu leben. Als echtes Wissen kann die unverfälschte und manipulationsfreie Essenz aus allen Wissenschaften, Forschungen und Weisheitslehren angesehen werden.

Wenn man sich überlegt, dass sich der „moderne" Lebensstil erst vor rund 150 Jahren im Zuge der industriellen Revolution begonnen hat zu entwickeln, dann sind 28.000 Jahre Bestand der Groß-Steinskulptur-Epoche, welche die europäische Kultur prägte, ein durchaus beachtlicher Erfolg. In dieser langen Zeit gab es keinen nachweisbaren Raubbau an der Natur, keine Kriege (es sind zumindest keine bekannt) und Völkerwanderungen größeren Ausmaßes. Was sagt uns das über diese Epoche? Die Tatsache, dass es keine menschengemachten ökologischen Katastrophen gab, zeigt, dass die Menschen wohl weitgehend im Einklang mit der Natur lebten. Das gern angeführte Argument, dass es damals einfach nur zu wenig Menschen gewesen seien, die eine ökologische Katastrophe hätten auslösen können, ist aus mehreren Gründen nicht haltbar. Denn die jüngere Geschichte ab der

Zeitenwende lehrt uns, dass auch eine geringe Anzahl von Menschen kein Garant dafür ist, keine ökologische Katastrophe anzurichten und in Harmonie mit der Umwelt und der Umgebung zu leben. So sind verschiedenste Formen früherer ökologischer Naturkatastrophen bekannt, die beispielsweise von Köhlern, Gerbern, Glasbläsern, Schiffbauern, Erzsuchern und anderen Gewerken ausgelöst wurden. Davon abgesehen ist es fraglich, ob es während der Groß-Steinskulptur-Epoche so wenige Menschen gab, um dieses Argument anzuführen. Die zahlreichen Skulpturenfunde lassen jedenfalls darauf schließen, dass seinerzeit größere Menschengemeinschaften bestanden, denn für wenige betreibt man nicht den Aufwand, solche Skulpturen zu schaffen, wofür zudem auch einiges an „Manpower" nötig gewesen sein muss.

Auch die Aussage, dass die Menschen früher ja sonst nichts weiter zu tun hatten, ist reiner Unsinn, denn Müßiggang war zu dieser Zeit eher nicht angesagt, ja sogar verpönt. Über einen so langen Zeitraum im Einklang mit der Natur zu leben, bedeutet, sich aus und von ihr zu ernähren, sich und die Seinen gesund zu erhalten, witterungsgerecht zu kleiden und alle Gerätschaften und Hilfsmittel, die für ein angenehmes Leben nötig sind, gewinnen und herstellen zu können – wohlgemerkt ohne dabei die Natur und ihre Ressourcen zu überlasten. Arbeitsteilung war damals sicher auch schon vorhanden, jedoch bei weitem nicht so ausgeprägt wie heute. Dadurch blieben viele Herstellungsprozesse komplett in einer Hand, und bei den Menschen selbst war „heimwerken" angesagt.

Was die Ernährung betrifft, so weiß man heute, dass die Nahrungsvielfalt durch die Sesshaftigkeit und den Landbau (gegenüber den Jägern und Sammlern, die zwar auch sesshaft wurden, jedoch ihre Lebensweise ansonsten weitestgehend beibehielten) drastisch abgenommen hatte. Hatte man sich früher das Jahr über von mehr als 80 bis 100 verschiedenen Wildpflanzen ernährt, so sank mit dem Anbau verschiedener Gräser die Zahl auf durchschnittlich 20 bis 30, wobei der überwiegende Teil der Ernährung zunehmend durch Gerste, Hafer, Einkorn und einige wenige Gemüse abgedeckt war. In der Groß-Steinskulptur-Epoche war die Kräuterkunde sicher allgegenwärtig und prägte auch das Ernährungsverhalten. Und nicht nur das: „Gegen jede Krankheit ist ein Kraut gewachsen", ist ein sehr alter und weiser Spruch, der sich wohl auch im Alltag der damaligen Menschen niederschlug, denn es kann nur eine naturverbundene Medizin die Gesundheit und das Überleben gesichert haben, und zwar sehr erfolgreich. Die wenigen Kräuterfrauen, Wurzelseppen und Kräuterkundigen, die es heute noch gibt, können getrost als in deren Nachfolge stehend bezeichnet werden. – Heute ist die Auswahl der für die Ernährung gebrauchten Pflanzen noch eingeschränkter, so zeigen beispielsweise Studien, die überall im Netz zu finden sind und die jeder gute Ernährungsberater bei seiner Arbeit verwendet, dass beispielsweise bei den Menschen in den USA, und da vorwiegend in den Ballungsgebieten, während ihres gesamten Lebens nur noch 15 bis maximal 20 verschiedene Pflanzenarten auf dem Speiseplan stehen. In Mitteleuropa läuft es in eine ähnliche Richtung. Allerdings haben wir gerade in Deutschland eine überdurchschnittlich starke Bio- und Öko-Bewegung, der immer mehr Menschen folgen und die auch ein großes Interesse daran haben, alte Sorten wieder anzubauen und zu vermarkten.

Zur Erstellung ihrer Behausungen und auch zur Fertigung ihrer Kleidung konnten die frühen Menschen allenfalls auf Naturstoffe und Tierhäute zurückgreifen. Wie ihre Wohnstätten aus Holz, Stein und Lehm wirklich aussahen und eingerichtet waren, wissen wir heute nicht, doch im Laufe von 28.000 Jahren haben sie es sicher zu einer hohen Kunstfertigkeit gebracht, um ihre Wohnräume mit einem besonderen Wohlfühleffekt und Komfort her- und einzurichten. Wir „modernen" Menschen gehen fälschlicherweise meist davon aus, dass die frühen Menschen primitiv und dumm gewesen sind. Doch wäre das wirklich der Fall gewesen, gäbe es uns heute einfach nicht mehr, die Menschheit wäre damals ausgestorben. Es schaffen in der Regel nur Experten, in der Natur zu überleben und sich so in ihr einzurichten, dass sie sich auch wohlfühlen. Ich bin davon überzeugt, dass sie hochspezialisiert im Umgang mit den natürlichen Gegebenheiten waren, dieses Wissen jedoch in seiner Breite und Tiefe mit der Zeit verlorenging. Es wird sicher so gewesen sein, dass die frühen Menschen, genauso wie wir heute, stets versuchten, sich ihr Leben ein wenig angenehmer zu machen. Weshalb sollen dieser Wunsch und dieses Verlangen nur uns zu eigen sein? Unsere Urbedürfnisse nach Wärme, Geborgenheit, angemessener Fülle und Überfluss sind nicht erst in der Moderne entstanden, die gab es schon, seit es Menschen überhaupt gibt. Diese zu erfüllen und danach zu streben, ist ein Urtrieb und Motor für unsere Entwicklung.

Grundlage und auch Garant für die lange und erfolgreiche Lebensweise im Einklang mit der Natur scheint mir zweifelsohne der hohe Bewusstseinsstand der frühen Menschen gewesen zu sein, der sich auch in den Motiven der Groß-Steinskulpturen widerspiegelte: die Vollsicht und die Atemgeburt. Ein solcher Bewusstseinsstand, allerdings an die heutige Zeitqualität angepasst und die erkannten Mängel von damals ausgeglichen, könnte wohl viele unserer „modernen" Probleme lösen. Jeder wäre sich des schöpferischen Elementes in sich und auch in allem anderen bewusst, woraus ein achtsamer Umgang mit allem Leben und allen Ressourcen resultieren würde. Fünf Punkte, auf die nachfolgend ausführlicher eingegangen wird, rücken dabei in den Vordergrund:

1. Bewusstsein, die Grundlage allen Seins
2. Ernährung
3. Kleidung
4. Wohnen
5. Gesellschaft.

Bewusstsein

Was ist es überhaupt, das Bewusstsein? Wir kennen in der Regel die zwei Unterscheidungen: einmal in das Alltagsbewusstsein und einmal in das Unterbewusstsein. Bei vielen bedeutet Bewusstsein, mit dem im allgemeinen Sprachgebrauch das Alltagsbewusstsein gemeint ist, lediglich wach und ansprechbar zu sein. Hinsichtlich dessen, was das Unterbewusstsein ist, verstehen die meisten Menschen solche Handlungen, die ohne nachzudenken einfach getan werden und eben ohne bewusste Steuerung geschehen.

Die Gehirnforschung ordnet das Bewusstsein (Alltagsbewusstsein) dem vorderen Stirnlappen zu, hier geschehen das bewusste Denken, das Wahrnehmen und das Entscheiden. Das Unterbewusstsein (oder das unbewusste Denken) hat seinen Sitz verteilt in den hinteren und zentralen Gehirnarealen. Das Limbische System mit Thalamus und Mandelkern ist dabei gleichzeitig die Eingangspforte und das Ausgangstor für alles, was in das Gehirn hinein- und aus ihm herausgeht. Dabei ist diese Eingangspforte mit einer sehr individuellen „Zutrittskontrolle" versehen, die sich aus Filtern, Indoktrinierungen und gespeicherten Erfahrungen zusammensetzt. Was nach diesem Hürdenlauf durch die inneren Instanzen übrig bleibt, führt zur bewussten Wahrnehmung. Diese von uns nicht bewusst wahrgenommenen und steuerbaren, also automatisch und autark ablaufenden Prozesse stellen den gemeinhin als Unterbewusstsein bezeichneten Bereich dar. Er ist ständig aktiv, vergleicht, bewertet, sortiert aus, verknüpft Ereignisse, speichert und verwaltet Erinnerungen usw., ohne dass wir uns dessen bewusst sind oder irgendetwas davon merken.

Die Gehirnforschung geht heute davon aus, dass zwischen 90 und 95 Prozent der täglich zu fällenden Entscheidungen alleine vom Unterbewusstsein getroffen werden, ohne dass sie jemals ins Alltagsbewusstsein gelangen. Das hat auch einen guten Grund: Hinsichtlich der Verarbeitung von Informationen ist das Unterbewusstsein 500.000-mal schneller als das Bewusstsein beziehungsweise das bewusste Denken. Damit ist es deutlich leistungsfähiger als unser Bewusstsein und ideal für all die vielen „banalen" Entscheidungen, die unser Umfeld uns abverlangt. Während der bewusste Geist cirka 40 Bits pro Sekunde verarbeiten kann, sind es beim Unterbewusstsein 20 Millionen Bits pro Sekunde – ein klarer und mehr als deutlicher Unterschied. Allerdings gibt es dabei einen Haken: Es sind die „Filter", die beeinflussen, was vom Unterbewusstsein und was vom Bewusstsein entschieden wird, und vor allem, das ist der Haken am Haken, wie unser Unterbewusstsein darauf reagiert und entscheidet. Genau aus diesem Grund ist es auch so wichtig, dass die Überzeugungen, die im Unterbewusstsein gespeichert sind und die einen wesentlichen Teil dieser Filterfunktion ausmachen, wirklich lebensfördernd (schöpfungsrichtig) und nicht lebenswidrig (schöpfungswidrig) sind. Diese Filter sind wie Subroutinen einer künstlichen Intelligenz, welche diese durch den erhaltenen Input anlegt. Ändert sich der Input, passt die künstliche Intelligenz (KI) diese zeitaktuell an. Der Unterschied zwischen unserem Geist und einer KI ist der, dass der gesamte Input von der KI „bewusst" wahrgenommen wird und daher auch zeitnah angepasst werden kann. Eine KI hat kein Unterbewusstsein, sie muss und kann gleichzeitig nicht so viel Input verarbeiten wie der Geist in seinem „Büro" namens Gehirn.

Im Vorhandensein des Unterbewusstseins liegt für uns Menschen sowohl ein Vorteil als auch ein Nachteil. Der Vorteil sind schnelle Entscheidungen mit niedriger Priorität. Der Nachteil ist, dass die Filter im Unterbewusstsein angelegt werden. Daher können sie nicht einfach zeitnah angepasst werden, sondern müssen bewusst bearbeitet werden, das bedeutet, sie sich erst bewusst zu machen und dann gezielt zu verändern – eine echt anstrengende Arbeit. Doch nur so können wir destruktive Filter in konstruktive verändern. Wenn wir beispielsweise feststellen, dass es in unserem Leben keine Zeiten für echte Kreativität und das Ausleben und Umsetzen der eigenen Ideen gibt, so ist das der Beginn einer Suche nach dem „Warum". Und da kann es dann schon sein, dass Indoktrinationen aus der Vergangenheit, oftmals der Kindheit, zutage kommen, welche die Kreativität als etwas Schlechtes oder als Zeitverschwendung klassifiziert haben. Beginnen wir nun, uns vorsätzlich Zeit für kreatives Arbeiten zu nehmen, auch wenn es anfangs beispielsweise als Zeitvergeudung angesehen wird, können wir Filter wie: „Hast du nichts Besseres zu tun?", „Was ist das für eine Zeitverschwendung!", „Was soll das für einen praktischen Nutzen haben?", „Da kann man doch nichts mit anfangen." nach und nach auflösen und die „kreative Zeit" mit positiven Aspekten verbinden: „Hurra, Zeit für mich … zum Bildermalen, Buchschreiben, Gedichte verfassen, Musikmachen, Holzarbeit, Schmieden, Filzen, Schnitzen, Flechten, Gärtnern, Tierpflege… Schließlich können wir der Kreativität bei allen unseren Tätigkeiten Raum geben und damit wieder mehr Spaß haben sowie auch innovative Ergebnisse erzielen.

Soweit die physiologischen Abläufe, doch schauen wir uns einmal an, was uns von den bewussten Wahrnehmungen tatsächlich bewusst ist. Ja, es gibt noch einmal einen Unterschied zwischen bewusster Wahrnehmung und bewusstem Wahrnehmen. Alles, was die Zutrittskontrolle passiert und damit unsere Realität bildet, gehört zur bewussten Wahrnehmung. Es ist das ganze aus verschiedenen Eindrücken erschaffene Bild, das uns Entscheidungen treffen und in ein für uns angemessenes Handeln umsetzen lässt. Doch erst wenn wir wirklich erfassen, wir uns auf den Vorgang, das entstandene Bild als Ganzes fokussieren, wenn wir die Hintergründe, Zusammenhänge und Präsenz erkennen, wenn wir der Sache auf den Grund gehen und ihre Seele entdecken, erst dann wird uns jedes Detail erst wirklich bewusst. Etwas bewusst wahrzunehmen, verändert die Sichtweise auf den Vorgang vollständig, denn nun wird nicht an der Oberfläche entschieden, sondern mit Verständnis und Tiefe. Meinungen hingegen sind eigene oder übernommene pauschale Polemiken, das heißt einfach so dahergesagte Floskeln ohne Inhalt und ohne recherchierten Hintergrund. Meinungen sind abhängig von der Laune, der Willkür und dem Unwillen, sich tiefer mit etwas auseinanderzusetzen, weshalb sie sich durchaus von einem zum anderen Tag verändern und sogar in ihr Gegenteil umkehren können, sie sind eben mal so und mal so. Gerne übernehmen „denkfaule" Menschen die Meinungen jener, die gesellschaftlich oder politisch über ihnen zu stehen scheinen. Heute sind Politiker der Meinung, es macht keinen Sinn, Waffen in ein Krisengebiet zu verkaufen, und morgen beschließen sie, genau das zu tun, da sie jetzt der Meinung sind, dass besser sie das Geld verdienen als jemand anderes. Meinungen gehören zu den Filtern und Ordnungskriterien für oberflächliche Entscheidungen. Nimmt man eine Sache jedoch nicht nur an der Oberfläche, sondern bewusst wahr, dann fängt man an, ihr auf den Grund zu gehen, sich von ihr zu überzeugen, man recherchiert und sucht nach Informationen, macht sich kundig, arbeitet damit, sammelt Erfahrungen, gelangt zu Erkenntnissen und dann zu Einsichten, die dann wiederum zu fundierten Entscheidungen führen. Nur durch solch eine Vergewisserungsarbeit ist es möglich, Erkenntnisse und Einsichten zu gewinnen, die auf echten Inhalten basieren, von denen man sich selbst überzeugt hat. So, und nur so, können richtige und nachhaltige Entscheidungen getroffen werden.

Hierzu ein Beispiel: Im Moment sitze ich an meinem Laptop und schreibe an diesem Kapitel. Meine Umgebung – ich befinde mich in meinem Büro, draußen regnet es, der Verkehr ist heute nicht so laut wie sonst, wenn es noch etwas trüber wird, muss ich das Licht einschalten usw. – ist weiterhin präsent. Ich nehme bewusst alles war, auch dass die Spechte in den Regenpausen besonders fleißig sind. Neben all diesen Wahrnehmungen treffe ich mehr oder weniger automatisch meine Entscheidungen. All diese Informationen kommen durch die Zutrittskontrollen bis in meine bewusste Wahrnehmung und lassen mich somit mein momentanes Umfeld erleben. Allerdings bleiben bis auf die Lichtsituation alle Wahrnehmungen nur an der Oberfläche, da sie keiner Entscheidung bedürfen. Konzentriert und bewusst arbeite ich an diesem Kapitel, das heißt, ich wäge die Inhalte eines jeden Satzes ab, achte darauf, dass sie im Kontext mit anderen Themen sind, prüfe, ob sie in Einklang mit mir stehen, ob sie möglichst genau das wiedergeben, was ich ausdrücken möchte usw. Während der „passiven" bewussten Wahrnehmung dessen, was um mich herum geschieht, tritt das Schreiben dieses Absatzes aktiv in das vordergründige Bewusstsein. Je mehr ich mich auf das Schreiben fokussiere, umso mehr treten die anderen Ereignisse in den Hintergrund, bis sie völlig verschwinden. Es ergeben sich damit zwei Ebenen innerhalb des Ganzen, einmal die Bühne der bewussten Wahrnehmung und einmal der Akt des Tuns, das bewusste aktive Beschäftigen mit dem Text.

Doch während ich mich innerhalb meiner bewussten Wahrnehmung bewusst um bestimmte Dinge kümmere, arbeitet im Hintergrund unmerklich und permanent das Unterbewusstsein. Dass es die Zutrittskontrolle und Zuordnungen der Eindrücke durchführt, haben wir ja schon gehört, doch es nimmt auch direkt Einfluss auf das, was auf der Bühne der bewussten Wahrnehmung geschieht. Wie automatisch stehe ich auf und schalte das Licht an, wenn es zu trüb wird, um mit dem künstlichen Licht sinnvoll weiterarbeiten zu können. Hierfür ist kein komplexer Denkvorgang über die momentane Licht- und Arbeitssituation und möglicher

Handlungsweisen nötig, welcher zu dem Ergebnis kommt: Ja, es ist besser, jetzt aufzustehen und das Licht anzuschalten. Mit den Gedanken beim Text zu bleiben, während ich aufstehe und das Licht anmache, nenne ich eine unbewusste Handlung. – Hierzu ein weiteres Beispiel: Ich fahre Auto und führe ein hochinteressantes Gespräch mit meinem Beifahrer. Meine bewusste Wahrnehmung zeigt mir, wo ich bin und was um mich herum Relevantes geschieht. Ich selbst bin bewusst bei dem interessanten Gespräch mit meinem Beifahrer, denn dieses Thema fesselt mich und die sich daraus entwickelnden Argumente, Erkenntnisse, Einsichten, Positionen usw. scheinen mir wichtig zu sein. Dies geschieht, während mein Unterbewusstsein mich auf der Ebene der unbewussten Handlungen sicher durch den Verkehr an mein Ziel führt.

Doch das bewusste Wahrnehmen beschränkt sich nicht nur auf die Außenwahrnehmung, noch viel wichtiger, insbesondere wenn man sich als Mensch entwickeln möchte, ist die Selbstwahrnehmung, allerdings ist diese ungleich schwieriger zu erlernen, als die bewusste Außenwahrnehmung. Auch hinsichtlich der Selbstwahrnehmung gibt es Automatismen, die dafür sorgen, dass wir, das heißt unser physischer Körper und unser Energiesystem, am Leben erhalten werden. Der Herzschlag, die Atmung, das Immunsystem, die Verdauung, der Stoffwechsel, das Gleichgewicht zu halten, die automatische Anpassung des Herz-Kreislaufsystems an die jeweiligen Anforderungen und vieles mehr, all das geschieht unbewusst und ohne dass wir es steuern oder bewusst beeinflussen können. Das ist auch gut so und auch nötig, denn müssten wir all diese Vorgänge bewusst steuern, wären wir nur damit beschäftigt und kämen zu nichts anderem. Da jedoch so viel „vollautomatisch" geschieht, nehmen wir unseren Körper nur selten bewusst wahr, und noch seltener sind wir uns dessen bewusst, was wir mit ihm machen oder er mit uns. Auch hierzu einige Beispiele:

1. Vertiefe ich mich zu sehr in meine Arbeit an dem neuen Buch, kann es sein, dass ich zu lange sitze und nicht merke, wie ich dehydriere, wie erst mein Nacken und dann mein Rücken steif werden, bis es so weh tut, dass ich es nicht mehr verdrängen oder übergehen kann, die Konzentration nachlässt und das Denken schwieriger und das Arbeiten uneffektiv werden. Der Körper macht automatisch auf sich aufmerksam, bevor es zu einem echten Schaden kommt. Bei meinem ersten Buch ist mir das häufiger passiert, da ich unbedingt dieses oder jenes Kapitel an diesem Tag noch fertig bekommen wollte. Heute achte ich auch unbewusst darauf, dass ich regelmäßig Be-

wegung habe und das Schreiben, sei es auch noch so „wichtig", von Pausen unterbrochen wird.

2. Seit nunmehr über 30 Jahren unterrichte ich auf unterschiedlichsten Gebieten, und auf einem zeigten und zeigen sich, bezogen auf den eigenen Körper, der nicht bewusste Umgang und die fehlende Wahrnehmung der Menschen, die zu mir kamen beziehungsweise kommen, sehr deutlich: in der Kampfkunst. Immer wieder zeige ich den Teilnehmern der Kurse und Workshops Übungen und Positionen, die sie sowohl einzeln als auch mit einem Partner nachmachen und trainieren sollen. Doch das, was ich zu sehen bekomme, gleicht oftmals nur rudimentär dem von mir Gezeigten. Das liegt aber weniger daran, dass diese Übungen für die meisten weitestgehend neu sind, sondern größtenteils daran, dass die Menschen sich ihres eigenen Körpers nicht bewusst sind. Ich bitte die Teilnehmer dann, mitten in der Übung auf Kommando in ihrer jeweiligen Position zu verharren und die Augen zu schließen. Kurz danach frage ich, ob sie sich sicher sind, dass sie das, was ich gezeigt habe, exakt nachgemacht haben und in der richtigen Position stehen. Natürlich sagen die meisten ganz klar „Ja" oder meinen, dass es „zumindest sehr ähnlich" aussehen würde. Dann frage ich, wo das rechte oder linke Bein steht und in welcher Position sich die Hüfte, die rechte und linke Schulter, der rechte und linke Arm, der Kopf und die Hände befinden. In den wenigsten Fällen stimmen die Angaben der Teilnehmer mit der momentanen Körperhaltung überein. Das tatsächliche und das „wahrgenommene" Bild liegen in der Regel sehr weit auseinander. Ich bitte die Teilnehmer dann, die Augen zu öffnen und sich selbst von der tatsächlichen Position ihrer Extremitäten und Körperbereiche zu überzeugen. Das löst dann meist eine riesige Verwirrung aus, wenn ihnen klar wird, wie wenig sie sich ihres Körpers und dessen Bewegungen bewusst sind.

3. Auch durch einen bewussten Umgang mit Lebensmittel kann man einen positiven Mechanismus in Gang setzen. Unser Körper kann sehr wohl den Energie- und Nährstoffgehalt, den er aufnimmt, mit den jeweiligen Lebensmitteln verknüpfen. Ernähren wir uns bewusster, dann verknüpft der Körper die ihm zugeführten Nährstoffe und Energien mit den natürlichen Nahrungsmitteln, die wir zu uns nehmen. Er erkennt mit der Zeit deren Höherwertigkeit und erzeugt folglich Bedürfnisse nach gehaltvolleren natürlichen Lebensmitteln. Zugleich nimmt das Verlangen nach konventionellen

Produkten ab. Der bewusste Umgang mit Lebensmittel erzeugt das Bedürfnis nach gesunden Lebensmitteln, und ist man sich dessen bewusst, kann man dem nachkommen und diesen positiven Trend durch entsprechendes Handeln verstärken. Kennt der Körper jedoch als „schnelle" Energiequelle beispielsweise nur weißen Zucker, weißes Mehl und Fett, wird er bei Energiemangel das Verlangen nach solchen Produkten erzeugen, also auf einen destruktiven und krank machenden Mechanismus zurückgreifen.

4. Dieses letzte Beispiel, für das ich noch einmal die Kampfkunst heranziehe, soll zeigen, wie sich äußerer, gesellschaftlicher Druck durch die fehlende Selbstwahrnehmung zeigt. Seit vielen Jahren fällt mir auf, dass immer mehr Menschen nicht mehr in der Lage sind, ihre Arme ganz auszustrecken. Wenn ich in Übungsgruppen die Teilnehmer bitte, die Arme lang auszustrecken, dann fehlen meist 20 bis 30 Prozent der möglichen Reichweite, das sind zwischen 10 und 30 Zentimeter. Wenn es gar darum geht, einen Angriff beispielsweise mit der Hand abzuwehren, die nach einem greifen will, verkürzen sich die Bewegungen nochmals deutlich bis kurz vor die eigene Körperoberfläche. So jedoch einen Angriff abzuwehren, ist nicht mehr möglich, da man in diesem körpernahen Bereich selbst keine Kraft mehr entwickeln kann, während die Kraftentfaltung des Gegners hier ihr Maximum erreicht. – Als gesunde, selbstbestimmte und selbstbewusste Menschen nutzen wir die maximale Reichweite unserer Extremitäten und öffnen sie in den Raum, den wir benötigen und für uns beanspruchen, um uns wohl und sicher zu fühlen. Es ist unser Lebensraum, den wir damit nach allen Seiten um uns herum einnehmen. Gleichzeitig schützen wir uns und unseren näher am Körper liegenden ganz persönlichen und intimen Bereich, indem wir das Eindringen schon an der Grenze unserer größten Reichweiten abfangen. In dem gleichen Maße wie in den letzten 15 bis 20 Jahren der Druck von außen auf die Menschen angestiegen ist, durch Politik, Wirtschaft, Einschränkungen der Menschen- und Bürgerrechte, zunehmende Kontrolle und Überwachung, ständige Angstszenarien und die alle Einschränkungen entschuldigende Terrorismus-Lüge, haben sich die Bewegungsspektren der Menschen verkürzt; mit anderen Worten, ihr Lebensraum, den sie beanspruchen wollen oder können, wurde immer kleiner. Doch nicht nur das, auch das Abwehrverhalten hat sich in einen Bereich zurückgezogen, in dem ein erfolgreicher Schutz oder eine Verteidigung kaum mehr möglich sind. Dies ist nicht nur

mir, sondern auch anderen Kollegen aufgefallen; dank meiner guten internationalen Vernetzung in der Kampfkunstszene weiß ich, dass dies ein weltweites Phänomen ist, allerdings scheint es in den deutschsprachigen Ländern besonders ausgeprägt zu sein. An diesem Beispiel zeigt sich, wie tief und weitreichend eine bewusste Selbstwahrnehmung und Außenwahrnehmung gehen kann.

Um das gesamte Bild unserer bewussten Existenz noch etwas deutlicher und auch verständlicher zu machen: *Unsere Sinne nehmen das für unsere individuelle Existenz wichtige Meer an Möglichkeiten, Dingen und Geschehnissen um uns herum auf. Diese Signale werden jedoch durch die uns unbewussten Zutrittskontrollen des Unterbewusstseins gefiltert und zur Bühne unserer bewussten Wahrnehmung, innerhalb derer wir uns aktiv bestimmter Punkte widmen, während vom Unterbewusstsein, aus der bewussten Wahrnehmung heraus, unbewusste Handlungen initiiert werden, die für unser Leben/Überleben wichtig sind. Gleichzeitig fügt unsere Selbstwahrnehmung uns selbst in dieses Gesamtbild und seine Handlungsstränge ein und vervollständigt es.*

Bewusstsein und Unterbewusstsein arbeiten also zu unserem Wohle und für unser Dasein fließend Hand in Hand. Doch das Unterbewusstsein ist bis zu einem bestimmten Punkt korrumpierbar, und dies in dem Maße, wie bewusst wir in unserer Wahrnehmung tatsächlich sind. Befinden wir uns in einem unbewussten Zustand, was der Fall ist, wenn wir uns aus Faulheit, Bequemlichkeit oder schlicht weil wir es nicht anders kennen und unsere eigenen Zweifel nicht ernst nehmen und wir uns somit ganz der Indoktrinierung, Konditionierung, Domestizierung und Fremdbestimmung hingeben, dann bleiben wir nicht nur an der Oberfläche aller Dinge, sondern auch vollständig fremdbestimmt. Genau dann wendet sich das Unterbewusstsein, das geprägt ist von den fremden Vorgaben, in fataler Weise gegen uns und übernimmt durch seine uns nicht bewussten Prozesse und Entscheidungen immer mehr unsere alltäglichen Handlungen. Wir werden zu vom Unterbewusstsein und nach dessen fremdbestimmten Konventionen geführten Marionetten, zu so etwas wie Zombies, die glauben, noch lebendig zu sein, weil sie noch Essen können. So etwas nenne ich dann „das ungelebte Leben" eines Menschen. Ein solches Leben wird, selbst bei größtem materiellem Reichtum, nichts von Bestand hinterlassen, keine bleibenden Eindrücke und keine dauerhaften Erinnerungen.

Wissen wir jedoch um die Wechselwirkung zwischen Bewusstsein und Unterbewusstsein, können wir aktiv damit arbeiten und Einfluss darauf nehmen, sozusagen Fremdbestimmung durch Selbstbestimmung ersetzen. Durch Achtsamkeit erweitern wir unsere bewusste Wahrnehmung, womit uns unser Umfeld deutlich klarer, lebendiger und vielfältiger erscheinen wird, und dies lässt uns wiederum bessere Entscheidungen treffen und mehr bewusste Handlungen durchführen. Auf diese Weise ist es uns sogar möglich, gezielt Einfluss auf die Rezeptoren unserer Zellen und Sinnesorgane zu nehmen und auch sie zunehmend zu schärfen. Dadurch verbessern wir wiederum unsere Achtsamkeit und erhöhen unsere Wahrnehmung, wir nehmen die uns umgebenden Dinge und Geschehnisse mehr und anders war. Wir können Einfluss nehmen auf unsere unbewussten Konditionierungen, Indoktrinierungen und Filter, diese entschärfen, verändern, erweitern und sogar löschen. Dadurch verbessern wir nicht nur wie bisher die Quantität, sondern ganz gezielt auch die Qualität unserer bewussten Wahrnehmung. Dadurch wiederum erweitern sich unser Erlebnis-, Entscheidungs- und Handlungsspektrum zunehmend, und das stetig. Mit anderen Worten: Wir bekommen bewusst immer mehr von unserer Umwelt mit und können uns dadurch immer besser darin zurechtfinden und sinnvolle Entscheidungen für uns und unsere Ziele treffen. Diese Erweiterung unseres wahrnehmbaren Lebensumfeldes hat selbst wieder Auswirkungen auf die Rezeptoren unserer Zellen und das Wahrnehmungsspektrum unserer Sinnesorgane.

Wenn Sie all dies berücksichtigen beziehungsweise in Ihre täglichen Handlungen integrieren, wird sich eine Aufwärtsspirale der immer feineren Wahrnehmung und des immer größer werdenden Bewusstseins in Gang setzen. Sie fangen beispielsweise mit der „gesunden" Ernährung an und spüren, dass sie Ihnen nicht nur gut tut, sondern Sie auch weniger essen müssen, um satt und leistungsfähig zu sein. Auf Grund dieser Erfahrung schauen sie beim Einkaufen, aber auch unterwegs und auf der Arbeit immer mehr auf Produkte aus biologischem/ökologischem Anbau. Zwangsläufig wird dann irgendwann auch das Thema „lebendiges" Wasser auf Sie zukommen, und sie werden die Erfahrung machen, dass Ihnen auch das wirklich gut tut. Sie achten nun viel mehr darauf, was Ihnen gut tut, und verändern Ihr Leben und Ihre Konsumgewohnheiten in die gewünschte Richtung. Da es Ihnen dabei immer besser gehen wird, werden Sie Ihre Aufmerksamkeit auch auf andere Dinge wie beispielsweise Kleidung oder Pflegeartikel ohne Giftstoffe richten. Indem Sie nun auf solche Dinge Wert legen, wird es Ihnen immer deutlicher auffallen, wenn Ihnen diese nicht zur Verfügung stehen oder wenn andere Menschen mit derselben „alten" Einstellung herumlaufen, die Sie einmal hatten. Zunehmend wird sich dann auch Ihr Bekanntenkreis verändern, wodurch Sie wieder auf neue

Themen aufmerksam werden wie beispielsweise Elektrosmog, biologisches Bauen und Wohnen und so weiter. Mit jedem Schritt in die richtige Richtung verfeinern sich Ihre Wahrnehmung und Filter, die zuvor für Ihre Entscheidungen mitverantwortlich waren.

Eine solche Aufwärtsspirale entsteht manchmal sogar unbewusst und somit unwillkürlich, beispielsweise dann, wenn sich auf einmal besondere Begabungen oder Interessen zeigen, die fesseln und einen nicht mehr loslassen. In solchen Fällen sind Menschen zu Leistungen fähig, die weit über ihr bisher gezeigtes und wahrgenommenes Niveau hinausgehen. Und so wie diese Aufwärtsspiralen im Kleinen funktionieren, kann dies auch im Großen geschehen. Allerdings müssen wir die Aufwärtsspirale eines zunehmend größeren Bewusstseins ganz gezielt in Gang setzen und fördern, zufällig oder so nebenbei passiert gar nichts.

Wie am Beispiel der Groß-Steinskulptur-Epoche deutlich wurde, gab es in der Entwicklungsgeschichte des Menschen Kulturen, die einen höheren Bewusstseinsstand hatten als andere. Welche Umstände dafür sorgten, dass dieser verlorenging, kann heute nicht mehr festgestellt und beurteilt werden. Womit wir aber beginnen können, ist, dafür zu sorgen, dass wir einen höheren Bewusstseinsstand erlangen als dies momentan der Fall ist, und das unter Berücksichtigung der heutigen Zeitqualität. Dabei wird es an uns liegen, ob wir aus der Vergangenheit gelernt haben und wir in der Lage sind, diesen Bewusstseinsstand nicht nur immer weiter ansteigen zu lassen, sondern ihn auch zu behaupten, oder ob auch er nur ein vergängliches Aufleuchten im trüben Verlauf der Menschheitsgeschichte sein wird. Wichtig ist dabei jedoch, dass wir bestimmte Grundregeln bei der Arbeit mit unserem Bewusstsein wie auch mit unserem Unterbewusstsein beachten und, was ebenso wichtig ist, bei uns selbst damit anfangen. Mit Achtsamkeit beginnen wir, unsere bewusste Wahrnehmung zu erweitern. Ab einem bestimmten Punkt kommt dann die Frage von selbst auf, was Bewusstsein bedeutet, womit wir dann endgültig bei uns selbst landen. Spätestens dann ist es wichtig, Überzeugungsarbeit hinsichtlich dessen zu leisten, womit wir uns beschäftigen, worüber wir entscheiden und das wir auch danach handeln. Und dabei geht es nicht nur darum, zu sagen, dass weniger Fleisch essen gut tut, sondern zu erklären, warum das so ist. Es muss aber auch hinterfragt werden, ob das, was wir tun, im Moment auch wirklich das Richtige für uns ist. Auf Trends kann in diesem Fall keine Rücksicht genommen werden. Nehmen wir beispielsweise den derzeitigen Vegan-Hype: Es muss erkannt werden, ob eine vegane Ernährung für einen selbst tatsächlich passt oder ob eine andere Ernährungsform besser ist. Es macht keinen Sinn, dem Vegan-Hype zu folgen und Energy-Drinks zu konsumieren, um Vitamin-B12-Mangel vorzubeugen und vital zu bleiben. Auf diesem Weg relativieren sich viele Mode- und Szenetrends ganz schnell, man erkennt und versteht schnell, weshalb jeder seinen eigenen Weg gehen muss und dass genau das gut so ist.

Ernährung

Eine erweiterte bewusste Wahrnehmung wird dazu führen, dass Sie vielmehr Informationen aus Ihrem Umfeld (die Theaterbühne mit den sekundären Szenen) aufnehmen und dass sich Veränderungen in einigen Lebensbereichen einstellen. Hierzu werden die Ernährung, die Kleidung, das Wohnen und auch gesellschaftliche Belange gehören, ob nun in dieser oder einer anderen Reihenfolge, das ist zweitrangig. Aber auf diese vier Punkte gehe ich nachfolgend ausführlicher ein, da sie unser Leben maßgeblich beeinflussen.

Sie werden erkennen, dass eine natürliche Ernährung wichtig ist für die körperliche, geistige sowie seelische Gesundheit. Zu einer solchen Ernährung gehören hauptsächlich regionale und saisonale Produkte aus biologisch-/ökologischem Anbau, die nicht nur eine hervorragende chemische Nährwertbilanz aufweisen, sondern auch lebendig, sprich reich an Biophotonen, also Lebensenergie sind. Ob Fleisch dazu gehört, haben nur Sie alleine zu entscheiden, sonst niemand. Im Laufe der Zeit werden sich Ihre Essgewohnheiten wahrscheinlich sowieso mehrfach ändern. Die Erfahrung hat gezeigt, dass es Zeiten gibt, in denen Fleisch konsumiert wird, dann wird über einen längeren Zeitraum darauf verzichtet werden, um dann auf veränderte Weise wieder Fleisch zu sich zu nehmen. Wichtig ist nur, dass man auch hinsichtlich der Ernährungsausrichtung keiner Indoktrination unterliegt, dass man nicht meint, unbedingt Vegetarier oder gar Veganer werden zu müssen, weil andere das für richtig halten. Dies regelt sich mit der Zeit ganz von selbst, und zwar so, wie es für jeden Einzelnen richtig ist.

Heute glauben viele, die etwas anderes tun als es der Mainstream verlangt, zum einen all jene belehren zu müssen, die für solche Dinge kein Interesse haben, und zum anderen ganz besonders jene, die ebenfalls neue, doch andere Wege als der „Bekehrende" gehen wollen. Vor allem die Esoterikszene ist voll von solchen Schlaumeiern, die jedoch nur ihre gewohnten Macht- oder Egospielchen mit anderen spielen wollen. – Glauben Sie mir, keiner kann Ihnen sagen, was Sie tun sollen oder gar tun müssen, um sich selbst zu entwickeln und „erleuchtet" zu werden oder zu einem schöpfungsrichtigen Weg zu finden. Auch ich kann und werde das nicht! Was ich jedoch kann und mit meinen Büchern auch tun möchte, ist, Ihnen Vorschläge zu machen, Anregungen zu geben und neue Visionen, Modelle und Standpunkte zu vermitteln. Manches davon funktioniert vielleicht erst einmal nur auf eine bestimmte Weise, bis Sie es beherrschen und für Ihre Bedürfnisse verändern, an Ihr Leben anpassen können. Sie werden mit dem einen Themenbereich beginnen, jemand anderes mit einem, der mit ihm besser in Resonanz steht und der sich Ihnen später erschließt. Das Umsetzen und das TUN sind und bleiben immer Ihre Sache! Das gilt auch und ganz besonders, wenn es um die Ernährung und deren Umstellung geht – dies ist eines der ersten und beliebtesten Themen, wenn man den Entschluss gefasst hat, einen neuen Weg zu beschreiten.

Ich selbst stehe auf dem Standpunkt, dass alles auf der Erde beseelt ist, wirklich alles, unser Planet als Ganzes natürlich auch. Daher macht es aus einer wie auch immer gearteten „ethischen" Sicht für mich keinen Unterschied, ob ich einem Tier oder einer Pflanze das Leben nehme. Allerdings gibt es eine klar verständliche Orientierungshilfe, die zeigt, welche Opfer für unsere Ernährung von unseren Mitgeschöpfen leichter gebracht werden und welche nicht. Die Häufigkeit und Menge dessen, wovon wir uns ernähren, bestimmt im Grunde die schöpferische Ordnung, die folgender Leitspruch wiedergibt: Die Schöpfung schläft im Stein, atmet durch die Pflanzen, träumt durch die Tiere und erwacht durch den Menschen.

Stein ↔ Pflanze ↔ Tier ↔ Mensch

Vom Stein ausgehend hin zum Menschen wird die jeweilige Bewusstseinsform immer individueller; in gegenläufiger Richtung überwiegen die Gemeinschaftsseelen. Je größer letztere sind, umso leichter bringen sie Opfer, je individueller die Seelen werden, desto seltener sind sie zu Opfern bereit. Doch was ist unter Gemeinschaftsseelen zu verstehen? Nehmen wir einige Beispiele aus dem Pflanzenreich: Pflanzen sind grundsätzlich makrokosmische Wesen, das heißt, dass ihr sichtbarer Teil, also ihre Erscheinung an sich, der geringste ihres Gesamtwesens ist, denn ihr energetisches Wesen mit ihrem eigentlichen Bewusstsein erstreckt sich weit über ihr physisches, sichtbares Sein hinaus. Beim Menschen ist dies genau umgekehrt: Er ist ein mikrokosmisches Wesen, das seine Essenz und seinen Kosmos in sich, in seinem physischen Körper hat. Alle Pflanzen der gleichen Gattung sind über ihren energetischen Körper miteinander verbunden und bilden ein Gemeinschaftsbewusstsein und eine Gemeinschaftsseele. Bei samenden Graspflanzen wie beispielsweise Hafer, Einkorn, Gerste oder Emmer, die wir als Getreide anbauen, bilden die Pflanzen eines Feldes mit denen aller Äcker und darüber hinaus eine Gemeinschaftsseele. Es besteht daher kaum eine Möglichkeit, diese Gemeinschaftsseele durch achtsames Abernten zu gefährden, denn irgendwo wachsen zur selben Zeit andere aus den verstreuten Samen oder haben sich in ihr Wurzelwerk zurückgezogen, um bei der nächsten Wachstumsperiode wieder in ihrer ganzen Pracht zu erscheinen. Bei Wäldern ist das ähnlich: Zum einen bilden die Bäume gleicher Gattungen je eine Gemeinschaftsseele, die dann gemeinsam die Seele des Waldes bilden. Die Gemeinschaftsseelen der Pflanzen werden auch als Devas bezeichnet, um sie personifizieren und ansprechen zu können.

Auch im Tierreich sind Gemeinschaftsseelen gegenwärtig, beispielsweise in sehr großen Herdenverbänden wie bei Gnus, Zebras und Bisons, aber auch bei den großen Rinderherden Nord- und Südamerikas. Wenn die Indianer auf die Jagd gingen, baten sie den Gemeinschaftsgeist der Büffel oder Hirsche um ein Opfer. Diese dadurch ausgedrückte Achtung vor dem Leben der Jagdbeute und deren Bewusstsein führte meist zur Gewährung des erbetenen Opfers durch den Gemeinschaftsgeist. Diesbezüglich erzählte ein Yack-Züchter aus der Nähe von Stuttgart auf einer Veranstaltung von seinem Umgang mit diesen Tieren, die er vor allem wegen ihres Wesens liebt. Doch bei aller Liebe teilt er seinen Tieren mit, dass sie auch einen Teil für ihren Unterhalt beitragen müssen. Wenn es also für die Yacks an der Zeit ist, ihren Beitrag zu leisten, fährt er mit seinem Anhänger auf die Weide, setzt sich zwischen sie und sagt ihnen, dass es wieder so weit ist. Dann wartet er geduldig, bis sich irgendwann ein Tier aus der Gruppe löst und ohne weiteres Zutun auf den Anhänger geht. An diesem Beispiel zeigt sich, wie lebendig alles miteinander verbunden ist und wie gegenseitige Achtung und Liebe das Notwendige und Nötige möglich machen. – Aus der schöpferischen Ordnung der verschiedenen Bewusstseinsformen ergibt sich für mich auch eine Ordnung für meine Ernährungsweise, die so aussieht, dass ich überwiegend pflanzliche und selten tierische Nahrung zu mir nehme. Soviel dazu, um diese Thematik abzuschließen.

Für eine gesunde und/oder natürliche Ernährung ist auch das richtige Wasser essentiell. Gesundes und lebendiges Wasser ist etwas ganz anderes als das, was aus unseren Wasserhähnen fließt oder was von (dubiosen) Herstellern in Flaschen und sonstigen Behältern abgefüllt und verkauft wird. Lebendiges Wasser übernimmt äußerst wichtige Funktionen für unsere Gesunderhaltung und kann durch seine natürliche Fähigkeit zur Clusterbildung unterschiedlichste Informationen speichern und beim Trinken an uns weitergeben. Es kann, soweit es lebendig und frisch ist, sich mit Nährstoffen verbinden und diese in unseren Körper einschleusen. Immerhin bestehen wir zu cirka 70 Prozent aus Wasser, und es verwundert daher nicht, dass auch die Ausleitung von Stoffwechselprodukten und Giften mit lebendigem Wasser am besten funktioniert. Neben vor allem Quellwasser versteht man unter lebendigem Wasser solches, das gereinigt, verwirbelt und anschließend durch hochwertige Materialien wie Heilsteine fließt. Durch das nach der Verwirbelung entstehende sehr starke Erstbindungsverhalten wird es mit den positiven Informationen der Steine programmiert. Die positiven Eigenschaften von „lebendigem" Wasser sind heute unstrittig und sowohl durch Anwendungen in Privathaushalten als auch in der gewerblichen Nutzungen tausendfach belegt.

Kleidung

Mit Ihrer deutlich bewussten Wahrnehmung werden Sie bald auch auf ökologische Bekleidung aus biologisch angebauten Materialien achten. Denn Sie werden mit der Zeit immer mehr erkennen, dass nicht nur das, was Sie Ihrem Körper zuführen, also die Nahrung, wichtig für die Gesunderhaltung ist, sondern auch das, was direkt mit dem größten Organ, der Haut, in ständiger Berührung ist, nämlich die Kleidung. Somit werden Sie ganz selbstverständlich Kleidungsstücke, die künstliche Stoffe wie Acryl, Polyester usw. enthalten oder ganz aus ihnen bestehen, durch solche aus natürlichen Materialien ersetzen. Mit der Zeit werden Sie auch darauf achten, dass Ihre Kleidung nicht nur aus ökologischen Stoffen besteht, sondern diese auch mit natürlichen Farbstoffen gefärbt wurden. Bald werden Sie wahrscheinlich eher Pastelltöne sowie natürliche und weiche Farben bevorzugen, die besser zu Ihrem gelassenen Gemütszustand passen.

Warum ist die Kleidung genauso wichtig wie unsere Nahrung, sie ist doch „nur" auf und nicht in unserem Körper? Die Antwort darauf ist ganz einfach: Wie in unserem Darm diffundieren auch durch unsere Haut unterschiedliche Stoffe sowohl in unseren Körper hinein als auch aus ihm heraus. Die Haut ist nicht weniger durchlässig als der Darm, und genau diese Eigenschaft der Haut machen sich die Medizin und die Kosmetikindustrie zu nutze, um Medikamente sowie heilende oder lindernde Wirkstoffe in den Körper zu bringen beziehungsweise um die Haut glatter und jünger aussehen zu lassen. Wir alle kennen die Aufnahme von Wirkstoffen durch die Haut mittels der Anwendung von Salben und Elixieren. Die Haut fungiert jedoch auch als Ausscheidungsorgan, was wir deutlich an unserem Schweiß, vor allem an dessen veränderter Konsistenz und intensiverer olfaktorischen Wahrnehmung merken, wenn unser Körper entgiftet oder wir sehr aromatisches Essen zu uns genommen haben. In dieser Hinsicht übernimmt unsere Haut eine sehr wichtige Funktion, denn gibt es beispielsweise Ausleitungsprobleme des Darmes, versucht der Körper, die Stoffe über die Haut abzuführen. Hautallergien können daher ein Anzeichen für genau solch eine Symptomatik sein.

Dies berücksichtigend sollten besonders die Stoffe, mit denen unsere Haut direkten Kontakt hat, nicht nur frei von Schadstoffen sein, sondern die natürliche Funktion der Haut aktiv unterstützen. Und genau das tun in erster Linie Stoffe aus Hanf, Leinen, Wolle, Nessel, Bio-Seide sowie Öko-/Biobaumwolle, die mittlerweile nicht nur bei darauf spezialisierten Herstellern reichlich erhältlich, sondern auch mit natürlicher Färbung beziehungsweise Farbstoffen versehen sind. Tragen Sie doch einfach einmal ein oder zwei Tage solch natürliche Kleidungstücke, Sie werden überrascht sein, wie groß der Wohlfühlfaktor ist und welch tolles Hautklima Sie erleben und genießen werden – die aktuelle Mode ist da eher unwichtig. Ich erinnere mich noch gut an meine erste Kleidung aus Naturstoff. Damals war es noch nicht so leicht wie heute, solche zu finden, und die Auswahl war deutlich geringer, was die Kompromissfähigkeit hinsichtlich meiner modischen Vorstellungen stark strapazierte. Meine ersten Stücke waren eine Hanfhose und ein Hanfhemd, darunter trug ich Unterwäsche aus biologisch angebauter Baumwolle. Direkt nach dem Anziehen kamen mir Hemd und Hose ziemlich hart, fest und auch etwas rau vor, doch das verging recht schnell. Es war ein recht warmer Sommer und dennoch fühlte ich mich innerhalb kürzester Zeit pudelwohl in den „Hanfklamotten". Erstaunt war ich, dass trotz des durch die Wärme bedingten Schwitzens keine olfaktorischen Unannehmlichkeiten auftraten. Meine „normalen" Hemden hätte ich da nach kürzester Zeit schon wechseln müssen. – Es ist klar, dass ein komplettes und sofortiges Umsteigen nicht möglich sein wird, auch ein natürlicher Kleidungsstil lässt sich meist nicht hundertprozentig durchhalten, alleine schon aus Zweckmäßigkeit und aus finanziellen Gründen. Und dennoch überwiegt inzwischen bei mir der Anteil solcher Kleidungsstücke. Je mehr man sich so kleidet, umso gesünder wird beziehungsweise ist die Haut und umso wohler fühlt man sich.

Was für die Kleidung zutrifft, gilt natürlich umso mehr für Körperpflegemittel, in denen sich heute beinahe unendlich viele Zusatzstoffe verbergen, die der Gesundheit nicht sehr zuträglich sind: Weichmacher, Aluminiumsalze, Stoffe, welche die Haut durchlässiger machen, Konservierungsstoffe, Hormone und hormonähnliche Substanzen, chemische Farbstoffe, abdichtende Schmiermittel wie Silikone und Paraffine und vieles mehr. All diese Stoffe müssen nicht sein und belasten die Haut sowie den gesamten Körper. Besonders bei den Pflege- und Kosmetikprodukten wird in erster Linie auf die Wirkung Wert gelegt statt auf die Gesundheit. Was sich da so manche auf Gesicht, Körper und Lippen schmieren, würde ich nicht mal für die Autopflege verwenden. Wir sind, was wir zu uns nehmen – das gilt eben auch für diesen Bereich. Und da es inzwischen schon bei vielen Discountern immer umfangreichere Angebote an biologischen Pflegeprodukten gibt, ist ein Wechsel relativ kostengünstig und leicht umsetzbar. Auch hinsichtlich der Körperpflege kann ich aus meiner Erfahrung heraus nur sagen, dass sich der Umstieg schon aufgrund des Wohlfühlfaktors lohnt. Sich mit Duschgel und Shampoo in Bioqualität zu duschen, ist ein klares Mehr an Lebensqualität. Die Haut bleibt in Balance, es juckt und zwickt nichts nach dem Duschen, die Haut muss nicht mit Bodylotion zugeschmiert werden, um sie wieder zu beruhigen, besser gesagt um sie wieder ruhig zu stellen – einfach duschen und wohlfühlen.

Wohnen

Die immer bewusster werdende Wahrnehmung erstreckt sich dann auch weiter auf Ihr Wohn- und Arbeitsumfeld, und zwar genau in dieser Reihenfolge, denn verändern können Sie in erster Linie Ihre Wohnung oder Ihr Haus. Was das Arbeitsumfeld betrifft, so ist dies natürlich davon abhängig, inwieweit Sie in einem Angestelltenverhältnis Einfluss auf die Räumlichkeiten haben; dies betrifft auch den Selbständigen, der in Mieträumen in eingeschränktem Rahmen Änderungen vornehmen kann. Doch manchmal sind es Kleinigkeiten, die das Klima und die Wirkung eines Raumes positivieren und so für ein angenehmes Wohnen und Arbeiten sowie Zusammensein sorgen.

Doch wer vor dem Bau oder der Sanierung eines Hauses steht, sollte sich genau überlegen, welche Materialien hierzu verwendet werden sollen. Natürliche Baustoffe müssen da den Vorzug bekommen. Gleiches gilt für Renovierungen, bei denen jedoch darauf geachtet werden sollte, dass vorhandener „Altbestand" so lange wie möglich belassen wird, denn je älter dieser ist, umso weniger Schadstoffbelastung geht in der Regel von ihm aus. Heute wird auf den Baustellen gerade von Büro- und Wohnhäusern soviel Bauchemie verwendet, dass aus meiner Sicht ein auf diese Weise errichtetes oder auch nur renoviertes Lebensumfeld eine echte Gesundheitsgefahr ist. Es ist heute kaum möglich, richtig zu bauen, denn das kostet Zeit. Es muss alles schnell gehen – und da hilft eben nur Chemie. Doch all diese chemischen Stoffe in Wänden, Decken, in Klebe-, Dicht- und Verbindungsmitteln, in Farben und Lacken sowie in Möbeln und Wohntextilien dünsten permanent aus. Wer sich in solchen Räumen aufhält, atmet all diese Stoffe nicht nur ein, sondern nimmt diese auch über die Haut auf. Nicht selten habe ich es erlebt, dass Menschen in ein neu errichtetes Haus eingezogen sind und einige Monate später mit Allergien und Immunproblemen zu kämpfen hatten. Bei Nachfragen beziehen sich Vermieter, Baufirmen und Hersteller von Baustoffen immer wieder auf die Einhaltung der Schadstoffgrenzwerte und die angebliche Unbedenklichkeit der Produkte. Doch bei einem Hausbau, ja schon bei einer größeren Renovierung kommen so viele unterschiedliche Produkte zum Einsatz und gehen in Wechselwirkung, dass eine ehrliche und ernstzunehmende Aussage, von wem auch immer, bezüglich der Toxizität und der Beeinflussung der Gesundheit gar nicht getätigt werden kann. Das ganze Geschwafel über unbedenkliche Grenzwerte ist völliger Blödsinn und Augenwischerei. Zum einen gibt es, was unsere Gesundheit betrifft, keine akzeptablen Grenzwerte für Stoffe, die giftig und/oder schädlich sind! Zum anderen ist es nicht möglich, die vielfältigen Wechselwirkungen der verschiedenen verwendeten Materialien zu prüfen, das geht einfach nicht!

Aus meiner Sicht ist es einfacher, unbedenkliche natürliche Baustoffe zu verwenden. Es gibt heute ein vielfältiges und umfangreiches Angebot alternativer biologischer und ökologischer Baustoffe. Lehm, Holz, Natursteine, Hanf und natürliche Farben sind da wohl die bekanntesten, es gibt da aber noch sehr viel mehr zu entdecken. Und wer beim Thema natürliche Baustoffe glaubt, dass es nun zurück in die Höhle geht, der irrt sich gewaltig. Nur mit solchen Stoffen ist es überhaupt möglich, ein Raumklima zu schaffen, in dem man sich nicht nur wohlfühlt, sondern das auch die Gesundheit nicht negativ, sondern positiv beeinflusst. Wer schon einmal eine Lehmstampfwand mit eingelegten Glasperlen erleben durfte, der weiß, wie ästhetisch und schön eine solche Wand wirkt und eine geradezu lebendige und magische Atmosphäre schafft. Dabei sorgt sie für ein gut ausgewogenes Klima in der Wohnung, indem es nicht zu feucht und nicht zu trocken ist. Gleiches gilt auch für alle anderen natürlichen Baustoffe wie Holz, Steine, Stoffe und selbstverständlich die Farben aus der Natur. Doch zu gesundem und natürlichem Wohnen gehören nicht nur die Baustoffe, sondern auch die Themen Licht, Wasser, Heizen und Klimatisierung, Waschen und noch einiges mehr.

Und was für die Körperpflege zutrifft, gilt auch bei häuslichen Putz- und Reinigungsmitteln: das Angebot biologisch-ökologischer Produkte ist heute vielfältig, die Palette reicht von natürlichen Ölen bis hin zu Mitteln, welche spezielle Mikroorganismen enthalten. Der Großteil dieser Reinigungsmittel steht der Wirkung chemischer Produkte in nichts nach, auch wenn es da und dort „Härtefälle" gibt, in denen auf die „Chemiekeule" zurückgegriffen werden muss. Doch kann man den Einsatz von Chemie auf diese seltenen Spezialfälle beschränken.

Gesellschaft

Letztendlich wird eine erweiterte Wahrnehmung Sie immer mehr erkennen lassen, dass die meisten Menschen in Ihrem gesellschaftlichen Umfeld einen deutlich weniger bewussten Umgang mit den sie umgebenden Dingen haben, dass sie einfach nicht mehr zu Ihrem Bewusstseinsstand und Ihrer daraus resultierenden Art zu leben passen. Bereits die schon beschriebenen Wahrnehmungs- und Lebensveränderungen werden für Unverständnis oder gar Widerstand bei einigen Ihnen nahe stehenden Menschen und dem weiteren gesellschaftlichen Umfeld sorgen. In letzter Konsequenz können die Unterschiede immer größer und die Gemeinsamkeiten mit den Mitmenschen immer weniger werden, so dass Sie sich ganz bewusst ein neues soziales Lebensumfeld aufbauen, Sie sich von „alten", nicht mehr stimmigen Kontakten lösen sowie neue suchen und aufbauen. Es zieht Sie zunehmend zu Menschen, die einen ähnlichen Weg eingeschlagen haben und somit auch gleiche Werte vertreten wie Sie. Und dies wird zu einer deutlichen Bestätigung und Stärkung Ihrer eigenen Entscheidungen und Ihres Handelns, das diesen neuen Weg formt, führen. Zu wissen, dass man nicht alleine ist und sich mit Gleichgesinnten austauschen kann, ist eine wichtige Kraftquelle, um Veränderungen durchzustehen. Oft ist das Fehlen eben dieser Menschen oder zumindest des Verständnisses der Mitmenschen die Ursache für das Scheitern vieler, die anfangs optimistisch ihren naturspirituellen Weg beschritten haben.

Der Grund ist der, dass die größten Schwierigkeiten oft die Menschen bereiten, die uns am nächsten stehen, die Partner, die Familie, die Kinder und die guten

Freunde; es sind jene, bei denen es schwerfällt, sich von ihnen zu trennen. Das ist selbstredend nicht ungewöhnlich, sondern verständlich und leicht zu erklären. Diese Menschen sind uns deshalb so nahe, weil wir vieles mit ihnen gemein haben. Wir stehen mit ihnen sozusagen in Wechselbeziehung: um uns als „vollständig" wahrzunehmen, benötigen wir das, was sie haben und was uns fehlt, umgekehrt gilt dasselbe. Es gibt in der modernen Gesellschaft kaum Beziehungen, egal ob Freundschaft oder private oder geschäftliche Partnerschaft, in denen solche Abhängigkeiten und/oder Co-Abhängigkeiten nicht vorhanden sind, vielmehr sind dies überwiegend die Bande, welche die vielfältigen sozialen Verbindungen zusammenhalten. Vorherrschend sind dabei aufgrund der immer subtileren Prozesse der sozialen Interaktionen die unbewussten Abhängigkeiten.

Haben Sie jedoch begonnen, sich zu verändern und die Dinge klarer zu sehen, werden Sie für sich selbst mehr und mehr ein vollständigerer Mensch, der immer mehr von dem versteht, was Mensch-Sein überhaupt bedeutet. Auf diesem Weg zu sich selbst und hin zu mehr Einklang mit der Schöpfung bedarf es immer weniger dieser Abhängigkeiten, um sich wohl und ganz zu fühlen. Natürlich wird dies anderen Menschen missfallen, schließlich haben sie ja auf ihre jeweils eigene Weise von Ihnen profitiert. Folglich werden sie alles Mögliche tun, damit Sie so bleiben wie sie Sie kennen, damit sie weiterhin von der Beziehung zu Ihnen nutznießen können. Es kommt nicht selten vor, dass da mit harten Bandagen gekämpft wird, gerade in Partnerschaften, denn in ihnen wird die Veränderung des einen oft auch als persönliche Ablehnung des anderen angesehen. Meist offenbart sich in diesem Zusammenhang, dass sich einer der beiden leichtsinnig und mit einer Menge wahrscheinlich „guter" Argumente in eine unangemessene Abhängigkeit gebracht hat. Im Falle einer Trennung, die bei solchen kompensatorischen Abhängigkeitsbeziehungen immer sehr wahrscheinlich ist, trifft es den „schwächeren", das heißt abhängigeren Partner besonders hart. Doch wer in seiner Entwicklung stehenbleibt und nicht annähernd Schritt hält, bleibt irgendwann einfach zurück, das ist ein Naturgesetz. Und kein Mensch hat das Recht, von einem anderen zu verlangen, dass er seine Entwicklung zurückstellt, nur weil er selbst nicht willens oder in der Lage ist, einen schöpfungsrichtigen Weg einzuschlagen. Die Seele wird gemeuchelt, sobald ein Mensch äußerem Druck nach- und damit sich selbst aufgibt. Genau genommen wäre es ein seelischer Mord aus niederen Beweggründen, nämlich denen der eigenen Vorteilsnahme und Bequemlichkeit. Und was zunächst einmal wie ein Sieg aussehen mag, wird langfristig doch zu Drama und Trennung führen.

Andererseits ist es aber auch so, dass ein Mensch, der sich aufgibt, sich dann auch verändert und ebenfalls nicht mehr der sein wird, der er vorher war. In meinem Buch *„Der Neue Abendländische Schamanismus"* habe ich unter dem Thema „Polarität" ausführlich darüber geschrieben und zahlreiche Beispiele aufgezeigt, die es leichter machen, die vielfältigen Auswirkungen zwischenmenschlicher Abhängigkeitsbeziehungen zu erkennen und zu verstehen.

Es steht niemandem zu, von einem anderen Menschen zu verlangen, dass dieser sich gar nicht oder wesentlich langsamer als gewollt schöpfungsrichtig entwickelt, nur weil er selbst zu faul, zu träge, zu oberflächlich, zu verkopft und indoktriniert, zu sehr in der Konsumwelt und dem schönen Schein verhaftet ist. Gleichsam ist jeder für sich selbst verantwortlich, jeder von uns ist allein auf diese Welt gekommen und wird auch alleine wieder von ihr gehen. Und egal wie jeder Einzelne sein Leben geführt hat, jeder muss am Ende seiner Zeit auch wieder ganz alleine diese Inkarnation verlassen und diese eine letzte Frage beantworten: Was hast du mit der Zeit getan, die dir für dein seelisches und körperliches Wachstum gegeben wurde? Da ist dann niemand, der uns zu Lebzeiten vom eigenen Wachstum und somit auch dem der Menschen als Ganzes abgehalten hat und dafür die Verantwortung übernimmt, sich für uns entschuldigt oder uns entlastet, keiner! In diesen letzten Augenblicken sind wir alleine und müssen ohne Ausreden und Beschönigungen Stellung nehmen, vor uns selbst und der Schöpfung. Und eines ist sicher: Kein „nicht gelebtes Leben" kann so phantastisch gewesen sein, dass es die letzten Augenblicke erträglicher macht, in denen man sein Versagen hinsichtlich des eigenen Wachstums erkennt. In diesem Moment zählen keine Ausreden wie: Ich hatte für mich keine Zeit, denn ich musste mich um meine Frau, meinen Mann, meine Kinder, meinen Job, meinen Verein, mein Auto, meine Machtgier, meine sexuellen Ausschweifungen, meinen Konsumrausch, die Drogen, die Aufrechterhaltung des Systems, das Wohl meiner Vorgesetzten und Autoritäten und vieles andere kümmern. All das interessiert zu diesem Zeitpunkt niemanden, sondern nur, ob wir unser Leben auf einer höheren Stufe unserer Entwicklung verlassen werden als jene, auf der wir zu unserer Geburt dieses Leben begonnen haben. Darüber sollte jeder nicht nur einmal nachdenken.

Um noch einmal auf „die Anderen", das sind die Menschen um Sie herum, zurückkommen: Je näher sie Ihnen stehen, umso mehr Schwierigkeiten können sie Ihnen bereiten, wenn Sie sich und Ihren Lebensstil wie beschrieben ändern. Vor allem in Beziehungen, bei denen nur eine Partei den Weg zu einem schöpfungs-

Genau ab dem Moment, an dem Sie bewusst beginnen, Ihr persönliches und soziales Umfeld zu verändern, egal wie schwer es den anderen fällt, Sie loszulassen, werden Sie die ersten Schritte auf dem für Sie neuen, aber schöpfungsrichtigen Lebensweg gehen. Alles andere, was Sie zuvor taten, war die Vorbereitungsarbeit, die Sie zu sich selbst führen sollte. Ab jetzt gehen Sie einen für Sie förderlichen Weg, der mehr Lebensqualität, Gesundheit, Befriedigung und Sinn für Ihr Dasein bereithält. Ihre tatsächliche und signifikante menschliche Entwicklung fängt genau ab diesem Zeitpunkt an, und ab da beginnen Sie, durch Ihre persönlichen und ganz individuellen Veränderungen gleichzeitig auch etwas für die Entwicklung der Menschheit zu tun. Ihr Wachstum trägt zum Wachsen der Menschen als Ganzes bei!

richtigen Leben einschlägt, kann es zu heftigen Auseinandersetzungen kommen. Und vielleicht kamen in Ihnen beim Lesen dieses Kapitels auch Fragen wie diese auf: Das hört sich alles ganz gut an, doch zieht da meine Frau/mein Mann mit? Kann ich diese Dinge bei meinem Lebenspartner überhaupt ansprechen? Was ist, wenn ich sie/ihn deswegen verliere? Was sagen meine Freunde, meine Eltern, die Nachbarn und die Bekannten dazu? – Wie schon ausgeführt, können unsere Liebsten für uns oftmals die größten Hürden auf dem Weg zu einem freien und bewussten Leben im Einklang mit der Schöpfung werden und sich als Behinderer unserer ganz individuellen Lebensentwicklung erweisen. Doch es sind nicht nur „die Anderen", sondern auch die eigenen Verlustängste, die sich offenbaren und die noch bestehenden Abhängigkeit aufzeigen. Und es ist gut, dass diese Verlustängste hervortreten, denn sie lassen uns nach Wegen suchen, deren Beschreiten mit möglichst wenig Härten verbunden ist. Sind wir uns über diese eigenen Verlustängste im Klaren und erkennen wir, dass diese momentan nicht zu überwinden sind, dann ist dies ein Zeichen dafür, dass es wohl noch nicht an der Zeit ist, den Schritt in ein „neues Leben" zu gehen. Diese Erkenntnis sollte einem aber nicht daran hindern, den Weg später zu gehen, nämlich dann, wenn er beziehungsweise wir selbst frei für diesen sind.

Oftmals stellen sich die Sinnfragen des Lebens und das innere Bedürfnis, seinem Weg eine andere Richtung zu geben, Anfang oder Mitte der Vierziger ein, was im westlichen Kulturkreis nicht selten als Midlife-Crisis abgetan und belächelt wird. Nicht zu unrecht kommt sich der Betreffende etwas „falsch" vor, wenn alle anderen wie gewohnt weitermachen, während er selbst in Zweifel und Sinnfragen versinkt. Diese Lebensphase ist allerdings kein „Neuzeitphänomen", schon unsere Vorfahren kannten diese, allerdings war es für sie keine „Krise", sondern die *Initiationszeit zum spirituellen Erwachsenen*. Im sogenannten Abendländischen Lebensrad, das ab der Seite 239 beschrieben wird, steht diese Zeit genau der Initiationszeit zum Jugendlichen gegenüber. Und ebenso wie die Pubertätsphase des Jugendlichen den Anfang des Erwachsenwerdens markiert, führt die *Initiationszeit zum spirituellen Erwachsenen* den „Mittvierziger" in die *Werdezeit des Selbst*, das heißt, er kann nun zu einem ganzen und vollständigen Menschen, ja gar zu einem alten Weisen heranwachsen und sein Wissen, seine Erfahrungen sowie seine Weisheit der Jugend zur Verfügung stellen. Nun ist es allerdings so, dass es in unserer heutigen Gesellschaft kaum noch „alte Weise" gibt, die ihre selbstreflektierte Lebenserfahrung an junge Menschen weitergeben und ihnen damit Hilfe sowie Orientierung sein können bei ihrem Bemühen, ihr eigenes Leben zu finden und kluge Entscheidungen zu treffen.

Sicher ist das auch der Grund, weshalb die Jungen heute so wenig Respekt vor den Alten haben. Denn allzu oft sehen sie nur alte, aber nicht reifer gewordene Menschen vor sich, von denen die wenigsten tatsächlich als erwachsen angesehen werden können. Instinktiv und ganz unbewusst verlangen unsere Kinder und Jugendlichen nach ihrem Gegenüber im Lebensrad, nach dem wahrhaft Erwachsenen, der ihnen bei der schwierigen *Werdezeit des Jugendlichen* zur Seite steht. Und dies kann nur ein wirklich erwachsener Mensch mit den nötigen Kenntnissen und Erfahrungen, die er selbst in seinem Leben gesammelt hat und aus denen eine entsprechende Reife resultiert. Die Gegenwart sieht hingegen so aus, dass Kinder und Jugendliche sich an Vorgaben und Vorschriften von Menschen halten sollen, die diese selbst nicht erfüllen und die alles andere als in ihrem eigenen Leben verwurzelt sind. In den vom Konsum bestimmten westlichen Industriestaaten können die Gesellschaften fast schon nicht mal mehr als postpubertär bezeichnet werden, die Menschen werden zwar alle alt, doch kaum einer wird wirklich erwachsen. Sämtliche Verantwortungen werden abgegeben, Entscheidungen gründen auf

Meinungen und nicht mehr auf Überzeugungen, anstatt die richtigen Wege zu wählen, werden zielsicher die einfacheren, möglichst zugleich „Spaß" versprechenden beschritten. Und so wird auch das Verhalten der Kinder und vor allem der Jugendlichen klar: Ein Pubertierender lässt sich von einem älteren, in der Pubertät hängengeblieben Menschen nichts sagen! Pubertäres Verhalten sehen wir an den Börsen, in der Wirtschaft, der Politik, es wird deutlich beim Umgang mit Recht und Gerechtigkeit, mit Ressourcen, Mitmenschen, in den Medien, ja in der gesamten Gesellschaft, die keine erwachsen werdenden Menschen hervorbringt. Der willkürliche Umgang mit allem, was einen umgibt, Dinge zu tun, nur weil man es kann, der Drang, andere zu dominieren, sich für überlegen zu halten, ohne überhaupt entsprechende Kenntnisse und Fähigkeiten zu haben, der Größenwahn bis hin zu Weltherrschaftsphantasien, all dies sind Ausdrucksformen pubertären Verhaltens, das seine Grenzen auszuloten versucht, um sich so den eigenen Weg zu ebnen. Der vollständige Lauf eines Menschenlebens in einer gesunden Gemeinschaft gemäß dem Lebensrad ist in den modernen Gesellschaften fast ausnahmslos verschwunden und überhaupt schwer zu erreichen. Und dabei ist das Lebensrad die Grundlage eines erfüllten Lebens, einer gesunden und die menschliche Entwicklung fördernden, also einer wahren menschlichen Gesellschaft.

Die soeben beleuchteten fünf Bereiche *Bewusstsein*, *Ernährung*, *Kleidung*, *Wohnen* und *Gesellschaft* waren, so möchte ich aufgrund dessen, was ich in Erfahrungen bringe konnte, behaupten, über viele Jahrtausende in der Epoche der Groß-Steinskulpturen auf natürliche Weise im Einklang mit der Schöpfung und die Grundlage des Lebens der Menschen der damaligen Zeit. Ein solch langer Zeitraum, immerhin 24.000 Jahre, ohne von Menschen geschaffene Katastrophen und Kriege ist meiner Ansicht nach nur aufgrund einer natürlichen Lebensweise, die im Einklang mit der Schöpfung ist, möglich. Das allein sollte schon Anreiz genug sein, sich damit zu beschäftigen und mehr darüber in Erfahrung zu bringen. Es geht jedoch nicht um ein Nachmachen, sondern darum, das Potential eines einfachen und schöpfungskonformen Lebens für sich selbst auszuloten und echte Veränderungen anzustreben. Denn im Gegensatz zu den Völkern der Frühzeit müssen wir vieles erst wieder lernen, was dank der sogenannten Zivilisation über viele Jahrhunderte aus unserem Bewusstsein verschwunden ist. Die Menschen gehen schon lange genau den gegenteiligen Weg als den eines natürlichen Lebens. Seit über zweitausend Jahren entfernt sich der Mensch mehr und mehr von der Natur, man sucht nicht mehr den Einklang mit ihr, der reinen Manifestation der Schöpfung, sondern beutet sie aus und will sie beherrschen, sich zum Eigentum machen. Was also für unsere Ur-Ahnen selbstverständlich war, müssen wir erst wiederfinden und auf unsere Art und Weise wiedererwecken. Nach den vielen Jahrhunderten des menschlichen Rückschritts und dem gleichzeitigen technischen Fortschritt ist es an der Zeit, dass den Menschen und unserer Menschlichkeit und nicht unserer Mechanisierung und Funktionalität endlich wieder die nötige Aufmerksamkeit zukommt.

Unsere Ur-Ahnen geben uns also vieles mit auf den Weg in eine andere Zukunft, auch manches, worüber es nachzudenken gilt. Hierzu gehört letztlich auch ihr Untergang. Vor allem wie dieser sich vollzog, ist für uns ein eigenes großes Feld des Lernens – auch wenn wir aufgrund der spärlichen Informationslage hinsichtlich ihres Untergangs oft nur Rückschlüsse ziehen und Spekulationen anstellen können. Und gerade diese werden im Wesentlichen von der Erfahrungswelt desjenigen bestimmt, der sie formuliert und mögliche Szenarien in Erwägung zieht. In diesem Fall sind es meine Erfahrungswelt sowie meine Kenntnisse und Fähigkeiten, die zu folgenden Ergebnissen führten: Schöpfung ist, aus meiner Sicht, reine und stetige Bewegung. Nichts ist immer gleich oder gar unveränderlich. Es gibt in unserem Universum nicht eine Millisekunde Stillstand. Und die lange Zeitdauer der Groß-Steinskulptur-Epoche legt nahe, da sich die Darstellungen über all die Jahrtausende offensichtlich nie verändert haben, dass in dieser Geschichtsphase recht wenig in Bewegung war. Auch von außerhalb gab es offensichtlich wenig Entwicklungs- und Anpassungsdruck auf diese Kultur. Wenn über eine so lange Zeit nichts wirklich Neues hervorgebracht wird und schon gar keine Herausforderungen hinsichtlich kultureller Reibungsflächen bestehen, verlernt man die Fähigkeiten, mit diesen richtig umzugehen, wenn sie dann plötzlich eintreten. Man verlernt, die eigene Lebensweise zu reflektieren, sie mit neuen Herausforderungen abzugleichen und die eigenen Werte sowie die Identität zu behaupten. Eine vergleichbare, wenn auch im Detail ganz andere Situation haben wir heute in Mitteleuropa, von Naturkatastrophen und seit einigen Jahren auch von Kriegsherden und Völkerwanderungen sind wir weitgehend verschont geblieben. Wir leben in dem Glauben, von der Natur weitgehend losgelöst und in einem zivilisierten Netzwerk gut aufgehoben und geborgen zu sein. Bereitwillig haben wir alle Eigenverantwortungen an dafür „zuständige" Stellen abgegeben. Für die Gesundheit sind der Arzt und die Pharmaindustrie zuständig, für die Sicherheit der Staat und seine Exekutiven, für das leibliche Wohl haben die Nahrungsmittelkonzerne zu sorgen, für die Bildung wiederum der Staat, für Arbeit das Arbeitsamt, Licht, Wärme und Strom liefern Versorgerunternehmen, die Naturschutzverbände sorgen für die Bewahrung der Natur und so weiter und so fort. Für was sind wir eigentlich noch selbst verantwortlich? Die meisten Menschen der Industriestaaten könnten ohne diese Rundumversorgung wohl gar nicht überleben.

Doch was geschieht, wenn ein unverhofftes Ereignis diese „bequeme Welt" verändert? Können wir damit umgehen? Können wir ohne die gewohnte Administration, die Ver- und Endsorgung überleben? – Es gibt Studien und Hochrechnungen darüber, was passieren würde, wenn heute ein Komet auf die Erde träfe, einer der aktiven Supervulkane ausbräche, ein extremer Sonnensturm, ein überfälliger Pol-Sprung oder ähnliche Katastrophen die Energie- und Logistik-Infrastrukturen lahm legen würden. Träten solche globalen Ereignisse ein, würden, so schätzt man, zwei Drittel bis vier Fünftel der Menschen in den Industriestaaten nicht länger als sechs Monate überleben. Dabei wurde in den durchgerechneten Szenarien sehr wohl berücksichtigt, ob das Ereignis im Sommer oder im Winter einträte. Bei einem Ereignisfall im Winter wird nicht mit einer sechs-, sondern einer dreimonatigen Überlebensgrenze gerechnet. Und nun stellen Sie sich doch einmal folgende Fragen: Wie überlebensfähig wären Sie, wenn es plötzlich keinen Strom, kein Wasser, keine Nahrungsmittel, keine neue Kleidung, keine Wärme und keine Entsorgung der Abfälle mehr gäbe. Welche Folgen würde eine Naturkatastrophe für Sie und Ihre Nachbarn haben? Was könnten Sie tun, um die schlimmste Zeit zu überstehen? Kennen Sie beispielsweise verschiedene Wildpflanzen, die Ihr Überleben nicht nur sichern, sondern Sie auch gesund erhalten können? Könnten Sie für Wärme sorgen? Könnten Sie sich und Ihre Lieben schützen und Ihren Lebensmittelpunkt behaupten? Stellen Sie sich vor, jetzt, in diesem Moment, tritt all dies ohne Vorwarnung ein. Wie würden Sie handeln?

Die Menschen der Groß-Steinskulptur-Epoche hätten mit einem solchen Szenario wahrscheinlich weniger Probleme als wir heute, denn sie lebten in und mit der Natur und waren vollumfänglich für sich selbst verantwortlich. So war ihr Leben, und sie hatten sich sicherlich nicht unwohl dabei gefühlt und für ausreichend Lebensqualität gesorgt. Dennoch führten die entweder nicht vorhandenen oder verlernten Fähigkeiten, mit Menschen anderer Kulturen umgehen und die eigenen Werte behaupten zu können, zu ihrem Untergang. Die lange Zeit ohne Bewegung und Austausch ließ ihre vielfältigen Eigenschaften und Fähigkeiten verkümmern und auf das reduzieren, was nötig war. Und es gibt ein Reduktionslevel, von dem aus ein Zurück nicht mehr möglich ist und ein kompletter Neuanfang notwendig wird. Zwar kann man das, was von vielen gesellschaftlichen und kulturellen Errungenschaften noch übrig geblieben ist, als Grundlage für einen Neuanfang nehmen, doch was verloren ist, bleibt es entweder oder muss mühsam neu entwickelt und vielleicht gar neu erfunden werden. Wir haben von solchen Beispielen aus der Geschichte gelesen. Die Griechen und andere Völker, die große Katastrophen erlitten, haben meist ganz neu begonnen, ohne auf früheres Wissen oder überbrachte Errungenschaft zu bauen oder darauf zurückgreifen zu können. Der Grund dafür mag wohl sein, dass zunächst das eigene Überleben und der Aufbau neuer Gemeinschaftsstrukturen Vorrang hatten, und bis diese standen, waren die Reste des „Alten" vergessen und vergangen. Auch aus der Geschichte der Waffentechnik kennt man den Effekt, dass mit dem Verschwinden eines Volkes auch dessen besonderen und ihm eigenen technologischen Errungenschaften verlorengingen, auch wenn diese für andere Völker ein Mehrwert darstellten. Das Pilum der Römer oder die leichte und gut schützende Rüst der Kelten sind nur zwei Beispiele hierfür.

Zusammengefasst kann man davon ausgehen, dass auch die Menschen der Groß-Steinskulptur-Epoche in den Wandlungen der Zeit untergingen, ohne irgendwelche Spuren hinterlassen zu haben, mit Ausnahme ihrer steinernen Zeugnisse. Und so kam es wohl, dass das Fryas Volk, die wahrscheinlichen Nachfolger der Groß-Steinskulpturepoche, zwar noch über einige für uns durchaus beachtliche Fähigkeiten, Kenntnisse und auch Weisheiten verfügte, diese jedoch auf eine ganz andere Weise gebrauchten. Die Geschichte des Fryas Volkes zeigt deutlicher, was ich oben hinsichtlich der Anfälligkeit unserer Zivilisation gegenüber Katastrophen schrieb. Von cirka 8.000 v. d. Z. bis zur ersten großen Naturkatastrophe 2193 v. d. Z. hatte es seinen Lebensstil und seine Volksgemeinschaft sehr gut erhalten können. Auch die weitläufigen Handelsverbindungen mit und die intensiven Kontakte zu anderen Völkern und Kulturen beeinflussten die Strukturen lange Zeit nicht. Die Fryas bildeten eine scheinbar geschlossene und stabile Gesellschaft. Die plötzliche und unerwartete Katastrophe hatte sie jedoch so tief erschüttert, dass sie den Veränderungen des Kontinents und dem folgenden Druck von außen auf Dauer nicht standhalten konnten und ebenso wie die Menschen der Groß-Steinskulptur-Epoche im Lauf der Geschichte untergingen. Doch nicht nur die Katastrophe und der Druck von außen zwangen sie in den Untergang, es waren die ihnen völlig fremden Handlungsweisen der Eindringlinge (kurganischen Einwanderer), mit denen sie nicht umgehen konnten und denen sie nicht gewachsen waren.

Diese Ereignisse und ihre Folgen zeigen erstmals die Systematik sowie die fatale Wechselwirkung von Heimtücke, „schwachem Geist" und der Rolle der „Lauen". Es sind die geistig und charakterlich Schwachen, die mit Arglist verführt und von Macht angezogen werden. Und wie der weitere Verlauf der Geschichte zeigt, hat die Menschheit bis heute keine Lösung für dieses Problem gefunden.

Als ich dieses Buch schrieb, ist ein anderes mit dem Titel „*Die Diktatur der Dummen*" erschienen, welches erklärt, wie es jene von „schwachem Geist" in den verschiedenen Gesellschaften immer wieder an die Macht schaffen. Als ein Grund wird angeführt, dass die Klugen viel zu oft nachgeben und sich mit minder angesehenen Dingen wie Politik nicht auseinandersetzen wollen, was den Weg für die „charakterlich Schwachen" freimacht, die zwar nicht klug, aber ehrgeizig sind. Da die „charakterlich Schwachen" es vermeiden wollen, als solche erkannt zu werden, umgeben sie sich mit noch Schwächeren und sorgen somit dafür, dass in ihrem Arbeits- und Agitationsumfeld noch mehr ihrer Art Platz finden; die „Klugen" werden auf diese Weise nach und nach aus allen Funktions- und Entscheidungsbereichen verdrängt. Hat einer dieser ehrgeizigen „Dummen" erst einmal eine Führungsposition erklommen, beginnt der Umbau nach dem Diktat der „Dummen"/„Schwachen"/„Lauen", alles Weitere ist dann nur noch eine Frage der Zeit. Diesen Wirkmechanismus konnte ich in den vielen Jahren, in denen ich im internationalen Business eingebunden war, in unterschiedlichsten Branchen und bis hinein in die höchsten Führungsebenen beobachten. Für jemanden mit Kompetenz, Erfahrung und Sachverstand ist es in einem solchen Umfeld auf Dauer nicht auszuhalten. „Gegen Dummheit ist kein Kraut gewachsen", dieser Spruch bewahrheitet sich, denn eingebrachte Vernunft und Sachverstand führen nur zu noch mehr Widerstand vonseiten der „Dummen". Die wenigen Ausnahmen, die es gab und vielleicht noch gibt, bestätigen letztlich nur diese Regel.

Es sind jedoch nicht nur die Klugen, die viel zu oft nachgeben und somit den charakterlich Schwachen die Führungspositionen überlassen, es sind auch die unzähligen Menschen, die einfach aufgehört haben, etwas verändern zu wollen, ja die es sogar aufgegeben haben, ihr eigenes Leben so zu leben, wie sie es sich vorstellen und wünschen, nur weil sie gegen die Masse der „Dummen" um sich herum nicht ankamen. Den vielen geistig und körperlich Trägen und Lauen ist es zu anstrengend, ihren Verstand und ihren Körper zu benutzen, sie überlassen es lieber anderen, Entscheidungen zu treffen. Oftmals habe ich das Gefühl, dass manche Menschen glauben, dass das Denken weh tut, und sie es deshalb vermeiden. Inzwischen kann die Wissenschaft auch erklären, warum das so ist. Bei etwa 80 Prozent der Menschen schaltet der vordere Hinlappen einfach ab, wenn er mit Informationen konfrontiert wird, die seinem gewohnten Weltbild widersprechen. Und dann ist ja da auch noch das Gehirn, das alleine im Ruhezustand cirka 20-30 Prozent des Sauerstoffs und der Energie verbraucht. Denken erhöht diesen Verbrauch erheblich, und da heute alle Energie sparen wollen, lässt man sein Hirn am Besten im Ruhezustand. Spaß beiseite, ich freue mich aufrichtig über jeden einzelnen Menschen, egal welchen Alters, der „aufwacht" und beginnt, sich und seine Potentiale sowie Möglichkeiten zu entdecken, und noch mehr freue ich mich, wenn jemand anfängt, nicht nur anders, sondern vor allem schöpfungsrichtig zu leben.

Die Geschichte ab dem Untergang des Fryas Volkes bis zum Römischen Reich und damit verbunden die spätere Vorherrschaft des Christentums ist zum einen beispielhaft dafür, welche Macht über charakterlich Schwache aufgebaut und erhalten werden kann, zum anderen zeigt sie auch die damit verbundenen fatalen Folgen für alle Beteiligten. Millionen Menschen wurden durch dieses Abhängigkeitsbündnis von machthungrigen und charakterlich Schwachen versklavt, ermordet und dahingeschlachtet. Ein großes Maß an Dummheit zeigt auch die Tatsache, dass vieles davon als „heldenhaft" in die Menschheitsgeschichte eingegangen ist.

Betrachten wir uns die letzten rund 2.000 Jahre europäischer Geschichte etwas genauer, wird erkennbar, dass über den gesamten Zeitraum hinweg ein ständiger Teufelskreis bestand: es ist der schon angesprochene Bund von Kirche und Adel, dem das Wirkprinzip zwischen Machthungrigen sowie charakterlich schwachen und lauen Menschen zugrunde liegt. Da aber diese Verbindung aus Adel und Kirche kein stetiges Wachstum und schon gar keinen dauerhaften Wohlstand erzeugen konnte, waren ganz andere Konzepte zur Generierung von Macht und Profit gefragt, die wenigstens die an der Spitze der „Nahrungskette" überleben ließen – und diese haben noch heute Bestand. Hierzu zählt vor allem das seit vielen Jahrhunderten am Laufen gehaltene Kriegsroulett, das folgende Positionen kennzeichnet: Machtübernahme, Zerstörung, Ausbeutung, Verlangsamung des Wachstums, Ersterben der Produktivität, Erschöpfen der Ressourcen, Zusammenbruch und Krieg. Der Krieg ist immer wieder jene Maßnahme, die Schwung in Wirtschaft und die Gesellschaft bringt, nachdem letzterer die Erinnerung an zurückliegende Zeiten genommen wurde. Trotz der zahlreichen Ereignisse und Entwicklungen lässt sich die gesamte jüngere Geschichte letztendlich auf das Kriegsroulett reduzieren, denn dieses bestimmt ihren Verlauf. Alles andere wie technische Errungenschaften, die ohnehin meist durch das Militär den Anschub erhielten, die Kunst, die Literatur, das Bauwesen, die Wissenschaften, die gesellschaftlichen Entwicklungen und Strömungen geschah immer nur im Fahrwasser dieses ständig sich drehenden Teufelsrades.

Das Einzige, was diesem Kreislauf Einhalt gebieten kann, sind das Erinnerungsvermögen des Menschen, die Menschen- und die Volksseele und das darin bewahrte Geschichtsbewusstsein. Und um das Rad am Laufen zu halten, müssen das Volksgedächtnis und die Volksseele sozusagen immer wieder auf Null gesetzt werden. Andernfalls würden die Menschen ja aus dem stetig sich Wiederholenden lernen und nach einem Krieg andere Entscheidungen als bisher treffen. Sie würden erkennen, dass jeder Krieg bisher immer nur zu ihrem Nachteil ausging, während die „Eliten" von ihm profitierten.

Dass wir trotz all unserer so hoch gepriesenen Intelligenz und Aufgeklärtheit, unseres frei verfügbaren Wissens, der populären Neuen Wissenschaften und des angeblich so hohen Bildungsniveaus (zumindest in den Industriestaaten sowie zunehmend auch in den Schwellenländern) immer noch diese alte Teufelsleier mitdrehen, zeigen die aktuellen (welt-)politischen Geschehnisse. Politik betreiben nur noch charakterlich schwache und laue Menschen, die selber keinerlei Werte mehr haben und sich sowie ihre Mitmenschen bedenkenlos verkaufen. Sie lügen den Menschen das vor, was ihnen von den wirklich Mächtigen vorgegeben wird. Den Konzernen bereiten sie gegen entsprechende Vorteilsnahme die Märkte vor und bekommen als Dank hochdotierte Pseudovorstandsposten. In der Wirtschaft sitzen größtenteils Menschen in den Führungsebenen, die keine Ahnung mehr vom eigentlichen Kerngeschäft der Unternehmen haben, denen sie vorstehen. Sie haben ein Übermaß an Controlling und externen Beratern sowie Unternehmensmodelle, das sie benötigen, um unternehmenswichtige Entscheidungen nicht selbst treffen zu müssen, sondern eben an eine niedere Managementebene delegieren zu können. Welcher der heutigen Unternehmenskapitäne hat denn in der von ihm geführten Firma aktiv mitgearbeitet, kennt die Abläufe in den verschiedenen Abteilungen und hat die Kernprozesse persönlich kennengelernt? Allzu viele werden es nicht sein.

Und auch heute sind viele Innovationen, die mittlerweile unseren Alltag und das wirtschaftliche Leben bestimmen, meist militärischen Ursprungs. Leichtbauweisen im Flugzeug- und Fahrzeugbau, Satellitennavigation und Mobilfunk sind nur einige

Beispiele hierfür. Gerade Mobilfunkfrequenzen, Nachrichtensatelliten und GPS werden wie selbstverständlich von jedem Menschen benutzt. Immer dann, wenn wir uns die Konfliktherde dieser Erde einmal genauer anschauen, erkennen wir schnell, dass Satellitenverbindungen und GPS von den USA und ihren Nato-Partnern einfach abgeschaltet und die Betroffenen im Ungewissen gelassen werden. Während des Balkankrieges kamen dadurch Schiffsführer, die sich nur auf ihr GPS verlassen haben und nicht mit Kompasas und Sextanten navigieren konnten in Schwierigkeiten, da das GPS abgeschaltet wurde. Auch während des Einfalls in den Irak, in Afghanistan, Libyen usw. war und ist zu beobachten, dass GPS und Funkfrequenzen abgeschaltet oder gestört wurden. – Was wäre denn, wenn Sie plötzlich ohne Handy oder Navigationsgerät dastünden? Diese Frage ist nicht unberechtigt, denn es ist erstaunlich, wie viele Menschen, einschließlich Berufskraftfahrer, heute keine Land- oder Straßenkarte mehr lesen können. Als ich aushilfsweise eine Zeit lang LKW gefahren bin, kam es ab und an vor, dass ich, als einer der noch Karten lesen und danach fahren konnte, zu einem Grenzübergang gerufen wurde, um ein Fahrzeug zu übernehmen, weil der bisherige Fahrer keine Landes-CD für das Navigationsgerät dabei hatte und die Karten nicht lesen konnte. Noch dramatischer ist die Abhängigkeit auf See.

Doch neben Kriegstreiberei und fataler Machtsysteme hat unsere Geschichte auch zahlreiche positive Dinge hervorgebracht, die es zu vermitteln gilt. Da wäre zunächst die Gesundheit des Menschen: Während die Mächtigen durch Völlerei, übermäßigen Fleischkonsum, Lasterseuchen, die fragwürdige Kunst ihrer Leibärzte und abenteuerliche Medizin zunehmend krank und regelrecht vergiftet wurden, überlebte im einfachen Volk bis in unsere heutigen Tage die naturbasierte Volksmedizin. Die heutige Naturheilkunde hat ihren Ursprung in den Zeiten des Paracelsus, dieser sowie seine Schüler und Nachfolger erforschten und strukturierten erstmals die Kenntnisse über Krankheiten und dazu passende Kräuter sowie deren Zubereitung und Anwendung. Der individuelle Mensch wurde und wird als ganzheitlich und Teil der über unseren Planeten hinausgehenden Schöpfung gesehen, er wird in seinem speziellen Umfeld und in seiner ganz spezifischen Situation betrachtet. Nur der Naturheilkunde ist es möglich, Menschen wirklich zu heilen und nicht wie die Schulmedizin nur wieder „funktionsfähig" zu machen. Über Kräuterfrauen und Heilkundige blieb zumindest ein Teil des uralten Naturheilwissens bis heute erhalten. Nachdem wir uns als Alternative zur Schulmedizin lange

Jahre an exotischen Gesundungssystemen wie der Traditionellen Chinesischen Medizin oder das Ayurveda orientiert haben, erstarkt so langsam das Interesse an der westlichen Naturheilkunde, die ebenso reich an Möglichkeiten sowie vielfältig und individuell anwendbar ist. Die Zeit, in der westlich-heilkundliches Wissen unterdrückt wurde, scheint langsam vorüber zu sein, wenngleich Pharma- und Medizintechnikkonzerne weiterhin versuchen, die Naturheilkunde vom Markt zu vertreiben. Der „Codex Alimentarius" ist ein Beispiel dafür, wie versucht wird, selbst Garten- und Küchenkräuter wegen ihrer „Gefahr für die Volksgesundheit" zu verbieten.

Vor einiger Zeit bekam ich einmal eine Jubiläumsausgabe des *„Lorscher Arzneibuches"* in die Hand und war sehr erstaunt über das Vorwort, welches von einem Doktor geschrieben wurde. Er schrieb sinngemäß, dass die hygienische Situation um 795 ähnlich gut war wie in den 1960er Jahren, allerdings sorgten aus der Natur entnommene Mittel dafür. Erstaunliches offenbarte auch der „Ötzi", der in der späten Jungsteinzeit lebte (Todeszeitpunkt zwischen 3359 und 3105 v. d. Z.) und dessen Mumie 1991 in den Ötztaler Alpen gefunden wurde: Er war, als er starb, offensichtlich kein junger Mann mehr, im Grunde gut genährt und für sein Alter recht fit. Sein Körper wies einige schwere Verletzungen auf, die jedoch gut verheilt waren und ihn nicht sonderlich behindert haben dürften, was auf eine fach- und sachkundige Versorgung und Pflege zurückzuführen ist. Auf seiner Haut entdeckte man zudem zahlreiche strichcodeähnliche Tätowierungen, die erstaunlich exakt auf den Meridianverläufen und den Akupunkturpunkten lagen. Wäre er nicht von hinten mit einem Pfeil erschossen worden, hätte er problemlos ein auch für uns heute hohes Alter von über 90 Jahren erreichen können. – Es gibt also neben der von den „Göttern in Weiß" forcierten Schulmedizin noch eine ganz andere Wahrheit: natürliche Heilungs- und Gesundungsmethoden sind nicht nur uralt, sondern hocheffizient, sie trugen wesentlich dazu bei, dass es uns heute überhaupt gibt.

Auch für weitere Lebensbereiche wie Ernährung, Bauen und Wohnen sowie Bekleidung kann ein Blick auf die Geschichte wichtige Schlüsse bringen. Nehmen wir als Beispiel die Völlerei des Adels, die sich nicht unbedingt positiv auf die Gesundheit auswirkte. So waren unter anderem die Zuckerkrankheit (Diabetes) sowie die Gicht vorrangig in den Kreisen der Reichen verbreitet. Die Masse der Menschen, auf deren Schultern der ganze Lebenswandel des Adels und der Kirche ruhte, konnte sich nur sehr einfach ernähren, Fleisch gab es, wenn überhaupt, nur einmal in der Woche oder sogar im Monat. Dass übermäßiger Fleischverzehr keinesfalls gut für die Gesundheit ist, muss hier nicht weiter ausgeführt werden.

Was das Bauen und Wohnen betrifft, so müssen sich die frühen Menschen nicht unbedingt verstecken; schon die Römer nutzten betonähnliche, wasserbeständige Baumaterialien. Da es so etwas wie die heutige Bauchemie über all die Jahrhunderte nicht gab, war man auf natürliche Materialien angewiesen und erzielte damit gleiche und teilweise bessere Ergebnisse als es in der Gegenwart der Fall ist. Es gibt noch heute zahlreiche Steinbauten, deren Alter bis zur Zeitenwende zurückreichen und die immer noch intakt sind. In den zahlreichen Altstädten Deutschlands stehen bewohnte Häuser unterschiedlichster Größen, die mehrere hundert, ja oft sogar über tausend Jahre alt sind. Was diese Häuser auszeichnet, ist deren Bausubstanz aus Naturmaterialien sowie ihr einzigartiges Raumklima mit hohem Wohlfühlfaktor. In ihnen haben zig Generationen gelebt, zahlreiche geschichtliche Ereignisse sind an ihnen vorübergezogen. Es lohnt sich, diese alten Häuser einmal mit „modernen" Wohnbauten zu vergleichen. Letztere sehen nach 40-50 Jahren grauenhaft aus und benötigen einen extrem hohen Renovierungsaufwand, falls der sich dann überhaupt noch rechtfertigen lässt. Nicht selten werden Häuser nach Jahren oder Jahrzehnten einfach abgerissen, weil sich eine Instandhaltung nicht mehr lohnt, und während der kurzen Lebensdauer haben sie nicht annähernd ein vergleichbares Wohlfühlklima geboten wie Altbauten. Natürlicher Stein und Beton, Lehm, Gips, Holz, Naturfasern wie Hanf und Wolle, Schmiedeeisen, Kupfer und Messing boten und bieten bis heute die besten Werkstoffe für einen gesunden Wohnraum mit höchstem Wohlfühlfaktor.

Ähnliches gilt für die Kleidung: Solange es noch keine Baumwolle gab, waren Winter, Sommer, Trockenheit und Nässe zwar lästig, jedoch kein wirkliches Problem. Mit dem Aufkommen der Baumwolle änderte sich das deutlich, besonders als sie als billige Massenware auch beim Militär in großen Mengen verwendet wurde. Außer einer preisgünstigen und strapazierfähigen Schutzfunktion bietet Baumwolle keine echten Vorteile. Wenn sie nass ist, bleibt sie das auch recht lange und trocknet eher schlecht; sie ist nicht wasserdicht, sondern saugt sich schnell voll. Der Baumwolle fehlen Eigenschaften, die Hanf, Leinen oder Wolle und andere Naturstoffe haben, beispielsweise eine natürliche antibakterielle, antifungizide und wasserabweisende Wirkung sowie wärmende Eigenschaften auch bei Nässe. Feuchte oder gar nasse Baumwolle, die man im Winter trägt, wärmt nicht mehr, sondern beschleunigt die Unterkühlung des Körpers, während im Gegensatz dazu Wolle noch im nassen Zustand warm hält. Im Sommer schwitzen Baumwollhemden schnell durch und riechen nach kürzester Zeit, was bei einem aus Hanf hergestellten Kleidungsstück nicht passiert, zudem wirkt dieses Material noch kühlend.

Doch auch aus anderen Bereichen des früheren Lebens lässt sich viel lernen. Besonders in ländlichen und abgelegenen Gegenden konnten die germanisch- und keltischstämmigen Menschen neben dem offiziellen christlichen Glauben noch lange ihren alten Glauben im Stillen beibehalten. In Städten gelang es allerdings weniger gut, eine Maskerade aufrecht zu halten, da man einfach zu dicht nebeneinander lebte. Doch auch dort überlebte das Verlangen nach den alten Geschichten, den alten Göttern und Mythen, und mutige Menschen trafen sich im Geheimen, um sich diesen Resten der einstigen Glaubenswelten zu widmen. Die Kirche reagierte darauf mit der Inquisition, die ihre Tentakel bis in die Familien hineintrieb und jeden zum Spion seines Nächsten machte. Unter diesem Druck wurden die Reste alter Glaubensspuren in noch kleinere Nischen gedrängt und dabei sicher auch verändert. Nachdem sich mit Descartes, Newton und anderen „Naturwissenschaftlern" eine intellektuelle Gegenbewegung zur Kirche entwickelte, fanden kurzzeitig auch andere Glaubensvorstellungen Raum als die christliche, um sich zu entfalten. Während die Kirche sehr bald diese Wissenschaften über ihren gesellschaftlichen Einfluss sowie ihre Würdenträger vereinnahmte oder wenigstens kontrollierte und die im 18. Jahrhundert aufflammende Ägyptomanie aussaß, formierten sich erst in Britannien und dann auch auf dem west- und mitteleuropäischen Festland die noch heute existierenden Druidenorden wie der Ancient Order of Druids (AOD) oder der hermetische Order of the Golden Dawn. Er entstand im Zuge einer Rückbesinnung gelangweilter Adliger auf überbrachte Legenden und Mythen, die von einem alten naturorientierten Glauben der keltischen Vorfahren erzählten. Vermischt mit der sich im Abklingen befindenden Begeisterung für das alte Ägypten entstanden ganz neue „keltisch-druidische" Orden und Glaubensgemeinschaften, die in Britannien bis heute offiziell als Religionsgemeinschaften anerkannt sind. Diesen im 18./19. Jahrhundert, in der sogenannten romantischen Restaurationszeit des Druidentums, entstandenen Orden haben wir alle in der heutigen Literatur kursierenden Definitionen über die Runen, die alten Götter und Wesenheiten zu verdanken. Wirkliche Texte oder Beschreibungen, welche tatsächliche aus der Zeit der Kelten stammen, über beispielsweise die Verwendung der Runen oder die Götteranbetung gibt es nicht, auch wenn mittlerweile eine Menge Literatur zu dieser Thematik vorliegt.

Das in den Europäern verankerte Verlangen nach einer natürlichen und naturorientierten Glaubenswelt konnte also nie wirklich ganz ausgetrieben werden. Sobald der Druck durch die Kirche und auch den Adel nachließ, kam immer wieder das Verlangen nach einem naturverbundenen und schöpfungsrichtigen Leben hoch, und das ist bei vielen Menschen, die sich vom System und geistlichen Obrigkeit nicht verbiegen lassen, auch heute so. Neo-druidische, -schamanische und -naturspirituelle Bewegungen, bei denen natürlich auch die Reste der überlieferten Naturheilkunde eine Rolle spielen, gehen oder berufen sich immer wieder auf „die alten Wege" oder „die alten Pfade". Auffallend ist, dass Menschen, die sich zu dieser Alternative hingezogen fühlen, sich um diese Themen bemühen und sich damit ernsthaft beschäftigen, jene sind, die eine kritische Haltung zur aktuellen Gesellschaftsordnung haben und nach Auswegen daraus suchen.

Die Geschichte offenbart uns also, wenn wir sie aus anderen als den üblichen Blickwinkeln betrachten, nicht nur vieles über verschiedene Lebensweisen, über natürliche Heilkunde, Nahrung, Kleidung und gesellschaftliche Strukturen, sondern auch den Verfall eines frühen hohen Bewusstseinsstandes des Menschen, der laut „*Oera-Linda-Handschrift*" immer mehr „charakterlich und geistig Schwache" oder „Laue" hervorbrachte. Zudem werden die Folgen des kurganischen Erbes deutlich, die sich vor allem in Machtgier äußern. Und diese Machtgier wiederum brachte ein Kriegsroulett ins Drehen, das über Jahrhunderte und Jahrtausende von der christlichen Kirche und dem Adel am Laufen gehalten wird und das bis heute nicht stillsteht. Doch jegliche Form gewalttätiger Unterdrückung und Indoktrinierung konnte die tief im Menschen verankerte Sehnsucht nach einem naturverbundenen Leben nicht gänzlich auslöschen.

Da wir aber heute in der Lage sind, die Zusammenhänge und Mechanismen zu durchschauen, die hinter Macht und Menschenverachtung stehen, können wir andere Entscheidungen für die Zukunft treffen. Wir können uns – vielleicht erstmals in der Menschheitsgeschichte – aus dieser Mühle befreien und uns endlich dem zuwenden, wofür wir immer wieder in neue Leben inkarnieren: unserer Freiheit und unserem Wachstum. Beginnen können und sollten wir mit dem, was uns über Jahrtausende durch die Wirren der Zeit gebracht hat: ein natürliches und naturnahes Leben zu führen. Doch hierfür müssen wir verlorengegangene Selbstverantwortung und Selbstbestimmung wiedererlangen, wozu auch gehört, das eigene Bestreben gegenüber den destruktiven Kräften zu behaupten. Zuvor müssen wir jedoch die Mechanismen der Macht, Heimtücke, Hinterlist, Falschheit und Lüge genau erkennen lernen und aus dem eigenen Leben sowie dem persönlichen Umfeld verbannen. Als selbstbewusste, selbstbestimmte und selbstverantwortliche Menschen sind wir keine Schafe irgendwelcher Hirten, kein gemeines oder niederes Volk, das vom Adel oder irgendwelchen Möchtegernpolitikern regiert wird oder das sich durch korrupte Regierungen verkaufen lassen will. Wenn möglichst viele Menschen ihre eigene Kraft, Macht und Stärke erkennen, können sie frei wirken und die Gesellschaft tragen.

Verbunden mit einem zunehmend höheren Bewusstsein können wir erstmals wirklich und bewusst ein neues Zeitalter der Menschen beginnen, ganz pragmatisch und solide. Mit beiden Beinen fest auf dem Boden und dem Kopf in den Wolken verbinden wir uns mit der Schöpfung als Ganzes. Wir können immer wieder aus der Vergangenheit lernen, um zukünftig bessere Entscheidungen zu treffen. Doch wir müssen das, was wir gelernt haben, auf zeitgemäße Art und Weise umsetzen. Das, was uns die Vergangenheit lehrt, müssen wir mit dem heutigen Wissen und den aktuellen Erkenntnissen verbinden, nur so kann eine Neuausrichtung Erfolg haben. Es kann nie um ein Zurück, sondern immer nur um ein Nach-Vorn-Schreiten gehen, mit dem im Gepäck, was wir aus der Vergangenheit gelernt haben. Packen wir es also an!

Heutiges Wissen als Wegbegleiter

Es gibt heute zahlreiche wissenschaftliche Fachgebiete wie die Quantenphysik mit ihren verschiedenen Richtungen und Theorien, die Neue Medizin oder die Neue Biologie, die einen relativ unkonventionellen Umgang mit Wissen haben. Entgegen den etablierten Wissenschaften, in denen in erster Linie ein Kadavergehorsam gegenüber „großen" Namen und dem System der Macht herrscht und auch ein genau vorgegebener Zugewinn an neuem Wissen erfolgt, gehen die Neuen Wissenschaften offen, kontrovers und kritisch mit vorhandenen Kenntnissen um und beschreiten nicht klar vorgeschriebene Wege bei der Erweiterung des Wissensstandes. Die populärste und mittlerweile bekannteste Disziplin ist sicher die Quantenphysik, die ein von der Esoterik-Szene begeistert aufgenommenes Paradigma in die Öffentlichkeit entlassen hat: Alles, was du dir vorstellen kannst, ist möglich, und es gibt dafür keine Grenzen, dein Bewusstsein schafft dir dein Universum nur durch die Kraft dessen, was du denkst und fühlst. Im Laufe der Jahre nach dieser Erkenntnis haben viele allerdings feststellen dürfen, dass das gar nicht so einfach ist mit dem Bewusstsein und dem Universum. Den wissenschaftlich wahren Kern haben Esoteriker reduziert und banalisiert auf die Aussage beziehungsweise den Ansatz: „Wünsche oder bestelle dir etwas beim Universum." Und natürlich wurden und werden solche Floskeln von den Eso-Konsumenten begierig aufgesogen, denn letzten Endes hieße das ja, dass sie nicht wirklich etwas tun müssen, um etwas oder sich selbst zu ändern; sich Dinge zu wünschen, langt ja vollkommen... Vielen Menschen hat das enorm geschadet, denn anstatt etwas für sich und ihre Situation zu tun, haben sie sich noch weniger bemüht, um etwas zu ändern – sie haben sich die Veränderungen einfach nur beim Universum bestellt, doch die Lieferung blieb nur allzu oft aus. In der Esoterik-Branche ist es nun einmal so wie in der allgemeinen Konsumwelt: es werden viele Klischees bedient und von konsumhungrigen Menschen, die doch so anders sein wollen, angenommen. Es ist auch hier ein Markt, der von Angebot und Nachfrage und weniger vom Inhalt bestimmt wird.

Ob nun Esoteriker oder „ganz normaler" Mensch, die meisten haben ihre ganz spezifische Vorstellung von dieser Welt, sie haben sich diese so zusammengebastelt, dass sie für ihren Lebenswandel am angenehmsten und passend ist. Sie rechtfertigen ihre Lebensführung gar mit ihrer Weltsicht; mit der Wahrheit oder den tatsächlichen Gegebenheiten hat diese meist nicht viel zu tun. Alles ist darauf ausgelegt, mit möglichst wenig Eigeninitiative „über die Runden" zu kommen, ohne großartige Veränderungen seinen Weg zu gehen und möglichst nicht mit revolutionären Prozessen konfrontiert zu werden. Man sucht nicht die schöpfungsrichtige Veränderung, sondern unter der Vielfalt der esoterischen Angebote das, was am besten zum jetzigen Lebensstil passt. Ein bisschen Nippes hier, ein paar Räucherstäbchen dort sowie das eine oder andere „Wohlfühlseminar" und schon ist man mächtig esoterisch oder gar spirituell unterwegs. „Schuld" an der übermächtigen Mehrheit derart „gestrickter" Leute ist das Gehirn des Menschen, denn alles, was dem eigenen Welt- und Selbstbild widerspricht, führt wie andernorts schon erwähnt bei rund 80 Prozent der Menschen regelrecht zur Abschaltung von Gehirnarealen (des vorderen Stirnlappens), das ergaben neueste wissenschaftliche Forschungen. Das bedeutet, dass diese Menschen für sie besorgniserregende Meldungen überhaupt nicht verarbeiten können. Die Gehirnforscher nennen diesen gesamten Vorgang „unrealistischen Optimismus". Darunter versteht man, dass bei der überwiegenden Mehrheit der Menschen essentielle Bereiche des Gehirns einfach „herunterfahren", wenn sie mit der Wahrheit konfrontiert werden, die nicht mit den eigenen Auffassungen oder des selbst geschaffenen Weltbildes übereinstimmt. Eine jüngst in einer Wissenschaftssendung vorgestellte Studie, mit der dieser Sachverhalt durch Messungen der Gehirnaktivität belegt werden konnte, macht dieses Phänomen beispielsweise auch für den Ausbruch der Finanzkrise im Jahre 2008 mit verantwortlich. Viele Menschen, die ihr Geld an der Börse anlegten, wollten einfach nicht wahrhaben, dass es nicht permanent nur aufwärts gehen kann und dass ihre Berater sich schon um ihre Investitionen kümmern würden. Sie hielten viel zu lange an ihren Wunschvorstellungen fest und verloren richtig viel Geld.

Dieses Phänomen des „unrealistischen Optimismus" erklärt so einiges, worüber ich mich oftmals gewundert habe. So wurde mir beispielsweise auch klar, weshalb meine Mitmenschen es als Schwarzmalerei oder Utopie beiseite wischten, wenn ich sie wieder einmal auf reale, besorgniserregende oder ihren Alltag erweiternde Sachverhalte aufmerksam machen oder über eine naturspirituelle Lebensweise aufklären wollte, und sie sich stattdessen unterhaltsameren Dingen zuwendeten. Es lag also offensichtlich nicht an mir! Und das ist heute gut zu wissen, auch wenn ich schon lange damit aufgehört habe, andere Menschen aufklären oder retten zu wollen. Laut den jüngsten Erkenntnissen der Gehirnforschung lebt die Mehrheit der

Bevölkerung ohnehin in einer „Fantasiewelt". Daran ist auch nur schwer etwas zu ändern, denn wie schon dargestellt sorgt der „unrealistische Optimismus" bei Informationen, welche diese Fantasiewelt gefährden, dafür, dass der Stirnlappen (präfrontaler Cortex) einfach „zumacht" und somit weder etwas wahrgenommen noch verarbeitet wird. Damit bleibt die heile Welt so lange bestehen, bis sie brutal von außen zerstört wird. Kein Wunder also, dass verschiedene Gesellschaftsstudien inzwischen sogar zu dem Ergebnis kommen, dass Menschen, die von anderen als „Verschwörungstheoretiker" bezeichnet werden, die geistig deutlich gesünderen und realistischeren sind und sich mit Problemsituationen konstruktiver auseinandersetzen können.

Die meisten Menschen suchen sich aus der riesigen Flut an Informationen gezielt jene heraus, die sie hören wollen und die zu ihren Vorstellungen passen, das nennt man dann selektive Wahrnehmung. Damit schließen sie auch das aus, was die eigene scheinbar sichere Zukunft gefährden könnte. Die gute Nachricht daran ist, dass 80 Prozent aller Menschen Optimisten sind, aber nur die wenigsten erfahren von der beschriebenen Problematik. Gegen Optimismus an sich ist ja nichts einzuwenden, doch wenn man optimistisch gestimmt ist, ohne dass alle relevanten und zugänglichen Tatsachen im Gehirn verarbeitet wurden, dann ist das eher bedenklich. In scheinbar aussichtslosen Situationen kann ein solcher unrealistischer Optimismus durchaus hilfreich sein, um etwas umzusetzen, sich durchzusetzen oder gar zu überleben, doch im alltäglichen Leben führt er zu fatalen Fehleinschätzungen und -entscheidungen. Doch damit nicht genug, kommen beispielsweise noch Gier oder Machtfantasien hinzu, verzerrt diese Kombination, die als überzogener Optimismus bezeichnet wird, die Wirklichkeit bis zur Unkenntlichkeit. Was die Gier und die Machtfantasien als erstrebenswert erscheinen lassen, das gaukelt der überzogene Optimismus als durchaus erreichbar vor. Dass da jedoch ein Abgrund lauert, wird nicht erkannt. Dies führt in weiterer Folge zur Selbstsabotage und Blindheit gegenüber allem, was diese optimistische Sichtweise, egal ob man sich ihr bewusst ist oder nicht, infrage stellt, bis hin zur Umkehrung von Lüge in Wahrheit und Unrecht zu Recht. Genau an diesem Punkt sind wir dann wieder bei den Schafen und gemeinen Bürgern, die tun, was verlangt wird, und die nicht sehen wollen, was wirklich ist, denn sonst müssten sie ja etwas dagegen tun. Da jeder Mensch zumindest seine Selbstachtung behalten möchte, passt er lieber seine Sicht den realen Gegebenheiten an, als sich eingestehen zu müssen, dass er zu feige, zu träge, zu lau und zu dumm ist, etwas anderes als das von anderen Vorgegebene zu wollen.

Und genau dies entspricht dann einem ungelebten Leben. Doch gerade dieses Sich-Abwenden von der Wahrheit macht denen den Weg frei, die sich das zunutze machen wollen und unlautere Absichten verfolgen.

Was den unbegründeten Optimismus auslösen, verstärken oder gar ersetzen kann, ist Angst, die heute beinahe jeden Menschen mehr oder weniger stark betrifft und erfolgreich als Mittel zum Zweck eingesetzt wird. Als ich einige Jahre eine Heilerpraxis führte, war ich über das Maß an Angstzuständen, mit denen die Menschen belastet waren, überrascht. Insbesondere über deren Intensität und Folgen hatte ich vorher keine Vorstellung. Die Menschen werden von den Medien permanent mit Nachrichten überschüttet, ganz besonders mit schlechten: Kriege hier, da und dort, Börsencrash, Inflation, Deflation, Immobilienkrise, Arbeitsmarktschwankungen, Arbeitslosenzahlen, Epidemien, Pandemien, diese und jene Krankheiten auf dem Vormarsch, dies und jenes wird nun als giftig, krebserregend oder gar tödlich erkannt, Leistungsdruck auf der Arbeit, in der Freizeit, im Bett und und und. Besonders bei existentiellen Themen wie Arbeitsplatz und Gesundheit wird die Angst permanent geschürt. Alle Bereiche des Lebens sind in irgendeiner Form mit Angst belegt, und wenn es nur die Angst ist, nicht zur nächsten Schaumparty zu kommen.

Doch warum ist Angst ein so wirkungsvolles Instrument der Steuerung und Beherrschung von Menschen und dauerhaft eine große Gefahr für die Gesundheit? Mit dem Schüren von Ängsten werden die Menschen regiert. Durch Angst zerstören sich die Menschen selbst oder werden zerstört. Durch Angst wird jegliche Entwicklung unterbunden oder zumindest erschwert. Angst ist eines der mächtigsten Führungswerkzeuge. Angst entmachtet, denn sie ist ein Instrument der Macht, und Macht möchten die Mächtigen immer nur mehr für sich selbst haben. Ängste sind heute überall zu finden und werden von fast jedem zur Durchsetzung eigener Interessen eingesetzt. Dabei spielt nicht einmal die Angst vor körperlicher Gewalt die Hauptrolle, nein, das Angstschüren ist im Laufe der Zeit immer subtiler geworden und wird gerade heute viel raffinierter eingesetzt als noch vor 10, 20 oder 50 Jahren. Man braucht sich nur anzuschauen, wie viele Menschen, ja ganze Nationen mittels Existenzangst ausgebeutet werden. Ängste sind heute überall zu finden, sie führen zu Stasis, zu Selbstausbeutung, zu körperlichen, geistigen und seelischen Zusammenbrüchen. Jegliche Formen von Religion und Ideologie sind Meister in der Steuerung und Erpressung durch subtile Angstsuggestion.

Woher kommt dieses ursprünglich durchaus sinnvolle Notprogramm Angst, wann und wo hat es seine Berechtigung? Am Anfang der menschlichen Existenz war Angst ein wichtiger Prozess des Selbstschutzes. Auf der rein physischen Ebene löste Angst im Notfall entweder eine Flucht- oder Kampfreaktion aus oder führte zu Starre/Handlungsunfähigkeit, die beispielsweise „unsichtbar" macht, wenn ein auf Bewegung reagierender Jäger Gefahr ankündigt. Dieses Notprogramm hat auch heute noch in lebensbedrohlichen Situationen seine Berechtigung. So befähigt die durch eine Notsituation ausgelöste massive Ausschüttung von Adrenalin zu unglaublichen körperlichen Leistungen und kann einen selbst und/oder anderen das Leben retten. Immer wieder hört und liest man von Menschen, die in Notsituationen scheinbar übermenschliche Kräfte entwickelten und so das eigene Überleben und/oder das anderer sicherten. Oft ist den betreffenden Menschen diese scheinbare übernatürliche Leistung selbst gar nicht bewusst. Nur in solchen Fällen hat Angst eine Berechtigung.

Wie wirkt Angst? Angst ist eine besonders intensive Form von Stress und dient dem Überleben in besonderen Gefahrensituationen. Nehmen wir an, dass plötzlich und unverhofft ein Bär vor uns steht, es würden dann ganz bestimmte Selbsterhaltungsprogramme ablaufen: Das Auge sieht den Bären, der im Hypothalamus als höchste Gefahr registriert wird und diese an die Hypophyse weitermeldet, welche die Ausschüttung von Adrenalin durch die Nebennierenrinde veranlasst. Das Verdauungssystem und alle Regenerations- und Wachstumsprozesse, die gerade laufen, werden heruntergefahren, ja fast abgeschaltet, während der Großteil des Blutes in die Muskeln gepumpt wird. Die dortigen Kapillaren erweitern sich, um möglichste viele Nährstoffe und größere Mengen Sauerstoff zu den Zellen gelangen zu lassen, weshalb sich die Atmung beschleunigt. Der vordere Stirnlappen, der für das bewusste Denken und die Entscheidungsfindung zuständig ist, wird zugunsten der unterbewussten Überlebensreaktionen fast komplett abgeschaltet. – Das kommt einem doch bekannt vor oder (unrealistischer Optimismus)? – Doch Adrenalin macht als sogenanntes Stresshormon noch viel mehr, es beschleunigt den Herzschlag und den Stoffwechsel, erweitert die Pupillen und erhöht die Muskelgrundspannung, wodurch wieder mehr Energie verbraucht wird. Dieses Mehr an Energie stellt der Körper durch die Freigabe von Glykogenreserven sicher, die er direkt in der Muskulatur gespeichert hat und nun in den Blutstrom freigibt. Gleichzeitig zieht sich die Thymusdrüse zusammen und aktivert damit gezielt das Immunsystem, damit durch Verletzungen eindringende Keime, Bakterien und Giftstoffe sofort bekämpft werden können, da alle zur Abwehr nötigen Abwehrzellen schon im ganzen Körper verteilt sind und nicht erst noch zur Verletzungsstelle finden müssen. Diesen extremen Zustand kann der Körper nur wenige Minuten halten, danach folgt ein Zusammenbruch in eine lebenserhaltende und regenerierende Ruhephase.

Bären laufen bei uns heutigentags eher selten frei herum, doch die latenten und subtilen Ängste der modernen Zivilisation und der „Leistungsgesellschaft" erzeugen viele kleine abgeschwächte Formen der Angst. Genau genommen wird eine auf eine Einzelsituation bezogene Angst, wie beispielsweise bei der Begegnung mit einem Bären, durch viele subtile und permanent anhaltende Ängste ersetzt, und dies führt zu einem Dauerstresskomplex mit phasenweisen Angsthöhepunkten. Hierfür ist das eigentliche und ursprüngliche Angst-Notfallprogramm allerdings nicht angelegt, es richtet sich daher nach gewisser Zeit gegen den Menschen: Der Körper verbraucht in diesem Zustand des Dauerstresses ungeheuer viel Energie, ohne sich jedoch in irgendeiner Form regenerieren zu können. Während der Mensch nach dem Abklingen des mit der Angst verbundenen Stresses in einem einzelnen Notfall in die totale Vagotonie fällt, die bis hin zu einer erholsamen Ohnmacht gehen kann und zur schnellen sowie vollständigen Erholung beitragen soll, verhindert der Dauerstresskomplex konsequent eine wie auch immer geartete Erholungsphase. Die heruntergefahrenen bewussten Denk- und Entscheidungsprozesse machen das Erkennen der Situation zunehmend schwieriger, bis es nicht mehr möglich ist, den Teufelskreis zu erkennen, in dem man sich befindet und feststeckt. Die zur Rettung aus einer lebensbedrohlichen Situation vorgesehenen Mechanismen wenden sich nun gegen den Menschen. Die andauernd zusammengezogene Thymusdrüse kann irgendwann nicht mehr richtig arbeiten und das Immunsystem wird deutlich und zunehmend schwächer. Die permanente Muskelgrundspannung, und sei sie noch so gering (Hypertonie), führt mit der Zeit zu einem Kollaps der Zellen. Es kommt im gesamten Körper zur Ansammlung von Toxinen und zur Unterversorgung der Zellen mit Sauerstoff und Nährstoffen, da das Verdauungssystem, das für die Ver- und Entsorgung des Körpers zuständig ist, nur minimal mit Blut versorgt wird. Durch die unentwegt gereizten Nerven entstehen unklare Schmerzzustände, die keiner offensichtlichen Ursache zugeordnet werden können. Dies geschieht anfangs willkürlich, dann aber permanent, bis hin zu Reduzierungen und Veränderungen der gesamten Nervenleitfähigkeit. Durch die dauerhafte Erweiterung der Kapillaren sammelt sich Plasma im Gewebe an und mindert die Zellversorgung noch zusätzlich, bei gleichzeitiger Verlangsamung des so wichtigen Lymphflusses. Dieser Funktionskomplex führt zu einer langsamen und stetigen Ansammlung von Toxinen und zur Selbstvergiftung. Es kommt von außen betrachtet zu einem sogenannten hypertonen Körperbild mit einer schwammigen Überdeckung. Der mentale und physische Zusammenbruch, auch als Burnout-Syndrom bekannt, ist die letzte Rettungsmaßnahme der Körper-Seele-Polarität, um den Gesamtorganismus vor der totalen Vernichtung zu retten. Das Burnout-Syndrom ist also letztlich eine Angstkrankheit und auch als solche zu behandeln.

Angst sowohl als religiöses als auch weltliches Macht- und Druckmittel anzuwenden, das erkannte und perfektionierte wohl als erstes die katholische Kirche. Da dem Christentum zufolge jeder Mensch bereits schuldig auf diese Welt kommt, muss er vom Beginn seiner Existenz an bis zu seinem Ableben Angst um seinen Seelenfrieden haben, einfach genial. Durch Gewalt und Folter wurde dem, vor allem mit Hilfe des mit der Kirche verbundenen, die weltliche Macht ausübenden Adels, noch Nachdruck verliehen. Und diese Angst wurde über Jahrhunderte, bis heute sogar, von diesem Bündnis fest in den Menschen verankert. In dieser Atmosphäre der Angst wuchs dennoch oder gerade wegen der Jahrhunderte andauernden Bevormundung der Kirche der nicht mehr zu unterbindende Forschungsdrang des Menschen. Man wollte beweisen, dass es keinen Gott und damit keine Grundschuld gibt; die klassischen Wissenschaften erwachten so als Gegenpol zum Leben. Newton und Descartes etablierten ein radikal mechanistisches Weltbild, wobei Descartes in allem Lebendigen eine mechanische Physis mit einer davon unabhängigen Seele sah. Newton hingegen postulierte rein mechanische Gesetze als Begründung für die Wirkung nichtmaterieller Naturkräfte auf materielle Körper. Beide, Newton und Descartes, waren einerseits Konkurrenten, hatten aber auch erhebliche Schnittmengen. Aus ihren beiden mechanistischen Sichtweisen auf das Leben entwickelten sich der sogenannte Mechanismus, der Dualismus, die Analytik und die Iatrophysik. Von nun an gab es nur noch funktionierende biochemische Einheiten, aus denen sich der Mensch und die Lebewesen im Allgemeinen, die Natur und das Universum zusammensetzen und die nach klaren mechanischen Prinzipien funktionieren. Dies ist ebenso eine perverse Weltsicht wie die der christlichen Kirche, nur auf gänzliche andere Art und Weise: nichts hat eine Seele, nichts lebt, alles funktioniert nur, bis es nicht mehr repariert werden kann und endgültig kaputt geht.

Dieses fatale mechanistische Weltbild herrscht bis heute vor und wurde Mitte des 19. Jahrhunderts durch Darwin noch deutlich verstärkt. Darwin glaubte, mit seiner Evolutionstheorie und Vererbungslehre bewiesen zu haben, dass der Mensch allein das Produkt seiner Gene ist und er in ständigem Kampf um Nahrung und ums Überleben als einzigen und zentralen Inhalt seines Daseins verstrickt sei. Somit sei er einzig seinen Genen unterworfen und hat keinen persönlichen und individuellen Einfluss auf sich und sein Leben. Es entstand das Postulat: Nur wer am besten an seine Umwelt angepasst ist, der überlebt, hierzu sind alle Mittel recht. Mir kommt das wie eine perfekte Umschreibung des kurganischen Erbes vor. Später wurde diese Formulierung verwaschen zum: „Überleben des Stärkeren". All diese Definitionen führten zur endgültigen Mechanisierung des Menschen, seiner Bedürfnisse, seiner physischen, geistigen, emotionalen und seelischen Existenz. Der Stärkere frisst den Schwächeren und sorgt dadurch für den Fortbestand seiner Gene, die ja denen der anderen überlegen sind. Und auch das konnte die römisch-katholische Kirche für sich nutzen, denn dort, wo sie nicht direkt mit den Starken zusammenarbeiten oder diese kontrollieren konnte, tat sie das über die Masse der Unterdrückten, die sie als wohlwollende Hirte um sich scharte.

Somit wurden die Menschen über Jahrhunderte auf allen Ebenen ihres Seins entmachtet, entmündigt und auf austauschbare Funktionsbausteine reduziert. Die Macht des Stärkeren über den Schwächeren wie auch die Anwendung jeglicher verfügbarer Mittel zu deren Durchsetzung wurden zur Normalität. Alles funktioniert heute nach mechanischen Gesetzmäßigkeiten, die Politik, die Wirtschaft, die Gesellschaft, die Medizin, die Psychologie usw. Der Alltag ist geprägt von Abhängigkeiten, Pflichten, Zwängen, Verantwortlichkeiten gegenüber Personen, Institutionen, Dingen, Protokollen und Leistungen. All dies erzeugt Ängste: Angst, den gesetzmäßigen Vorgaben oder dem Arbeitgeber nicht zu entsprechen, Angst, den Arbeitsplatz zu verlieren, Angst, dem Partner, den Kindern, den Eltern, den Freunden oder sonst wem, der noch Forderungen stellt, nicht gerecht zu werden, Angst, wie die Menschen über einen denken, Angst, alleine zu sein, Angst, mit allem allein fertig werden zu müssen. Und dabei sollte Angst doch nur ein Notprogramm für lebensbedrohliche Fälle sein, nun ist sie ein Dauerzustand. Durch die totale Entmündigung, die Indoktrination, alleine und isoliert, lediglich ein mechanisches Bauteil im Getriebe des Lebens zu sein und keinen Einfluss zu haben sowie keine Selbstverantwortung und Selbstachtung zu benötigen, ist tatsächlich eine manipulierbare, nur an der Oberfläche bewusste biochemische Lebensform namens

Mensch entstanden, sich der Pflichten und Anforderungen, die zu erfüllen sind, bewusst seiend und doch durch inhaltslose Freizeitvergnügen oder materielle Symboliken vom Nachdenken abgelenkt. Auf diese Weise wurden aus den anfangs wenigen Schwachen unter den Menschen bis heute 80 Prozent unrealistische Optimisten.

Allerdings lassen sich das Leben und das göttliche Universum nicht ignorieren, überdecken und verleugnen, sie melden sich immer wieder, bewusst oder unbewusst. Denn nur als physische Existenz, reduziert auf ein mechanisches Bauteil, voll Angst und Unzufriedenheit, ein Leben in ewigem Kampf, durchsetzt mit Neid, Hass, Verhärtung und menschlicher Kälte, ereilt den Mensch ein früher und schwerer Tod. Durch scheinbare Schicksalsschläge und Krankheit, die ihn aus dieser Tretmühle herausreisen, versucht die Seele, auf sich aufmerksam zu machen, sie verschafft ihm die Zeit, um zur Ruhe zu kommen, damit er nachdenken, infrage stellen und seine Situation überdenken kann. Auf diese Weise verschaffen sich die Seele und das Göttliche Raum und Gehör. Viele dieser Menschen, die durch einen solchen Schicksalsschlag gegangen sind, bekommen eine neue Einstellung zum Leben, werden freier oder gar ganz frei von Angst. Denn was außer dem Tod selbst kann denn noch Angst machen? Somit ist jede Krise auch als Angstbefreiung und als Chance zum Wandel zu sehen.

Glücklich ist derjenige, der das Spiel mit den Ängsten schon früh durchschaut hat und somit von solchen Schicksalsschlägen verschont bleibt. Betrachten wir also einmal, ob es denn überhaupt Gründe gibt, Ängsten zu verfallen. Und was könnte da hilfreicher sein, als etwas Selbsterlebtes als Beispiel heranzuziehen: Ebenso wie viele andere Menschen auch glaubte ich, dass der Staat mit seinem „sozialen Netzwerk" einen im Notfall auffangen würde; doch wie es sich zeigen sollte, stimmt das nicht immer. Nachdem ich durch eine merkwürdige Krankheit von meinem damaligen Management-Job erlöst wurde und plötzlich nichts mehr so funktionierte wie vorher, wurde ich erstmals in meinem Leben arbeitslos. Das soziale Netz, das auffangen soll und in das ich viele Jahre sehr viel Geld eingezahlt hatte, entpuppte sich als eine seelenlose Mechanik, die nicht auffängt und hilft, sondern nicht wenige Menschen fallen lässt, sie endgültig zu zerstören sucht, und wenn sie unten sind, dafür Sorge trägt, dass sie auch unten bleiben. Irgendwie müssen ja die Massen an 1-Euro-Jobbern generiert und das Lohnniveau gesenkt werden, um der Wirtschaft billige Arbeitskräfte zur Verfügung zu stellen; ich habe es selbst erlebt.

Genau an diesem Punkt, an dem ich die wahre Natur dieses Systems erkannte, kam für mich der Wandel. Ich musste mir nun alles genau und ganz bewusst ansehen, nicht nur was und wie etwas war, sondern auch, welcher Mensch mir jeweils gegenüberstand. Ich erkannte überall diese seelenlosen Prozesse, von denen ich einst auch ein Teil war, die Rollen, die ich selbst bis dahin spielte, ohne wirklich ich selbst zu sein, die durch Isolation und falsche Weltbilder erzeugten egoistischen Extremisten, denen es nur um Profit geht, dieses Prinzip „alle gegen alle und das meiste für mich", das sich quer durch alle Schichten, durch Politik, Wirtschaft und Gesellschaft zieht, und die Strukturen der Machtausübung, die über die Jahrzehnte immer subtiler und abstrakter wurden, so dass ihnen kaum noch jemand folgen kann. Und da nichts mehr funktionierte wie vorher, hatte auch ich erst einmal Angst, ob ich denn wieder einen so gut bezahlten Job bekommen würde. Verlernt hatte ich ja durch die Krankheit nichts, und zudem hatte ich Erfahrung in dem, was ich bis dahin tat, und auch Erfolge zu verzeichnen. Ich hatte Angst, meinen Lebensstandard halten zu können, Dinge zu verlieren, die mir scheinbar wichtig waren, und vieles mehr. Als ich diese seelenlosen Systeme erkannte und zum Teil durchschaute, wusste ich zunächst nicht, wie ich denn dagegen ankommen und aus den Teufelskreisen rauskommen sollte, Angst spielte dabei natürlich auch eine Rolle. Da ich mich aber nicht ergeben und fortan kein fremdbestimmtes, sondern ein selbstbestimmtes Leben führen wollte, tat ich etwas äußerst Ungewöhnliches: ich begann, mich zunehmend dem System zu entziehen. Allein mit dieser Entscheidung fühlte ich mich erleichtert, es wurde wieder heller um mich herum, ich wurde langsam frei. Auch meine Ängste lösten sich langsam auf, und die Rückfälle in Angst- und Wutattacken wurden immer seltener. Was sollte mir denn schon passieren? Kommt nun jemand und bringt mich um? Werde ich nun erschossen, gemeuchelt oder sonst wie mit dem Leben bedroht, was ja wirklich der einzige Grund für echte Angst wäre? Nein, keiner kam, um mich zu erschießen oder zu meucheln. Zwar versuchte das System, mich auf andere Weise gefügig zu machen, doch das ist ein anderes Thema. Ich hatte am eigenen Leib erfahren, dass die meisten meiner situationsbedingten Ängste unbegründet waren und dass es kein System gibt, das mich auffängt. Stattdessen begriff ich endlich diesen nervigen Spruch meiner Großeltern: „Hilf dir selbst, dann hilft dir Gott." Angst spielt für mich heute kaum noch eine Rolle. Doch wenn ich sie verspüre, nehme ich sie bewusst war und biete ihr keine Resonanzfläche mehr. Ich schaue mir genau an, wovor sie mich warnen will, und ob es überhaupt einen Grund gibt, ängstlich zu sein. Damit erfüllt Angst wieder einen sinnvollen Zweck, nämlich den, mich vor Gefahren zu warnen, die ich noch nicht bewusst wahrgenommen habe. Angst ist eine hilfreiche und nützliche

Emotion – und es gilt, sie nicht zu unterdrücken. Vielmehr geht es darum, konstruktiv mit ihr umzugehen, das heißt in allererster Linie, diese Emotion von all den Verknüpfungen mit künstlich erzeugten Angst-Simulationen zu lösen und sie wieder damit in Verbindung zu bringen, was wirklich unser Leben und unsere Unversehrtheit bedroht. Selbstachtung und Selbstvertrauen, gewonnen durch das Bewusstsein, in einen viel größeren schöpferischen Prozess eingebunden und Teil von ihm zu sein, die Einsicht, die alleinige Entscheidungshoheit über mein Leben zu haben und diese auch behaupten zu können, sind wichtige Pfeiler, die mir den Halt gaben, mich von den künstlichen Angst-Simulationen zu befreien. Es ist ein wesentlicher Unterschied, ob eine Sache dann nur noch ärgerlich und/oder lästig ist oder ob sie einem Angst macht.

Fragen Sie sich doch einmal, wovor Sie Angst haben, was Ihnen Angst macht und ob diese wirklich begründet ist, ob sie tatsächlich Ihr Leben und Ihre Unversehrtheit bedroht? Wenn Sie Ihr tolles Auto verlieren, sterben Sie dann oder verlieren Sie ein Körperteil? Wenn Sie Ihren Job verlieren, dann fragen Sie sich doch einmal, ob es wirklich das war, was Sie von Herzen tun wollen und ob sie nun gleich tot umfallen? Wenn Ihre bisherigen Bekannten oder Freunde nichts mehr mit Ihnen zu tun haben wollen, weil es gerade nicht so gut läuft, dann überlegen Sie doch einmal, ob es die richtigen waren und ob nun ihre Existenz bedroht ist? Selbst wenn Ihre Frau oder Ihr Mann Sie verlässt, fragen Sie sich doch, ob es wirklich noch das war, was Sie sich unter einer Beziehung vorgestellt haben, und ob Sie, wenn der Partner weg ist, Ihr Leben hergeben müssen? Denken Sie stattdessen lieber darüber nach, was Sie mit all der frei gewordenen Zeit nun für sich selbst tun können! – Egal was passiert oder wie tief es geht, die Gesetze des Universums und des Lebens spülen Sie irgendwann wieder nach oben, wenn Sie sich selbst nicht aufgeben. Wie lange das dauert, hängt allein von Ihnen selbst ab. Es gibt keinen wirklichen Grund für all die künstlichen Ängste unserer modernen Leistungsgesellschaft. Das Leben ist stets in Bewegung, mal geht es hoch, mal runter, mal nach rechts und mal nach links und manchmal in mehrere Richtungen gleichzeitig. Doch nur Sie bestimmen, wo Sie sein wollen.

Eines der größten Hindernisse, ja ein aktiver Verweigerer des menschlichen Fortschritts ist heute die klassische Wissenschaft mit ihrem sturen Beharren auf längst veralteten Glaubenssätzen. So hängen Biologen und Genetiker noch immer im mechanistisch-darwinistischen Weltbild fest und glauben an das „Primat der Gene", das heißt, dass alle Macht über das Leben von den Genen ausgeht. Die

Neue Biologie, die Epigenetik und die Quantenphysik hingegen erkennen diese alten Sichtweisen schon seit Jahrzehnten als falsch an und konnten dies beispielsweise auch durch die Untersuchung des Genoms der isländischen Bevölkerung nachweisen (in den Büchern von Bruce Lipton, Greg Bradon und zahlreichen anderen ist darüber Ausführlicheres zu lesen). Alle bedeutenden und einschneidenden Ereignisse wie Hunger- und Naturkatastrophen ließen sich in deren Genom wiederfinden, wodurch das Primat der Umwelteinflüsse belegt wird. Somit ersetzten sie das Primat des Genoms durch das der Umweltreize, was uns ein vollkommen neues Bild des Menschen und seiner Möglichkeiten eröffnet. Es erlöst uns aus der Sklaverei der unveränderlichen Gene und macht die Zellen zu Nahtstellen der stofflichen und feinstofflichen Welt.

Der Mensch besteht aus etwa 50 bis 85 Billionen Zellen, die alle hochspezialisiert in ihrer Funktion und extrem fein aufeinander abgestimmt sind. Sie stehen untereinander in ständiger Kommunikation und ihre komplexe Wahrnehmung der Umwelt durch ihre zahlreichen Rezeptoren machen unser Leben und unser Überleben überhaupt erst möglich. Jede Zelle für sich ist ein komplexes Lebewesen mit eigener Wahrnehmung, eigenem Stoffwechsel und eigener Intelligenz, die es ihr ermöglicht, gezielt auf Umweltreize zu reagieren. Sie kann sich bewusst anpassen und verändern, sie kann kommunizieren und eigenständig in einer geeigneten Umgebung existieren. Auch wenn der Nukleus (Zellkern mit den Chromosomen) aus einer Zelle entfernt wird, kann diese „normal" weiterleben, das heißt ihre Funktionen ausüben, Nahrung suchen, sie verstoffwechseln und nach wie vor auf ihre Umwelt reagieren. Nach zwei bis drei Monaten stirbt diese Zelle dann frühzeitig, da sie durch den fehlenden Nukleus die defekten und alten Proteine nicht mehr ersetzen kann (all dies ist nachzulesen in jedem guten medizinischen Lehrbuch). Dies zeigt deutlich, dass nicht die Gene das „Gehirn" oder der funktionsbestimmende Teil einer Zelle sind, sondern deren „inneren Organe" (Ribosomen, Mitochondrien, Golgi-Apparat, Endoplasmatisches Retikulum …) und die Fähigkeit, auf die Umwelt zu reagieren. Ein weiteres Beispiel für das Anpassungsvermögen einer gesunden Zelle ist, dass sie bei Nahrungsmangel auf einen „Fasten-Modus" umzustellen kann, um so das Überleben in solch einer Situation zu sichern. Besonders diese Eigenschaft der Zelle wird derzeit hinsichtlich der Behandlung karzinogener Erkrankungen erforscht, denn die durch den Krebs veränderte Zelle ist nicht mehr in der Lage, in diesen „Sparmodus" umzuschalten und stirbt bei einem Nahrungsentzug in kurzer Zeit.

Eine Zelle ist demnach so aufgebaut und in ihrer Funktionsweise so strukturiert, dass die Gene einen Pool an Möglichkeiten bereitstellen, der durch entsprechende Umweltreize aktiviert, ergänzt oder verändert wird. Genau genommen ist eine Zelle mit einer Proteinfabrik zu vergleichen. Von einer freigegebenen DNA-Sequenz wird ein RNA-Abbild kopiert und dieses stellt dann das der DNA-Sequenz entsprechende Protein her.

In einem Chromosomenstrang bildet die DNA mit den Code-Sequenzen das Kernstück. Diese DNA ist durch Regulations-Proteine geschützt, die sie wie ein Schutzmantel umhüllen. Nur von den Teilen, die von diesem Schutzmantel freigegeben werden, kann eine RNA erstellt werde. In der Zellmembran wiederum sitzen eine Vielzahl integraler Membranproteine, sogenannte IMPs, die aufgeteilt sind in die beiden Hauptgruppen Rezeptorproteine und Effektorproteine, welche die Umwelt und die Innenwelt der Zelle wahrnehmen und entsprechend der aufgenommenen Informationen reagieren. Die Rezeptorproteine nehmen eine Vielzahl von Umwelt- und zellinternen Faktoren wahr, beispielsweise physikalische Reize wie Druck, Wärme, chemische Reize (über das Milieu und spezifische Schlüsselrezeptoren), zudem unterschiedliche Schwingungs- und Energiefelder wie Licht, Klang, EM-Wellen, Gedanken usw. Eine angemessene Reaktion auf die Stimulation der Rezeptorproteine erfolgt durch die Effektorproteine. Gemeinsam bilden sie den zellulären Wahrnehmungs- und Reaktionsmechanismus. Die *Rezeptorproteine* entsprechen immer dem Reiz, den sie aufnehmen sollen, das bedeutet, dass sie bei chemischen Reizen wie Schloss und Schlüssel zu dem andockenden/stimulierenden Moleküle passen; bei Stimulationen durch beispielsweise Energie oder Schwingung wirken sie wie Stimmgabeln, die bei einer zu ihnen passenden Frequenz selbst zu schwingen beginnen. Die *Effektorproteine* hingegen können klar in Funktionsgruppen eingeteilt werden, hierzu zählen die große Familie der Transportproteine, zu denen auch die Kanalproteine zählen, die beispielsweise die so wichtige Kalium-Natrium-ATPase bilden, oder auch die Zytoskeletarproteine, welche die Konsistenz und Beweglichkeit der Zelle bestimmen.

Doch wie arbeiten die Rezeptor- und die Effektorproteine zusammen? Hierzu eine kurze Zusammenfassung aktuellen Wissens, das ausführlicher und umfangreicher in jedem guten medizinischen Lehrbuch (ganz besonders unter dem Spezialgebiet Signaltransduktion) nachgelesen werden kann. Ausschlaggebend ist ein Reiz am Rezeptorprotein, dessen Ladung sich daraufhin verändert und durch diese wiederum wandelt sich die Geometrie des Rezeptorproteins. Diese Veränderung wird an ein entsprechendes Effektorprotein übermittelt, welches mit einer Anpassung des eigenen Zustandes (zum Beispiel das Öffnen oder Schließen der Kanalproteine), einer veränderten Lage, einer bestimmten Bewegung oder einer spezifischen Proteinfreisetzung reagiert. Die IMPs und ihre Nebenprodukte erzeugen so Signale, die auf die Regulatorproteine (Schutzhülle) wirken, welche die DNS umgeben, und nun entsprechend dieser Signale bestimmte DNA-Bereiche öffnen oder eben geschlossen halten. Die Gene steuern also ihre Aktivitäten nicht selbst. Vielmehr beeinflusst der Rezeptor-/Effektorkomplex in der Zellmembran das Ablesen der Gen-Sequenzen, und verbrauchte Proteine werden ersetzt oder neue produziert.

Warum ist das so wichtig? Nun ganz einfach: Die Zellen werden auf diesem Wege immer klüger, da sie ihren Rezeptor-/Effektorkomplex in ihrer Zellmembran optimieren und ihn durch Erweiterung und Ergänzung effizienter nutzen. Damit passen sie sich immer besser an ihr Umfeld an und werden funktional komplexer. Beim genauen Betrachten der Zellmembran mit ihrer Doppel-Phospor-Lipidschicht und den in ihr eingebetteten Rezeptoren und Effektoren wird deutlich, dass sie einem flüssigkristallinen Halbleiter gleicht, während der Nukleus wie eine vorkonfigurierte Festplatte anzusehen ist, auf der die DNS-Programme zur Produktion spezifischer Proteine abgespeichert sind und im Laufe des Lebens an- und ausgeschaltet, spezifisch angepasst und „upgedatet" werden.

Diese Optimierung des Rezeptor-/Effektorkomplexes bedeutet eine Vergrößerung der Zelloberfläche und damit auch des Zellvolumens, dem aus physikalischen Gründen eine natürliche Grenze gesetzt ist, ähnlich einem Luftballon, der mit Wasser gefüllt wird. Um über diese natürliche Grenze hinauszuwachsen und ihre Wahrnehmungsfähigkeiten und Lebensfähigkeit zu verbessern, haben sich Zellen zu Zellverbänden zusammengeschlossen. Durch Spezialisierung der Zellen haben sie ihre begrenzten autarken Fähigkeiten zugunsten eines leistungsfähigeren Ganzen aufgegeben und damit den Erfolg des gesamten Organismus verbessert. Durch die hohe Bedeutung des dadurch entstehenden Informations- und Abstimmungsaufwandes haben sich bestimmte Zellen auf genau diese Aufgabe der Informationsübertragung spezialisiert und sich im Laufe der Zeit zu unseren Nerven- und Gehirnzellen entwickelt. Kommunikation und Informationsaustausch spielen in und zwischen den Zellverbänden, innerhalb des Gesamtorganismus und der Außenwelt eine zentrale Rolle für den Zustand und die Entwicklung des komplexen physischen Lebens – der Mensch als Ganzes zeigt sich so als eine kollektive Intelligenz.

Zellen in Zellverbänden kommunizieren sehr stark untereinander: durch Chromosomenteilung, durch chemische Impulse und, wie Prof. Dr. Fritz-Albert Popp festgestellt hat, mittels Lichtenergie, die er als Biophotonenenergie bezeichnet. Wie er beweisen konnte, wird eine neue Zelle nach der Zellteilung erst durch einen Biophotonenimpuls aktiviert, womit ihre spezifischen Programme starten (Hinweise zu den Veröffentlichungen von Prof. Dr. Popp im Literaturverzeichnis). Krebszellen fehlt dieser gezielte Programmstart durch die Biophotonen, wodurch sie irgendwann unspezifisch aktiv (karzinogen) werden. Ihnen fehlt aber auch die Möglichkeit der aktiven Anpassung auf veränderte Umwelteinflüsse. Sie können sich nicht wie gesunde Zellen einer strengen Fastensituation, also dem Entzug physischer Nahrungsmittel, anpassen. Überschreitet die Fastenzeit eine gewisse Dauer, verhungert die Krebszelle, da sie ihren Stoffwechsel nicht wie die gesunde Zelle der Situation anpassen kann. Verantwortlich dafür, dass Funktionen einer Zelle nicht mehr richtig ausgeführt werden, können auch Umwelteinflüsse sein. Und sind diese intensiv genug oder sehr lange andauernd, kann dies sogar für Veränderungen des Genoms sorgen. In diesem Zusammenhang ist, wie oben schon angesprochen, eine 1998 durchgeführte Untersuchung des Erbgutes der Isländer sehr aufschlussreich. Damit wurde bewiesen, dass Umwelteinflüsse das bis dahin als unveränderlich geltende Genom sehr wohl beeinflussen können und wir nicht an sein unbedingtes Diktat gebunden sind. Weiterhin wurde damit bewiesen, dass über den Genpool Erfahrungen auch über viele Generationen weitergegeben werden können. Letztlich bedeutet dies echte Freiheit, denn wir werden zwar mit einem Genpool geboren, doch was wir davon haben, verändern und hinzufügen wollen, liegt in unserem Ermessen und in unseren Möglichkeiten.

Eine zweite Informationsebene ist die zwischen den unterschiedlichen Zellverbänden. Auch da findet eine intensive Kommunikation statt, die sowohl über Biophotonen und chemische Impulse also auch den Austausch von Gensequenzen geschieht, wodurch ebenfalls gezielt Erfahrenes zwischen den Zellverbänden ausgetauscht werden.

Die dritte und übergeordnete Informationsstruktur betrifft die Steuerung und Koordination des gesamten Organismus, welche durch Gehirn- und Nervenzellen wahrgenommen, verarbeitet und weitergeleitet werden. Auf Grund der hohen

Bedeutung der Nerven- und Gehirnzellen hat dieser Kollektivorganismus beschlossen, dass Impulse aus diesem Bereich übergeordneten Charakter haben und zum Wohle des Ganzen lokale Ereignisse übersteuern können.

Die Steuerung des Gesamtorganismus erfolgt über zwei Regelkreise: den schnellen und kurzfristigen nervalen Regelkreis sowie den etwas langsameren und mittel- bis langfristigen chemischen/hormonellen Regelkreis. Die Übertragungen von Impulsen und Signalen im Gehirn und dem Nervensystem erfolgen durch messbare elektrische Ladungen. Gedanken beispielsweise sind in erster Linie Energiewellen, die als sogenannte Gehirnwellen mit dem EEG gemessen werden.

Und jetzt wird es richtig spannend, und es sollte klar werden, weshalb ich bei dieser Thematik so weit ausgeholt habe: Die vorangegangenen Ausführungen verdeutlichen, dass es die Umweltreize sind, zu denen auch unsere Gedanken (Energiewellen) gehören, welche die Potentiale des im Zellkern gespeicherten Genpools aktivieren, deaktivieren und anpassen. Also sind wir in der Lage, durch unser Denken (ein Erzeugen von Energiewellen) und die aktive Gestaltung unserer Umgebung aktiv unsere Zellen und damit unser Leben zu beeinflussen. Dazu gehören auch unsere Nahrung, unsere Kleidung, unser Wohn- und Arbeitsumfeld, unser soziales Umfeld, also die Menschen, mit denen wir uns umgeben, und einiges mehr. Damit wird klar, dass die weiter vorn besprochenen fünf Punkte beziehungsweise Lebensbereiche (Bewusstsein, Ernährung, Kleidung, Wohnen, Gesellschaft) nicht nur eine äußerliche und sachliche Veränderung darstellen und bewirken, sondern dass sie bis auf die Zellen Einfluss nehmen, sie erreichen und damit auch auf dieser Ebene tatsächlich einen anderen Menschen aus uns machen. Dies ist kein Esoterikquatsch, sondern es sind wissenschaftlich belegte Tatsachen, die uns und unserer Art zu Denken nicht nur die Verantwortung für unser eigenes Leben auferlegen, sondern uns auch wieder die Macht darüber zurückgeben. Wir können unser Leben, unsere Lebensumstände selbst beeinflussen und steuern, wenn wir das wollen. Gleichzeitig zeigt es uns aber auch, welch tiefgreifende Wirkung die über viele Jahrhunderte erduldete Fremdbestimmung bis hinein in unser Erbgut hat und dass nur wir selbst dies ändern können. Ob wir diese Macht und diese Verantwortung annehmen, liegt im Ermessen jedes Einzelnen. In jedem Fall ist dies einer der Schlüssel, der uns die Tür öffnen kann zu einem freien und selbstbestimmten Leben in Einklang mit der Schöpfung. Da wir nun wissen, welche Wirkung „Informationen" egal welcher Art, ob chemisch, energetisch, in Form von Schwingungen oder Gedanken, auf uns haben und sie unser Genom beeinflussen und verändern, sollten wir unsere bisherigen persönlichen, vermeintlich wichtigen Grundbedürfnisse nicht nur überdenken, sondern uns die Tragweite der angesprochenen Bereiche Bewusstsein, Ernährung, Kleidung, Wohnen, Gesellschaft mit den Kenntnissen über die Wirkung und deren Einflussnahme auf unser Menschsein klar machen.

So stellen sich auch immer drängender die Fragen: Wer sind wir eigentlich wirklich? Wie funktionieren wir und was ergeben sich in diesem Zusammenhang für Themenbereiche, auf die es zu achten gilt? Sich unter anderem mit diesen Fragen auseinanderzusetzen und sie zu beantworten suchen, ist von wesentlicher Bedeutung, denn alles, was wir lernen, ob aus der Vergangenheit oder dank aktueller wissenschaftlicher Erkenntnisse, wird erst konkret und sinnvoll, wenn wir es mit uns, unserem Leben und unseren Bedürfnissen in Verbindung bringen. Erst dann werden eigene Erfahrungen sowie eigenes und fremdes Wissen für uns wirklich real und wir können erkennen, wo die Unterschiede liegen zwischen den Informationen, die zu uns gelangen, und dem, wie oder was wir gerade leben und erleben. Was nachfolgend zu unserem Selbst erklärt wird, gehört daher zu den wichtigsten Abschnitten dieses Buches und zu dem, was wir aus den alten Pfaden lernen können. Ohne dies wirklich verstanden zu haben, bleibt alles andere auch nur Wissen und Information, mehr nicht.

Grundbedürfnisse des menschlichen Seins

Im Grunde sind wir Menschen das Paradebeispiel für eine schöpfungsrichtige lebende Polarität. Wir bestehen einerseits aus dem physischen Pol, unserem Körper, und andererseits aus dem feinstofflichen Pol, unserer Seele, sowie dem diese beiden verbindenden Geist-/Energiesystem. – Heutzutage herrscht hinsichtlich des Begriffes „Polarität" oft große Unklarheit. Die meisten Menschen verstehen darunter nur zwei unterschiedliche Pole und sehen in ihr eine Dualität, weshalb beides oft verwechselt und gleichgesetzt wird. Doch Polarität ist nicht Dualität! Polarität bedeutet, dass zwei Pole miteinander interagieren, sie erzeugen über ein Trägermedium einen Energiefluss und durch diesen wiederum etwas Neues. Polarität ist das Urprinzip des Verbindenden, es ist das „Und-Prinzip", welches A und B zusammenführt und C entstehen lässt. Die Dualität hingegen trennt und schließt aus, sie ist das Entweder-Oder, das keine Schnittmengen kennt. Dualität ist das Ur-Prinzip der Trennung und der Wertung: das ist gut und das ist schlecht, der gehört zu uns und der nicht... Dualität ist der Anfang allen Übels dieser Welt. Während die Dualität trennt und wertet, verbindet die Polarität: Bei einer Gleichwertigkeit sorgt sie dafür, dass zwei Pole überhaupt zusammenfinden, und bei einer Andersartigkeit schafft sie einen Spannungsunterschied, der die Energie erzeugt, aus der Neues entstehen kann.

Polarität ist die Schöpfungskraft in unserem Universum und spielt in allen Bereichen des Lebens eine wichtige Rolle, so ist sie auch grundlegend für Partnerschaften, doch nicht nur das, sie kann sich in verschiedener Art und Weise zeigen. In meinem Buch *„Der Neue Abendländische Schamanismus"* (2. Auflage, ab Seite 33) führe ich fünf Beispiele dafür an, wie sich Polarität – auch in Partnerschaften, zwischen Mann und Frau – darstellen und entwickeln kann. Sie zeigen aber auch auf, wie komplex und unterschiedlich Polarität wirken kann und dass diesbezüglich keine Standardisierung möglich ist, sie ist immer ganz individuell und in ihrer ganzen Tiefe zu betrachten. Bei einem oberflächlichen Blick auf sie, wird sie sich einem nie erschließen, es kann sogar der Eindruck der Dualität entstehen. Ist es schon schwer genug, Polarität, so wie sie hier dargestellt ist, zu verstehen, so muss immer auch beachtet werden, dass nicht nur zwei Pole sie ausmachen, sondern immer auch das sie verbindende Trägermedium – ohne dieses Element können die Pole nicht in Kontakt, nicht in Austausch gehen. Aus diesem Grund ist jede funktionierende Polarität im Grunde eine polare Trinität, bei der das Trägermedium ebenso wichtig ist wie die Pole. Es ist also ähnlich wie bei einer Batterie, nur etwas komplexer. Ohne einen Draht, womit die Pole verbunden sind, fließt kein Strom, ist er zu schwach, brennt er durch und das Licht geht aus. Zwischen physischem und seelischem Pol muss ein entsprechend starkes Geist-/Energiesystem sein, damit auf Dauer Wachstum stattfinden kann.

Doch nicht nur in Beziehungen offenbart sich das Wirkprinzip der Polarität. Der Mensch selbst ist eine Polarität: Die beiden Pole, der Körper und die Seele, sind vollkommen gleichwertig, aber in ihrer Dichte und Struktur andersartig; ersterer ist das Grobstoffliche, zweitere das Feinstoffliche. Damit sich zwischen beidem ein Spannungsfeld aufbauen kann, braucht es ein Trägermedium, welches ihre Interaktionen überhaupt erst ermöglicht, das ist das Geist-/Energiesystem. Der Geist bestimmt aufgrund seiner vielfältigen Eigenschaften sowie den Strukturen und dem Zustand des Energiesystems, wie gut die Pole sich verbinden und miteinander interagieren können. Doch der Mensch ist keine Batterie mit Plus- und Minuspol, sondern eine weitaus komplexere Polarität, die Energien und Informationen fließen nicht nur von einer Seite zur anderen, sondern von beiden Seiten aus zur jeweils gegenüberliegenden. Und dabei ist es so, dass, je stärker die einzelnen Pole sind und je optimierter das Geist-/Energiesystem als Verbindungs- und Trägermedium wirken kann, mehr Energie entsteht. Beide Pole, der physische und der seelische, haben ihre jeweils eigenen Grundbedürfnisse, um optimal gestärkt werden und wachsen zu können. Auf der *physischen Ebene* sind es: reine Luft, lebendiges Wasser, volles Lichtspektrum im Tageslauf, natürliche Nahrung, Energien und Kleidung, ein natürliches Umfeld sowie physische Belastung und Regeneration im Wechsel. Die *Bedürfnisse der Seele* sind: ein menschlicher Körper, sensitiver und energetischer Input, die Möglichkeiten, sich nach außen hin auszudrücken, Anbindung an die Schöpfung als Ganzes, Achtsamkeit, Freiraum, Austausch und Gemeinschaft, Einkehr, Stille und Einsamkeit. Doch nicht nur die Pole Körper und Seele haben Bedürfnisse, die ihren Energiestatus, ihr Wachstum und ihre Gesundheit bedingen, auch das Geist-/Energiesystem als das sie verbindende Trägermedium hat diese, und von deren Erfüllung hängen seine Gesundheit und Leistungsfähigkeit ab. Dazu gehören: natürlich das Vorhandensein eines Körpers und einer in diesem inkarnierten Seele, die Innen- und die Außensicht, ein Verstandesraum, Stille und Einkehr sowie ein vollständiges beziehungsweise intaktes Energiesystem bestehend aus den Meridianen, den Chakren, den Nebenchakren, den Leitbahnensehnen, den Lenkergefäßen, den Energiekörpern und dem Aurafeld.

Das Beste aus sich und seinem Leben zu machen, ganz im Sinne der Schöpfung, bedeutet, all die Grundbedürfnisse von Körper, Seele und Geist zu erfüllen und deren Ausprägung und Umfang stetig zu erweitern. Wie und was genau hierfür getan werden kann, erkläre ich, indem ich nachfolgend auf die einzelnen Punkte eingehe, soweit es notwendig und nicht ohnehin selbsterklärend ist.

Die physische Ebene

Saubere Luft: Wie wichtig Luft beziehungsweise Sauerstoff für den Menschen ist, wird dadurch deutlich, dass wir ohne beides nicht lange überleben können. Nur wenige schaffen es, sehr viel länger als 1 Minute die Atmung anzuhalten, nur gut trainierte Menschen wie beispielsweise Apnoe-Taucher können über 6 Minuten das Atmen einstellen. Normalerweise ist es aber so, dass das Gehirn, wenn es cirka 5 Minuten keinen Sauerstoff erhält, dauerhaft geschädigt wird.

Gesunde, saubere Luft und vor allem Sauerstoff sind also sehr wichtig für unsere Existenz. Doch wie gehen wir damit um! Wir verpesten die Luft (darunter verstehe ich alles, was inhalatorisch in die Lungen gesogen werden kann, auch Zigarettenrauch) und nehmen an, dass alles schon irgendwie geht, solange genügend Sauerstoff in ihr enthalten ist. Eine Vergiftung/Verschmutzung der Luft betrifft nicht nur direkt das Gesamtsystem Mensch, sondern greift es auch indirekt an durch die Schädigungen des Respirationstraktes (Mundhöhle, Rachen, Luftröhre, Bronchien, Bronchiolen, Lungenbläschen und Lungengewebe). Lungenkrankheiten zählen neben Herz-Kreislauf-Erkrankungen zu den weitverbreitetsten Beschwerden in den Industrieländern; Lungenkrebs (Bronchialkarzinom) gehört zu den häufigsten Krebsarten, und dies betrifft nicht nur Raucher. Ist die Lunge erkrankt, egal auf welche Art und Weise, ist mittelbar auch die Sauerstoffaufnahme des Körpers gestört, und eine Verringerung der Sauerstoffsättigung im Blut ist folgenschwer, bei plötzlicher Reduzierung sehr zeitnah, bei chronischem Verlauf langfristig, jedoch nicht weniger dramatisch. Die gesamte Vitalität sowie Funktions- und Regenerationsfähigkeit des Menschen ist von ausreichender Sauerstoffversorgung abhängig. – Gerade die Industrie als direkter und indirekter Luftverschmutzer Nummer 1 erweist sich hier einen Bärendienst: Vordergründig auf Profitoptimierung getrimmt, reduziert sie durch ihre Luftverschmutzung die Arbeitsfähigkeit der eigenen Mitarbeiter und erhält unterm Strich so weniger Leistung für ihr zu zahlendes Geld.

Lebendiges, möglichst quellreines Wasser: Wie bei der Luft ist auch ein Auskommen ohne Wasser für den Menschen nur in begrenztem Maße möglich, je nach Temperatur sind es nur wenige Tage bis Stunden. Wir selbst bestehen zu 70 bis 75 Prozent aus Wasser, es übernimmt einen wesentlichen Teil der Nährstoffweiterleitung in unserem Körper sowie den Abtransport von Abfallstoffen aus diesem.

Wasser ist für den menschlichen Körper also elementar wichtig, sein Fehlen würde für ihn innerhalb kürzester Zeit den Kollaps bedeuten. Und dennoch behandeln wir Wasser, selbst Trinkwasser, wie etwas Minderwertiges. Es wird mit Chemikalien versetzt; sogenannte Grenzwerte gaukeln den Menschen vor, dass es eine verträgliche Mindestgrenze für Schadstoffe gibt. Doch dass sich viele Schadstoffe im Körper akkumulieren und somit Gesundheitsgefahren bergen, wird verschwiegen. Wasser wird unter Druck in Rohren transportiert, deren Schutzbeschichtung chemische Stoffe an dieses Lebenselixier abgeben. Zudem fördert der Druck die Clusterbildung des Wassers, und diese schränkt seine so wichtige Bindungsfreudigkeit ein, wodurch fast „totes Wasser" entsteht.

Volles Lichtspektrum: Wesentlich und entscheidend für die Lebensumstände auf unserer Erde sind der Wechsel von Tag und Nacht und die damit einhergehenden Veränderung des Lichtes und dessen spektrale Anteile. Ohne Licht gedeiht auf unserem Planeten nichts, auch wir Menschen nicht. Selbst Tiere und Organismen in der Tiefsee, die nie Licht zu sehen bekommen, sind bis auf wenige Ausnahmen auf die durch Lichteinfluss sich bildende Biomasse angewiesen, die täglich Milliarden Tonnen schwer in diese tiefsten Tiefen absinkt. Nur ganz wenige Lebensformen haben sich auf ein rein chemisch/anorganisches Umfeld spezialisiert. Doch sind dies extreme Nischen, die uns veranschaulichen, unter welchen Bedingungen generell Leben möglich ist, doch sind sie nicht die Regel, sondern die Ausnahme auf unserem Planeten. Die Bedeutung des Sonnenlichts für das Leben, besonders für das intelligente, ist nicht hoch genug zu bewerten. Die Nutzung und Wandlung von Sonnenenergie in verwertbare Formen wie Biomasse, die immerfort durch die Photosynthese erzeugt wird, sind die Grundlage des Lebens, nicht nur für hochentwickelte Lebensformen, sondern auch für jene, die das unterste Element der Nahrungskette bilden, denn durch Zerfallsprozesse wird Milliarden von Lebewesen Nahrung geboten.

Licht ist weit mehr als nur Helligkeit. Das ist bekannt, und doch tun sich viele schwer, beispielsweise Pflanzen als Lichtenergiewandler zu sehen, die aus Licht wertvolles Gemüse für den Verzehr machen. Doch neben Helligkeit und Ernährung ist das sich verändernde natürliche Licht ein wesentlicher Steuerungsmechanismus für unsere vitalen Funktionen. Von Sonnenaufgang bis Sonnenuntergang verändern sich die Anteile der verschiedenen Spektralfarben, aus denen das natürliche Licht besteht, und steuern unsere Körperfunktionen. Tageslicht wirkt mit seinem Farbspektrum direkt auf das Zwischenhirn, wo Epiphyse, Hypophyse, Hypothalamus sämtliche Grund- sowie alle Drüsen- und Hormonfunktionen des Menschen steuern, und über den Sympathikus und Parasympathikus auch auf das vegetative Nervensystem einwirken. Der Übergang von mehr roten zu mehrheitlich orangenen Lichtanteilen beim Sonnenaufgang bewirkt nachweislich eine Aktivierung der Körperfunktionen, während der Übergang von mehr orangenen hin zu mehrheitlich roten Lichtanteilen in der Abenddämmerung die Körperfunktionen auf Entspannung und Erholung einstellt.

Während sich im Tageslauf der Sonne die Anteile der Spektralfarben ständig verändern und auf uns wirken, besteht künstliches Licht, mit Ausnahme des Vollspektrumlichtes, nur aus 2-3 Farben, die immer gleich sind. Somit fehlt dem Kunstlicht die so wichtige Körpersystemsteuerung des Tageslichtes. Wir Menschen und alle anderen Lebewesen auf dieser Erde funktionieren nur unter Tageslichteinfluss optimal. Die Auswirkungen der verschiedenen Lichtverhältnisse erkennen wir zum Beispiel auch an menschlichen Stimmungsschwankungen; die bekannten Winterdepressionen, die ja inzwischen als echte Krankheit anerkannt sind, fallen auch hier hinein. Demgegenüber zeigen Lichttherapien, welch große Wirkung das Licht auf kranke Menschen hat. So werden beispielsweise Winterdepressionen erfolgreich mit Vollspektrumlicht behandelt, und wenn man es zu Hause installiert hat, können sie sogar vermieden werden.

Neben der systemischen Steuerung hat das Tageslichtspektrum auch Auswirkungen auf unsere Sehleistung. So wird in Bereichen, in denen hochfeine Messungen durchgeführt werden, hochfrequentes Vollspektrumlicht eingesetzt, da es die Tiefenschärfe, die räumliche Wahrnehmung, den Kontrast und das farbechte Sehen verbessert. Es hat viele Vorteile, sich möglichst im Tageslicht zu bewegen, und da, wo es nicht geht, sich mit hochfrequentem Vollspektrumlicht zu behelfen. Konventionelles künstliches Licht hingegen hat nicht nur den Nachteil der geringen und stets gleichen Farbanteile und somit der Reduzierung von Leistungs- und Konzentrationsfähigkeit sowie Vitalität, es ist auch meist mit den üblichen 50 Hz getaktet und entzieht somit durch die damit notwendig gewordene Gleichrichtungsleistung des Gehirns um ein weiteres Mal die Leistungsfähigkeit des Gesamtsystems Mensch. Unter Gleichrichtungsleistung des Gehirns ist dessen Bemühen zu verstehen, aus Flackerbildern ein stehendes Bild zu generieren. Das Gehirn erkennt bis zu einer Frequenz von 1.000 Hz nur Bildflackern, erst ab einem höheren Wert nimmt es direkt ein stehendes Bild wahr. Ist dieser höhere Frequenzwert nicht gegeben, muss das Gehirn ein stehendes Bild selbst erzeugen, was anstrengend ist und Energie kostet. Dieser durch künstliches Licht dauerhaft verursachte Energieentzug führt zu einer permanenten Körperschwächung und damit nicht nur zu Leistungsabfall, sondern auch zu Krankheiten. Zudem erzeugen konventionelle Lichtanlagen wie beispielsweise Neonleuchten, die mit einem üblichen Vorschaltgerät mit 50 Hz arbeiten, ein extrem großes elektromagnetisches Feld, das, wenn es bis in den Kopfbereich eines darunter befindlichen Menschen reicht, zusätzliche Probleme verursacht. Sollten Sie über Haarausfall klagen, schauen Sie doch einmal, ob Sie sich täglich längere Zeit in solch einer Situation befinden, und ändern sie gegebenenfalls die Umstände.

Natürliche, saisonale Nahrung: Lebensmittel nennt man so, weil sie ein Mittel zum Leben sind. Schon Hippokrates (460-730 v. Chr.) sagte sinngemäß: „Eure Nahrung soll eure Medizin sein." Unzählige wissenschaftliche Untersuchungen und Forschungen, die von massiven Widerständen der Nahrungsmittel- und der Pharmaindustrie begleitet waren, belegen ganz klar und unbestreitbar, dass natürliche Produkte, also jene aus biologischem/biodynamischem Anbau, nicht nur ein Mehrfaches an Nährstoffen aufweisen, sie verfügen auch über ein Vielfaches an Lebensenergie, welche von Prof. Dr. Fritz-Albert Popp erforscht und als Bio-Photonen-Energie benannt und gemessen wurde. Diese Lebensmittel verdienen also ihren Namen, sie geben dem Körper die Nährstoffe, mit denen er nicht nur funktionieren, sondern optimal arbeiten und auch seine natürlichen Selbstheilungskräfte aktivieren und nutzen kann. Sind diese Produkte zudem noch regional angebaut und werden sie frisch verzehrt, dienen sie einer bestmöglichen und der Gesundheit förderlichen Ernährung. Sie sorgen damit für eine optimale Vitalität, Lebensfreude und Leistungsfähigkeit. Demgegenüber sind die Nährstoffe der Nahrungsmittelindustrie der Feind Nummer 1 für den gesunden Menschen, denn diese Produkte, nichts anderes ist es, werden umfangreich bearbeitet, so dass sie transportfähig und profitabel sind, wenn es nicht ohnehin schon von natürlichen Ressourcen unabhängige „Kunstobjekte" sind. Gentechnik, jede Menge Chemie, Bestrahlungen oder Begasungen sorgen dafür, dass die Produkte augenscheinlich frisch die Logistikketten und auch die Mindestverweildauer im Verkaufsregal überstehen. Nährstoffe im natürlichen Sinn, die in den Zerrfallsprozess übergehen, sobald sie von ihrer

Quelle, der Pflanze, getrennt wurden, stören da nur. Doch chemisch hergestellte sowie künstlich hinzugefügte Moleküle, welche den natürlichen ähneln, sind kein ebenbürtiger Ersatz. Als Quelle sind hier entweder der Boden, in dem die ganze Pflanze gewachsen ist, oder die Pflanze, an der die Früchte gewachsen sind, zu verstehen. Und selbst da sorgen die Agrarindustrie und die industriellen Nahrungsmittelproduzenten dafür, dass den Pflanzen, von denen sie wirtschaftlich abhängig sind, der natürliche Boden entzogen wird und sie stattdessen in einem Kunstmilieu aus chemischen Stoffen wachsen. Dort, wo die Agrarindustrie noch „draußen" anbaut, wird alles, was Natur ist, ob „Unkraut" oder Insekten, mit Spritzmitteln und Beizen vernichtet. Dass Nahrungsmittel so nicht mehr ihren eigentlichen Zweck erfüllen und die Menschen auf Dauer krank machen, ist angesichts der Milliarden, die auf diesem Markt umgesetzt werden, völlig uninteressant, zumindest für die Nahrungsmittelindustrie. Um das Geschäft am Laufen zu halten, wird auf Teufel komm raus getrickst, getäuscht und betrogen. Unter anderem werden Fruchtstücke im Joghurt oder Quark durch aufgepopptes Holzmehl ersetzt, womit man beispielsweise für 2 Kilogramm Erdbeermilchspeise nur noch eine halbe echte Erdbeere benötigt. Bei Käse muss man besonders genau hinschauen, denn immer häufiger sieht das, was wie Käse ausschaut und so benannt wird, nur so aus und besteht tatsächlich aus einem Gemisch aus Ölen und Emulgatoren. Mittlerweile können immer mehr Kinder natürliche Geschmacksrichtungen nicht mehr identifizieren, sondern wählen bei Tests mit Produkten, bei denen die einen natürliche und die anderen künstliche Geschmacksstoffe enthalten, bevorzugt die mit den künstlichen Aromastoffen aus. Welch eine Armut! Da ist die Anekdote, wonach ein Kind gefragt wird, woher die Milch komme, und es antwortet, sie käme aus dem Tetrapack, doch sehr nahe an der Realität.

Diese gesamte Entwicklung bedeutet für mich persönlich, möglichst auf Biolebensmittel zu achten. Und mit der steigenden Zahl der Menschen, die ebenfalls Bioprodukte bevorzugen, werden auch die Supermarktketten gezwungen, ihr Sortiment auf diesem Sektor mehr und mehr zu erweitern. Zwar wird auch da versucht, zu tricksen, was das Zeug hält, weshalb ein vertrauenswürdiger Biomarkt erste Wahl sein sollte, doch der Druck durch immer bewusster werdende Verbraucher zeigt Wirkung.

Natürliche Energien: Ein weiteres wichtiges Element für die optimale Funktion des Gesamtsystems Mensch sind die ihn umgebenden Energien. Warum zieht es uns immer wieder in die Natur? Warum machen wir in den Bergen oder am Meer Urlaub, gehen spazieren oder wandern und vieles mehr? Weil wir uns in der Natur wohlfühlen! Und weshalb ist das so? Weil wir uns dann in der Umgebung bewegen, an die wir uns über Jahrtausende hinweg angepasst und für die wir uns optimiert haben. Am deutlichsten wird es, wenn man einen Spaziergang im Wald mit einem über eine Wiese vergleicht. Der Waldspaziergang wird von den meisten Menschen als deutlich erholsamer empfunden, und das hat einen guten Grund: man bewegt sich durch die Energiefelder der Bäume, die deutlich größer sind als ihre rein optische Erscheinung, und lädt sich mit deren Energie auf.

Eines der wichtigsten Interaktionsfelder für uns Menschen ist das Erdmagnetfeld. Es ist nicht nur wichtig für die ordnungsgemäße und optimale Funktion des menschlichen Gesamtsystems, sondern auch für die zuvor angesprochenen Punkte. Das Erdmagnetfeld gibt zum einen zusammen mit dem Sonnenlicht Ausrichtung und Orientierung, zum anderen dient es unserer Grundversorgung an Energie. Lösen wir uns von dieser natürlichen Energie und finden keinen entsprechenden Ausgleich dafür, verliert unser System permanent Energie, Ausrichtung sowie Orientierung und wird krank. Genau das geschieht zunehmend in unserer heutigen Zivilisation. Die Lebensräume sind nur in den seltensten Fällen noch natürlichen Ursprungs, alles ist zubetoniert, asphaltiert, zugebaut, Wohnungen mit Stahlbewehrung in den Betonfundamenten und Wänden wirken wie faradaysche Käfige, welche die natürlichen Energie draußen halten, oder sind zudem noch in Hochhäusern weit weg von der Erdoberfläche. Auch auf die energetische Lage der Bebauungen wird heute nicht mehr geachtet, ja die wenigsten wissen überhaupt noch, dass es da etwas gibt, auf das man achten kann und sollte. Denn es ist ja so, dass die natürlichen Energien unserer Erde nicht nur positiv sind, sondern einige sich auch negativ auswirken können, wenn wir uns ihnen zu lange aussetzen. Hinzu kommt, dass künstliche Energien wie beispielsweise elektrischer Strom diese schädigenden Energien verstärken können und sogar neue geschaffen werden. Früher achtete man zum Beispiel auf die genaue Lage eines Hauses und seiner Zimmer; es wurde nach den Himmelsrichtungen, den Energiefeldern und -linien sowie den örtlichen Gegebenheiten ausgerichtet. Geomantie heißt die Wissenschaft, die sich mit dem richtigen Umgang mit den natürlichen Energien, Formen, Elementen und Richtungen beschäftigt. In unserem Sinne positive wie auch negative Energiefelder wurden früher ganz bewusst sinnvoll gewählt und gezielt für bestimmte Zwecke benutzt. Wir Menschen als „Energieflüchter" meiden bestimmte natürliche Energien, so jene von Wasseradern, Verwerfungen oder Energiegittern. Doch es gibt auch Lebewesen, Katzen und Ameisen beispielsweise, die „Energiesucher" sind und sich an solchen Plätzen wohlfühlen; auch Bienen gehören dazu, weshalb man den Stellplatz ihres Stockes besonders sorgfältig aussuchen sollte.

Hinsichtlich der energetischen Ausrichtung von Bauwerken, der Einrichtung einer Wohnung oder des Anlegens eines harmonischen Gartens ist heute das chinesische Feng Shui in aller Munde. Doch nicht nur im Osten wurde nach energetischen Prinzipien oder unter Berücksichtigung des Einflusses der Elemente gebaut und gestaltet; bei uns war und ist es die schon erwähnte Geomantie, die sich mit all dem beschäftigt. Klöster, Kathedralen, Burgen und Schlösser wurden früher exakt auf Energiepunkten errichtet und nach bestimmten Energielinien ausgerichtet. Der Templerorden hatte beispielsweise in Frankreich eine Reihe für sie wichtiger Bauwerke errichtet, die ein über ganz Frankreich gespanntes und absolut exaktes Fünfeck ergeben, und nicht nur das, die Bauwerke an den Eckpunkten dieses riesigen Pentagramms liegen präzise auf Kreuzungspunkten wichtiger Energielinien. Die Präzision, mit der die Bauten so genau platziert und errichtet wurden, ist heute nur mit Hilfe von GPS-Navigation zu leisten. Manchmal wurden sogar schon begonnene Arbeiten an bedeutungsvollen Bauwerken gestoppt oder es wurde gar rückgebaut, um sie neu und besser auszurichten. Ein solcher Fall ist von einer Kathedrale in Amsterdam bekannt, die um 6 Grad gedreht wurde, damit sie exakt auf einer Energielinie stand. So bewusst und wichtig war den damaligen Menschen die Bedeutung der natürlichen Energien unserer Erde.

Aber auch andere natürliche Energien sind wichtig für das Wohlbefinden. So benötigen wir nicht nur das Sonnenlicht mit seinen veränderlichen Spektralanteilen, durch die unser Stoffwechsel gesteuert wird, sondern auch die damit transportierte Energie in Form der Lichtphotonen. Zudem sind alle Lebewesen von Energiefeldern umgeben, Menschen, Tiere, Pflanzen usw., und stehen in ständigem Austausch miteinander, senden und empfangen Energie und Schwingungen. Lebewesen von diesem Energieaustausch abzuschneiden, lässt sie verkümmern, das haben skurrile Versuche mit beispielsweise Kindern, Pflanzen und Kriegsgefangenen, die man vollkommen isolierte, in den letzten Jahrhunderten immer wieder bewiesen. Aber dieses permanente Energiebedürfnis birgt auch eine gewisse Gefahr, denn wenn Menschen beispielsweise von natürlichen Erdenergien abgeschnitten sind oder diese sie nur noch geschwächt erreichen, suchen sie sich andere Energiequellen und können zu „Energievampiren" werden, indem sie sich bei Menschen in ihrer Nähe

„bedienen". Dies hat sicher jeder schon erlebt, auch wenn es ihm in diesem Zusammenhang nicht klar war: Man ist mit jemandem zusammen und hat das Gefühl, man wird müde, die Energie fehlt plötzlich, man merkt, wie man immer unaufmerksamer oder schwächer/energieloser wird. In einem solchen Fall erlebt man bewusst oder unbewusst einen Fall von Energieraub.

Zusammenfassend kann gesagt werden: Je vollständiger und vielfältiger wir uns mit natürlichen Energien umgeben, desto besser geht es uns.

(Auf natürliche Kleidung und das Umfeld, das wir uns in entsprechender Form schaffen sollten, wurde weiter oben bereits eingegangen und muss an dieser Stelle nicht wiederholt werden. Die Themen Belastung und Regeneration können in einem behandelt werden, da sie beide durch das vegetative Nervensystem gesteuert werden.)

Physische Belastung: Auch wenn so mancher es kaum glauben mag, physische Belastungen sind ein wichtiges Grundbedürfnis unseres Körpers, das zwingend zur Gesunderhaltung und Entwicklung des Menschen gehört. Der menschliche Körper ist ein Belastungssystem und keines, das nur geschont werden darf; über das sogenannte vegetative Nervensystem in ihm werden die beiden Pole Belastung und Erholung gesteuert, und auch sie sollten im verhältnismäßig richtigen Ausgleich sein. Zuständig hierfür sind der Sympathikus sowie der Parasympathikus. Der Sympathikus ist für das Aktivsein und den „Flucht- oder Kampfreflex" zuständig, der Parasympathikus für die anschließende Erholung oder das „Totstellen". Damit Sympathikus und Parasympathikus in einen gesunden Ausgleich kommen, ist Sport, besonders Ausdauersport, ein hervorragendes Mittel. Durch den aktiven Part werden der gesamte Körper und alle wichtigen Organe, die für das Aktivsein nötig sind, beispielsweise das Herz, die Lunge, die Leber, die Milz sowie die Muskulatur, durch Erweiterung der Kapillaren und Erhöhung des Blutdrucks besonders gut durchblutet und gestärkt, zudem wird das Immunsystem stimuliert. Im Gegenzug senkt dann der Parasympathikus den Herzschlag und den Blutdruck auf ein besonders niedriges Niveau, er sorgt dafür, dass nun das Verdauungssystem besonders gut durchblutet wird.

Weiterhin haben wir in unserem Körper Gewebestrukturen wie den Knorpel in unseren Gelenken und als Bandscheiben zwischen den Wirbelkörpern, die als sogenannte Passivernährer den Wechsel von Belastung und Entlastung benötigen, um ausreichend versorgt zu werden und gesund zu bleiben. Auch Verfestigungen und Verklebungen des Bindegewebes werden durch Sport nicht nur gelöst, sondern bei regelmäßiger Übungspraxis sogar verhindert. Durch den mittels Ausdauersport erhöhten Kreislauf werden auch das Gehirn besser versorgt und die Denkleistung in der anschließenden vagotonen Phase erhöht. Auch der beschleunigte Stoffwechsel sorgt für eine verbesserte Ausleitung der Stoffwechselprodukte aus dem Körper, der durch angemessene Belastung gesund und jung gehalten wird.

Die Bedürfnisse der Seele

Zum kompletten Mensch-Sein gehört natürlich die Seele, und damit es ihr gut geht und sie ihre Aufgaben, sich selbst und den jeweiligen Körper zu entwickeln, erledigen kann, müssen natürlich auch ihre Grundbedürfnisse erfüllt werden. Als erstes wäre da natürlich die sogenannte *„Infrastruktur"*. Was ist damit gemeint? Ganz einfach: Wenn eine Menschenseele in einen physischen Körper inkarniert, stellt dieser der Seele bestimmte Voraussetzungen für deren Wahrnehmung, Ausdruck und Interaktion mit dem Geist-Energiesystem und dem Körper an sich bereit, auf essentieller Ebene sind dies das Gehirn, das Rückenmark und die Nervenbahnen. Auf der nächsten Ebene sind es unsere Sinne (Riechen, Schmecken, Hören, Fühlen, Sehen) und unsere Fähigkeit zur Kommunikation, vorwiegend über die Sprache und die vier unbewussten Kommunikationsebenen (Reverse, Cord, Energiekörper, Aurafeld). Die dritte Ebene sind die sonstigen physischen Dinge wie das Skelett, die Muskeln, die Organe, die Sehnen, das Bindegewebe, die Haut und so weiter.

Die *essentielle Ebene* ist unabdingbar, damit eine menschliche Seele inkarnieren kann. Dr. Michael König, ein Quantenphysiker der Heisenberg-Linie, hat dies und noch weit mehr mit seiner Urwort-Theorie hergeleitet und geht davon aus, dass eine Seele immer nur in solche Körper inkarniert, die ihren eigenen Erfahrungswerten und der dazu nötigen „Infrastruktur" entspricht. Eine menschliche Seele wird also nur in einen menschlichen Körper inkarnieren, da nur dieser die für sie grundlegenden Gegebenheiten bietet, um überhaupt in ihm existieren zu können. Die Inkarnation in beispielsweise einen Tierkörper ist somit schlicht unmöglich, da dieser andere Voraussetzungen aufweist. Dr. König definiert die Seele als sogenannten Seelenschwarm, der aus spezifischen Elektronen besteht, die stets zusammenbleiben, auch über den Tod des physischen Körpers hinaus. Der Quantenphysiker bezieht sich dabei unter anderem auf Experimente, bei denen man sterbende Menschen in spezielle Betten legte, die auf Messgeräten standen. Immer wenn einer dieser Menschen starb, wurde er um 21 Gramm leichter, unabhängig von seinem Gewicht vor dem Tod; ob er zu Lebzeiten 80 oder 150 Kilogramm wog, im Moment des Sterbens wurde er genau 21 Gramm leichter. Bei den ersten Experimenten in den 1970er und frühen 1980er Jahren stellte man nur diese Gewichtsreduktion beim Eintritt des Todes fest. In den 1990er Jahren wurden diese Versuche mit den neuesten bildgebenden Verfahren wiederholt, und man konnte verfolgen, dass in dem Moment, als ein Mensch starb, sich nicht nur dessen Gewicht um 21 Gramm verringerte, sondern das gleichzeitig eine Art Licht von ihm aufstieg und den Körper verließ. Wohlgemerkt: Das ist kein Science-Fiction, sondern Realität!

Die 21 Gramm und der Lichtschimmer, die den Körper verlassen, entsprechen exakt der Masse des Seelenschwarms, von dem Dr. König spricht und der ihm zufolge seinen Sitz im Gehirn sowie im Rückenmark bis hinunter zum Steiß hat. Dieser Seelenschwarm besteht nach seiner Herleitung aus Elektronen, und diese sind etwas ganz Besonderes: sie pendeln zwischen den Zuständen Teilchen und Welle hin und her und können ohne Zeitverlust Ortswechsel durchführen, was man durch unterschiedlichste Versuchsreihen zweifelsfrei nachgewiesen hat. An dieser Stelle ist für uns vor allem die Eigenschaft interessant, zwischen den Zuständen Teilchen und Welle hin- und herzuswitchen, denn bei jedem Wechsel wird der interne Speicher eines Elektrons aktualisiert. In den Elektronen existiert nämlich ein fast unbegrenzter Speicherraum, in dem in Form von Lichtphotonenstrukturen alle gesammelten Eindrücke gespeichert werden. Das heißt, dass alles, was ein Seelenschwarm über seine gesamte Lebenszeit aufnimmt, dauerhaft gespeichert ist und immer abgerufen werden kann. Auf Grund dieser abgelegten Informationen wird der freie Seelenschwarm nur in einen Körper inkarnieren, der seinen Erfahrungen entspricht und ihm damit die Möglichkeit einer Weiterentwicklung bietet. Er hat damit auf der Ebene der theoretischen Physik hergeleitet und bewiesen, dass der Mensch eine Seele hat, die beständig ist und durch eine unbestimmte Zahl an Inkarnationen gehen kann, jedoch niemals in einem anderen als einem menschlichen Körper. Und das stimmt mit den vorchristlichen westlich-spirituellen Vorstellungen überein und bestätigt diese. Zumindest von den Kelten und Germanen wissen wir, dass sie an die Wiedergeburt als Mensch glaubten, und zwar so sehr, dass sie sich beispielsweise etwas borgen konnten mit dem Versprechen, es im nächsten Leben zurückzugeben. Daher war es ihnen auch möglich, sich furchtlos besonderen Herausforderungen zu stellen, denn es ging ja weiter, auch wenn sie nicht überleben sollten. Nicht nur über spirituelle Weisheiten und persönliche Erfahrungen, sondern auch auf Verstandesebene zu erfahren, dass wir eine Seele haben, die unsere physische Lebenszeit überdauert, ist ungemein befreiend, denn sie nimmt den Druck, in einem Leben alles richtig machen zu müssen, das ist einfach unmöglich. Wenn man wirklich lebt, macht man auch Fehler – und aus denen lernt man und entwickelt sich weiter. Wer nicht lebt, macht nur scheinbar weniger Fehler, hinsichtlich seiner Seele jedoch den gewaltigsten überhaupt.

Gewonnene Sinneseindrücke kommen der Seele über die zweite Ordnungsebene als ungefilterte Wahrnehmungen der Außenwelt zu, das ist der *sensitive Input*, und über diese sinnlichen Eindrücke werden auch Brücken zu gespeicherten Erfahrungen ermöglicht. Jeder von uns hat schon erlebt, dass ein Lied, ein Geruch oder ein Geschmack, aber auch ein sensorisches Ereignis wie beispielsweise eine Berührung einen sofort und augenblicklich zu einem Erlebnis aus der Vergangenheit zurückversetzt. Diese Rückverbindungen sind in der Regel so intensiv, dass man sich fühlt und so empfindet wie damals, so als wären keine Monate oder gar Jahre seither vergangen. Je feiner die Sinne ausgeprägt sowie geschult sind und über sie bewusst wahrgenommen wird, umso mehr bekommt der Mensch beziehungsweise die Seele von der Außenwelt mit. Doch die Sinne wirken als Teil des stofflichen Körpers wie ein Puffer zwischen dem Ereignis und dessen Wahrnehmung durch die Seele. Der physische Körper und die durch ihn laufenden Nervenverbindungen dämpfen zum einen die Intensität der Sinneswahrnehmungen und zum anderen werden sie durch den Widerstand der physischen Verbindungen (Nervenbahnen) verlangsamt, wodurch die Seele mehr Zeit hat, sich darauf einzustellen.

Der *energetische Input* wird der Seele durch das Energiesystem des Körpers zur Verfügung gestellt und verbindet diese mit allen energetischen Zuständen und Ereignissen um sie herum. Hierzu gehören das Energiefeld des Ortes, an dem man sich gerade befindet, die Energiefelder anderer Menschen sowie von Tieren und Pflanzen, aber beispielsweise auch der Elektrosmog, Energiegitter usw. Diese ganzen energetischen Prozesse sind in vielerlei Hinsicht sehr bedeutungsvoll, und es ist nicht unwichtig, diese zu erkennen. Es ist beispielsweise so, dass sich jedes Mal, wenn wir mit einem Menschen in Kontakt treten, ihm die Hand geben, ihn umarmen oder auf eine andere Art berühren oder wir berührt werden, sich eine energetische Verbindung bildet, die uns wie eine Schnur, ein sogenannter Cord, miteinander verbindet. Findet ein Zusammentreffen mit einem Menschen nur einmalig, kurzzeitig oder oberflächlich statt, löst sich dieses Band nach einiger Zeit von selbst wieder auf. Begegnen wir dem Menschen jedoch häufiger oder stehen wir mit ihm in einer besonderen Verbindung (bei Paaren, Eltern und Kindern, Verwandten, Vorgesetzten, guten Freunden usw.), dann entwickeln sich sehr starke Energiebänder.

In der Regel ist das auch gut, denn diese Energiebänder, diese Cords verbinden und unterstützen auf feinstofflicher Ebene den Austausch und die Kommunikation auf positive Weise, soweit diese durch Ehrlichkeit, Offenheit und ohne Be- und

Verurteilung getragen sind. (Allerdings ist dieser Idealfall heute nur noch ganz selten anzutreffen, jedenfalls in den „zivilisierten Gesellschaften", in denen das Leben vollkommen denaturiert, größtenteils entmenschlicht und eher mechanistisch funktioniert.) Neben diesem Cord entsteht auch eine Interaktion zwischen den Energiekörpern und den Aurafeldern der betreffenden Menschen. Danach erst kommt es zum verbalen Ausdruck, und wer glaubt, dass es hier nun einfacher wird, der irrt gewaltig. In der „Vorwärtssprache" werden bewusst gebrauchte Worte übermittelt und somit die bewusst formulierte Absicht des Redners. Doch die verbale Kommunikation hat neben der Vorwärtssprache noch eine zweite Ausdrucksform: die Rückwärtssprache. Über diese drückt der Sprecher unbewusst das aus, was seinen wahren Absichten entspricht – und die können ganz andere sein als die, welche mit der Vorwärtssprache ausgedrückt werden. Die Rückwärtssprachanalyse wird beispielsweise von den Geheimdiensten und manchen Polizeibehörden, aber auch bei besonders brisanten Geschäften benutzt, um die wahren Absichten der Gesprächspartner herauszubekommen. Die Rückwärtssprache an sich hat dann ebenfalls zwei Ebenen, die der wahren Absichten und die der Seele. Insgesamt läuft die Kommunikation über sechs Ebenen gleichzeitig, wobei nur eine mit dem zu tun hat, was wir mit der Vorwärtssprache ausdrücken. Die anderen fünf Ebenen entziehen sich in der Regel der bewussten Wahrnehmung und Einflussnahme. Wenn wir also jemandem gegenüberstehen und während des Gesprächs das Gefühl haben, dass da etwas nicht stimmt, dann sind das die über die energetischen Ebenen laufenden Informationen, die im Widerspruch zu den ausgesprochenen Worten stehen.

Da die Seele bestrebt ist, sich selbst und auch den physischen Körper zu entwickeln, denn nur so funktioniert diese Polarität, muss sie sich auch nach außen bemerkbar machen können. Dazu muss sie vom Geist wahrgenommen, sich über den physischen Menschen ausdrücken und handeln können. Für die Seele ist es zudem wichtig, an die Schöpfung als Ganzes angebunden zu sein. Je mehr sich ein unbewusster Mensch fremdbestimmen lässt und sich von der Natur als reinem Ausdruck der Schöpfung entfernt, umso schwächer wird diese Anbindung – bis sie letztlich ganz abreist. Auf diese Weise entstehen die verlorenen Seelen, von denen immer mal wieder zu hören ist. Je bewusster ein Mensch jedoch wird und sich stetig weiterentwickelt, umso stärker wird die Anbindung an das große Ganze, und das Gefühl von Einsamkeit oder des Alleinseins nimmt immer mehr ab. Ein Schlüssel zu mehr Bewusstsein und bewusstem Wahrnehmen ist Achtsamkeit. Je achtsamer man wird, umso aufmerksamer wird man und umso mehr bekommt man von seinem Umfeld und dem wahren Leben mit.

Natürlich braucht die Seele auch den nötigen Freiraum, um Veränderungen bewirken, verschiedene Dinge ausprobieren und Erfahrungen sammeln zu können. Dieser Freiraum ist die Spielwiese der Seele und ebenso wichtig wie das konkrete Umsetzen von Maßnahmen im physischen Leben.

Die Seele beziehungsweise der Seelenschwarm ist und bleibt ein individualisierter Teil eines viel größeren Bewusstseins, welches die gesamte Schöpfung bewegt. Und wenn sie inkarniert, sucht sie natürlich auch die Gemeinschaft Gleichgesinnter oder solcher Menschen, die sich in einem ähnlichen Erfahrungsraum bewegen.

Die Seele benötigt *Einkehr*, *Stille* und *Einsamkeit*, um sich fallen lassen und sich ausdehnen zu können. So kann sie die Verbindung zur Schöpfung als Ganzes erfahren und erleben, denn nur in Einkehr, Stille und Einsamkeit ist dies möglich, nicht im Trubel des Alltags. Mit Einsamkeit sind natürlich nicht ein paar wenige Stunden gemeint, sondern tatsächlich mehrere Tage bis Wochen, denn in der Regel benötigt der moderne Mensch überhaupt erst einmal drei bis vier Tage, um soweit runterzukommen, dass er den veränderten Zustand der Einsamkeit überhaupt wahrnehmen kann.

Die Bedürfnisse des Geistes

Als Bindeglied zwischen Körper und Seele nimmt der Geist eine wichtige Funktion ein. Für seine Entfaltung benötigt er:

1. einen Körper mit einer in diesem inkarnierten Seele
2. einen Verstandesraum
3. die Innen- und die Außensicht
4. Stille und Einkehr
5. ein vollständiges Energiesystem bestehend aus Meridianen, Chakren, Nebenchakren, Leitbahnensehnen, Lenkergefäßen, Energiekörpern und Aurafeld.

Zum ersten Punkt, der besagt, dass es ohne Körper und Seele auch keinen Geist gibt, ist nicht viel hinzuzufügen. Hieran wird aber deutlich, dass eine funktionierende Polarität niemals nur aus den zwei Polen besteht, sondern immer auch aus einem verbindenden Element, welches zur Interaktion zweier Pole unabdingbar ist.

Der Wirk- und Arbeitsraum des Geistes ist das physische Gehirn und der darin hoffentlich aktive Verstand. Das physische Gehirn liefert den „Arbeitsraum", die „Werkstatt" und das „Büro" sowie die grundlegende Infrastruktur wie auch die Potentiale zum weiteren Auf- und Ausbau sowie zur umfangreichen Vernetzung der verschiedenen Arbeitsbereiche, damit der Verstand seine Arbeit erledigen kann. Der Verstand agiert in diesem Umfeld und ist hoffentlich recht aktiv. Er entwickelt über die Jahre hinweg eine umfangreiche Datenbasis und legt die zu deren Nutzung nötigen Konventionen fest. Je mehr man seinen Verstand benutzt, um Wissen aufzubauen sowie Kenntnisse und Fähigkeiten zu erwerben, und durch die Anwendung und Umsetzung all dessen auch noch vielfältige Erfahrungen sammelt, umso größer, breiter und tiefer wird diese „Datenbasis", auf die der Geist zugreifen und mit der er arbeiten kann. Je mehr Erfahrungen, Erkenntnisse und Einsichten aus dieser „Datenbank" dem Geist zur Verfügung stehen, umso besser und vielfältiger kann er Körper und Seele miteinander verbinden. Und selbstverständlich ist das Arbeit, ebenso wie aus einem Ein-Mann-Büro ein geschäftiges Großraumbüro mit unterschiedlichsten Aufgabengebieten oder aus einer Ein-Mann-Werkstatt eine Werkhalle mit verschieden Gewerken zu entwickeln. – Es ist natürlich wichtig zu verstehen, dass Wissen alleine völlig bedeutungslos ist und keinerlei Wert hat. Denn führt es nicht zu Erfahrungen und aus diesen nicht zu Erkenntnissen, die dann wiederum zu tiefgehenden Einsichten führen, ist Wissen vollkommen wertlos und reiner Selbstzweck, es löst sich mit dem Tod in nichts auf und geht verloren.

Damit der Geist beide Pole, Körper und Seele, optimal unterstützen und verbinden kann, muss er den vollen Zugang zu ihnen und die volle Sicht auf sowie in sie haben, also in alle Bereiche des physischen Menschen und in die Tiefen seiner Seele. Und hier wird nun endgültig klar, welcher Wert der Zwie- oder Vollsicht zukommt, die bei der Groß-Steinskulptur-Epoche eine so große Rolle gespielt hatte. Vollsicht bedeutet, auch wenn ich mich nun wiederhole, dass man sowohl die Außenwelt und gleichzeitig ebenso klar die Innenwelt im Blick hat und beides bewusst wahrnimmt.

Begibt man sich auf einen naturspirituellen Weg, wird man anfangs eher zwischen der Innen- und der Außenwelt pendeln. Das achtsame Erkennen und der bewusste Umgang mit dem, was in der Außenwelt geschieht, werden sich abwechseln mit dem Üben und Anwenden unterschiedlicher Meditations- und Kontemplationstechniken. Mit der Zeit und vielem Üben wird man beide Welten immer häufiger gleichzeitig im Blick haben, bis sie irgendwann zu einer einzigen Wahrnehmung, zu einer kompletten Realität verschmelzen können und den Wirk- und Arbeitsraum mehr und mehr ausweiten.

Stille und Einkehr sind für den Geist wichtig, da nur in diesem Zustand das Außen und das Innen sowie das Selbst reflektiert werden können. Nur aus dieser Reflektion heraus kann weiter in die Tiefe gegangen und können gute von weniger guten Erfahrungen unterschieden und die entsprechenden Schlüsse daraus gezogen und nötigenfalls Dinge korrigiert werden. Ein beliebtes Mittel hierfür sind Meditation und Stille, für die mehrere Minuten bis wenige Stunden vollkommen ausreichen, denn ist der Geist in der Stille und der Einkehr, ist er sehr fix und präzise in seiner Reflektion.

Das Energiesystem des Menschen

Neben der „Infrastruktur", die der Geist für sich selbst benötigt, steht ihm noch ein weiteres recht komplexes, den Körper und die Seele verbindendes Element zur Verfügung: das Energiesystem. Über dieses hat der Geist nicht nur die übergeordnete Aufsicht, nein, es ist sein aktives Arbeitsmedium und die Umsetzungsebene für alles, was der Verstand erarbeitet, geordnet und archiviert hat.

Meridiane, Leitbahnensehnen und Lenkergefäße

Der chinesischen Lehre gemäß durchziehen den Körper zwölf Hauptmeridiane, das sind Energiebahnen unter der Haut, die unterschieden werden in sechs Yin-Meridiane (weibliche Energie), die von den Fußzehen über den Körperstamm zu den Fingern verlaufen, und sechs Yang-Meridiane (männliche Energie), die von den Fingern zum Gesicht und dann zu den Fußzehen reichen. Hinzu kommen die fünfzehn sogenannten Verbindungskanäle, das sind horizontal verlaufende Energiebahnen, welche die organbezogenen Hauptmeridiane verbinden. Während die Hauptmeridiane Organbezug haben, beziehen sich die sechs Leitbahnensehnen auf die Muskulatur, jeweils sechs davon bilateral an den Armen und den Beinen. Vollständig wird das Meridiansystem durch die acht Lenkergefäße, das sind besondere Potentialpunkte, von denen zwei auf der Meridianebene liegen.

Sind die Meridiane verengt und/oder blockiert, hat dies einen verringerten oder gar verhinderten Energiefluss zur Folge. Gleiches gilt bei Unter- oder Überenergie. Diese Störungen wirken sich auf die zu den jeweiligen Hauptmeridianen gehörenden Organe aus, also auf jene, welche mit dem entsprechenden Energiestrom versorgt werden. Manifestieren sich energetische Ungleichgewichte auf den Leitbahnensehnen, so beeinflussen sie die Muskulatur und damit die Haltung als Ganzes negativ. Beeinträchtigungen der Lenkergefäße führen ebenfalls zu Verspannungen und Fehlhaltungen.

All diese Unregelmäßigkeiten oder Störungen wirken sich nachteilig auf den Körper aus und können durch unterschiedliche Behandlungsmethoden therapiert werden. In erster Linie sind da die Akupunktur und andere Methoden der Traditionellen Chinesischen Medizin (TCM) hilfreich. Die Frage, die sich mir aber in Zusammenhang mit der TCM gestellt hat, ist die, ob die Wirkweise ihrer Heilungsmöglichkeiten beziehungsweise Heilmittel an ihrem Ursprungsort nicht besser ist als in unseren Breiten. Was die manuellen Therapieformen betrifft, dürfte dies nicht so sehr ins Gewicht fallen, doch im Bereich der Kräuter und Nahrungsergänzungen sowie auch der tiefliegenden psychischen Strukturen sollte mehr auf die eigene uralte Heilkunde geschaut werden.

Die erwähnte Akupunktur als eine Therapieform der Traditionellen Chinesischen Medizin ist mittlerweile auch bei uns nicht nur bekannt, sondern wird vielfach angewendet. Sie ist ein sehr komplexes Feld, da es mehrere tausend Akupunkturpunkte, die auf den Meridianen liegen, gibt, in die mit verschiedenen Nadeln gestochen und die unterschiedlich stimuliert werden (Wärme, Kälte, Vibration usw.); das Wo und Wie ist abhängig vom jeweiligen Symptom beziehungsweise des betreffenden Organs, das einen Mangel aufweist oder das erkrankt ist.

Um all die energetisch-körperlichen Zusammenhänge erlernen zu können, erfährt ein chinesischer Akupunkteur eine siebenjährige Lehrzeit, während der er zahlreiche Prüfungen ablegen muss. In Deutschland gibt es heute Ausbildungen für Schulmediziner, die sich über 3 bis 4 Wochenendlehrgänge erstrecken, in denen sie die Akupunktur erlernen sollen und dann auf die Menschheit losgelassen werden. Nur wenn man berücksichtigt, dass westliche Schulmediziner, die „Götter in Weiß", ein erheblich erweitertes Bewusstsein und eine unglaubliche Lernfähigkeit verbunden mit tiefstem Einfühlungsvermögen und unendlicher Geduld haben (Achtung: Sarkasmus!!!), ist es vorstellbar und nachvollziehbar, dass sie keine sieben Jahre brauchen, um die Akupunkturgrundlagen zu erlernen. Dennoch würde ich für den Fall, mich akupunktieren zu lassen, doch lieber zu einem chinesischen Akupunkteur mit entsprechend langer Lehrzeit gehen; so viel Geduld und Durchhaltevermögen müssen einfach belohnt werden.

Akupunktur als Heilmethode ist inzwischen unumstritten, was ja auch deren Anwendung im schulmedizinischen Bereich belegt. Dennoch denke ich, dass sich die volle Wirkweise dieser Therapieform wohl eher da entfaltet, wo sie ursprünglich entstand: im chinesischen Kulturkreis und bei den dortigen Menschen. Hinzu kommen noch folgende Bedenken: Die Metallnadeln werden in funktionelle Aktivpunkte der Energiebahnen gestochen und für eine bestimmte Zeit dort belassen. Auf diese Weise wirken sie zwangsläufig auch wie Antennen. In früheren Jahrhunderten gab es die elektrischen und elektromagnetischen Belastungen, diese Vielzahl an künstlichen Sendern für Rundfunk, Television, Informationstechnologie, Navigation, Tracking und Telekommunikation, die stromführenden Leitung usw. nicht, so dass keine Informationen oder Frequenzen außer den natürlich vorkommenden aufgenommen werden konnten. Heute sieht dies jedoch ganz anders aus, und ich möchte mir nicht in konzentrierter Form diesen ganzen Elektrosmog und dessen Informationen direkt in meine Energiebahnen holen.

Eine Ausnahme ist die Ohrakupunktur, denn bei dieser wird mit extrem kleinen Nadeln oder speziellen Pflastern mit harten Pflanzensamen und nicht direkt am Energiesystem gearbeitet, sondern eben am Ohr, das ein Spiegel, ein natürliches Abbild des menschlichen Körpers beziehungsweise dessen Organe und auch der Gefühle und Emotionen ist. Die Ohrakupunktur wirkt also auf ein bestimmtes Organ oder einzelne Bereich, ohne dass in das Energiesystem direkt eingegriffen wird, weshalb sie eher eine Resonanztherapie darstellt. Es gibt neben dem Ohr noch weitere Resonanzbereiche, die unseren Körper abbilden und über die auf einzelne Körpergegenden und Organe eingewirkt werden kann, mit Nadeln oder anderen stimulierenden Mitteln.

Ähnlich wie die Akupunktur funktioniert die Akupressur, bei der nicht in Energiepunkte gestochen wird, sie werden durch Druck stimuliert. Unterdessen gibt es eine Vielzahl von Akupressur-Systemen, denen das Wissen um die Energiepunkte der klassischen Akupunktur zugrunde liegt. Natürlich sollte auch bei der Akupressur einem erfahrenen Therapeut das Vertrauen geschenkt werden.

In früheren Zeiten bestand auch in unseren Breiten ein Wissen über Punkte und Hautareale, über die man durch unterschiedliche Stimulationen und auch dauerhafte Bemalungen Heilung und/oder Linderung bestimmter Beschwerden erzielte. Der Ötzi, die bekannte Gletscher-Mumie, hatte auf seinem Körper zahlreiche Tätowierungen, und auch verheilte Verletzungen und Krankheiten konnten bei ihm nachgewiesen werden. Interessant ist, dass die tätowierten Symbole auf Ötzis Haut dem Ogham-Runen-Alphabet des inselkeltischen Kulturkreises zu entstammen scheinen. Wir wissen heute, dass Heiler wie auch Heilsuchende auch schon weit vor unserer Zeitrechnung weite Reisen unternahmen. Dies zeigt ein weiteres Beispiel: Ein aus dem Alpenraum stammender Mensch mit schweren Knieproblemen und anderen Leiden unternahm wohl mehrmals die Reise nach Stonehenge unternommen hat, wo er schließlich auch in Ehren bestattet wurde. Die irischen/schottischen Ogham-Tätowierungen waren zwar sehr speziell und die Ogham-Schrift auf den britischen Inseln nicht sehr verbreitet, doch waren sie bei weitem nicht ungewöhnlich. Generell waren die Menschen früher sehr viel unterwegs und sind weiter in der Welt herumgekommen als die meisten vermuten. – Im Gegensatz zu dem jahrtausendealten Heilwissen Chinas und Indiens, das auch in verschiedenen Schriften und Dokumenten festgehalten wurde, ging das dem europäischen Raum eigene Wissen um Heilung und Gesundung weitestgehend verloren. Ein Wiederentdecken beziehungsweise eine Wiedererforschung und Neubelebung der europäischen Heilkunde verbunden mit neuen Erkenntnissen und unter Einbeziehung beispielsweise der Traditionellen Chinesischen Medizin sowie auch der unserer früheren Vier-Elemente-Lehre nahestehende indischen Heilkunst Ayurveda, könnte aus meiner Sicht zahlreiche sehr gute Therapiesysteme hervorbringen.

Die Chakren

Eine sehr umfangreiche Thematik und mit zahlreichen unterschiedlichen Definitionen und Zuordnungen versehen ist die Chakren-Lehre. An dieser Stelle möchte ich daher nur das Wesentlichste über sie anklingen lassen und keinen Lehrkurs über Chakren abhalten. Die Aufgabe der Chakren besteht, im Gegensatz zu den Meridianen, welche für den Energiefluss zuständig sind, in erster Linie in der Energieaufnahme und im -austausch; über sie sind wir mit unserer Umwelt vernetzt.

Die sieben Hauptchakren des Menschen haben unterschiedliche Drehrichtungen und Frequenzen, sie erscheinen wie langstielige Trichter, haben verschiedene Farben und sind alle durch die Energiebahnen, die Kundalini-Linien, miteinander vernetzt.

Sie werden mehrheitlich wie folgt beschrieben und definiert:

- 1. Chakra: Basis-Chakra, es befindet sich beim Mann im unteren Hüftbereich zwischen Anus und Hodensack und bei der Frau zwischen Anus und Scheide; Farbe: Rot
- 2. Chakra: Sakral- oder Sexual-Chakra, welches knapp unterhalb des Nabels liegt; Farbe: Orange
- 3. Chakra: Solarplexus-Chakra, hat seinen Sitz genau am Solarplexus, in Höhe des oberen Teiles des Magens; Farbe: Gelb
- 4. Chakra: Herz-Chakra, befindet sich auf Herzhöhe am Brustbein; Farbe: Grün
- 5. Chakra: Kehl-Chakra, sitzt an der Halsmitte; Farbe: Hellblau
- 6. Chakra: Stirn-Chakra, auch drittes Auge genannt, liegt zwischen den Augenbrauen; Farbe: Dunkelblau
- 7. Chakra: Scheitel-Chakra, sitzt in etwa auf der Mitte des Schädels; Farbe: Violett

Diese Aufstellung entspricht den „herkömmlichen" Definitionen der meisten Lehren sowie der populären Literatur der Esoterikwelt und wird weitgehend unkritisch übernommen und nachgeplappert. Nun gibt es jedoch wirklich sehr alte Schriften und Überlieferungen sowohl aus Indien als auch aus der Himalayaregion, aus Ägypten sowie Süd- und Nordamerika, die sehr wohl von solchen Farbgebungen sprechen, allerdings beziehen sich diese teilweise auf eine Zeit weit vor der unsrigen. Es wird zudem angegeben, dass sich die Farben entsprechend der wandelnden Schwingungsverhältnisse der Erde ändern – und in den Jahrtausenden, die vergangen sind, seitdem es erste diverse Niederschriften zu den Chakren gibt, haben sich die Schwingungen unseres Planeten sehr verändert. Sie sind deutlich höher als damals und steigen noch immer an. Folgerichtig müssen sich auch die Farben, die ja auch Schwingungen sind, ebenfalls verändert haben. Ich sehe die Chakren-Farben so (wobei die Farbtöne der ersten fünf Chakren heller und leuchtender sind als in der obigen Definition):

- 1. Chakra, Basis-Chakra: helles Blutrot
- 2. Chakra, Sakral-Chakra: helles Orange
- 3. Chakra, Solarplexus-Chakra: strahlendes Gelb
- 4. Chakra, Herz-Chakra: Frühlingsgrün
- 5. Chakra, Kehl-Chakra: leuchtendes Hellblau
- 6. Chakra, Stirn-Chakra: Weiß mit Gold
- 7. Chakra, Scheitel-Chakra: klares, reines Weiß

Einen wesentlichen Farbunterschied weisen die beiden letzten Chakren auf, die Farben stimmen mit der „herkömmlichen" Definitionen nicht überein. Doch meine Erfahrungen mit Seminarteilnehmern und Mitgliedern der Ausbildungs- und Lebensweggruppen bestätigen immer wieder diese Farbdefinition als deutlich klarer, intensiver und verbindender. – Sie selbst können den Unterschied zwischen Dunkelblau und Weiß mit Gold beim Stirn-Chakra erfahren, indem Sie sich vor Ihrem dritten Auge die jeweilige Farbgebung vorstellen. Für mich stellt sich das so dar, dass in diesem Bereich das Dunkelblau den Blick verschleiert, während das Weiß mit Gold einen klaren und durch das Gold sehr kontrastreichen Blick ermöglicht. Gleiches gilt für mich beim Scheitel-Chakra: beeindruckende Klarheit und tiefe Verbundenheit nach Oben bei Weiß und Trübung/Verschleierung bei Violett. – Ob hinsichtlich der herkömmlichen Farbdefinition Absicht steckt oder ob lediglich eine längst nötige Angleichung bisher verpasst wurde, sei dahingestellt.

Aus der Kampfkunst kenne ich die Vorgehensweise, Fremden bestimmte Techniken falsch zu erklären und weiterzugeben, um sich im Falle einer Auseinandersetzung eines Vorteils gewiss zu sein. Der Grund, weshalb mir solche Gedanken kommen, liegt im mehr als deutlichen Unterschied zwischen Dunkelblau und Violett auf der einen und Weiß mit Gold und klarem, reinem Weiß auf der anderen Seite, denn die damit verbundenen Wirkungen können gegensätzlicher nicht sein: da Verschleierung und Dämpfung und dort Klarheit, Brillanz sowie direkte Verbundenheit.

Auch was die Funktionen und die Eigenschaften der Chakren betrifft, gibt es in der verfügbaren Literatur und den zahlreichen Lehren eine Vielzahl verschiedener Darstellungen und Beschreibungen. Für mich hat sich Folgendes herauskristallisiert:

- Das *Basis-Chakra* ist die direkte Verbindung zur Erde, unserem Heimatplaneten und seinen Energien, zur physischen Existenz und deren Erhalt. Es verbindet uns mit der Ur-Mutter und dem Ur-Vater, aus denen wir entstanden sind und die uns ernähren. Wenn wir das Gefühl haben, gut geerdet zu sein, dann ist dies beispielsweise ein Zeichen für ein aktives Basis-Chakra.
- Das *Sexual-Chakra* hat Bezug zur Sexualität und zu unserem unmittelbaren Umfeld, zu unserer Familie und unserem Clan, zu der engeren sozialen Gemeinschaft, in der wir in jungen Jahren unseren Platz finden und lange Zeit haben werden, bis wir ihn mit dem Erwachen unserer Sexualität in Frage und auf den Prüfstand stellen, um unsere Individualität, unsere eigenen Überzeugungen und unsere persönliche Berufung zu finden.
- Das *Solarplexus-Chakra* ist unser Selbstausdruck, die Art und Weise, wie wir uns nach außen zeigen, es ist die energetische Schnittstelle zwischen uns und unserem gesamten Umfeld sowie dem, was innerhalb diesem passiert.
- Das *Herz-Chakra* steht in Zusammenhang mit echten Überzeugungen und der bedingungslosen Liebe. Es ist mit dem physischen Herzen verbunden; beide bilden die Schnittstelle zwischen unserem physischen und energetischen Sein.
- Das *Kehl-Chakra* geht mit der Aussprache und der Artikulation unseres Selbst einher.
- Das *Stirn-Chakra* zeigt uns als unser drittes Auge ein deutlich erweitertes Bild unserer Welt; mit ihm können wir annähernd wahrnehmen, wie sie wirklich ist.
- Das *Scheitel-Chakra* bezieht sich auf echtes kultiviertes Denken, es verschafft die Anbindung an energetische Welten, es ist die Verbindung zum Himmel, zum großen Ganzen, zum Ursprung allen Seins in diesem Universum.

Neben den sieben Hauptchakren gibt es noch weitere Chakren, die sowohl für unser tägliches Leben als auch für unsere energetische Arbeit wichtig sind:

- zwei Hand-Chakren
- zwei Fuß-Chakren
- zwei Schulter-Chakren
- zwei Hüft-Chakren
- das Nabel-Chakra
- das Nacken-Chakra (siebter Halswirbel)
- das Schambein-Chakra

Diese elf Chakren sind ebenso wichtig wie die sieben Hauptchakren, da sie dafür sorgen, dass letztere gut unterstützt werden, richtig funktionieren und wir mit unserem Umfeld energetisch interagieren können. Möchte man eine Energiebalance durchführen, ist diesen Chakren genauso Beachtung zu schenken, wie den Hauptchakren, sowohl bei der Behandlung anderer Menschen als auch bei der Selbstbehandlung. Um mit den Chakren zu arbeiten, gibt es verschiedene Möglichkeiten, mit denen beachtliche Resultate erzielt werden können. In diesem Buch wird darauf aber nicht eingegangen, die kurze und rudimentäre Beschreibung soll genügen. Es gibt zahlreiche andere Veröffentlichungen, die aus den Chakren eine Wissenschaft machen – dort können Sie mehr erfahren oder sich noch mehr verwirren lassen. Vorrangig ist es wichtig zu verstehen, wie sich die Chakren auf unser Wohl auswirken und wie sie diesbezüglich funktionieren:

- Die oberen drei Chakren, das Kehl-, Stirn- und Scheitel-Chakra, bilden eine Gruppe; das Wahrnehmen, Filtern, Interpretieren, Denken und die Artikulation sowie die Entstehung von Gefühlen fallen diesen zu.
- In den unteren drei Chakren, dem Basis-, dem Sakral- und dem Solarplexus-Chakra, sind die Emotionen bezogen auf unsere pure Existenz, unser Umfeld und unsere Selbstsicht beheimatet. Im Gegensatz zu anderen Sichtweisen gibt es tatsächlich nur zwei Emotionen: die der Liebe und die der Angst (oder auch Abwesenheit von Liebe). Emotionen werden in dieser Dreiergruppe wahrgenommen, deren kultur- und familienspezifisch indoktrinierte Interpretation zu Gefühlen findet in der „oberen" Dreiergruppe statt.
- Zwischen diesen beiden Gruppen liegt das Herz-Chakra, das wiederum in Verbindung steht mit dem physischen Herz. Hier entstehen die Überzeugungen, die unser Leben prägen.

Alle Chakren, das ist klar, existieren auf der energetischen Ebene, und auf dieser stehen wir im Austausch mit den uns umgebenden Energien: das Basis-Chakra verbindet uns energetisch mit der Erde, das Kronen-Chakra mit dem energetischen Universum, also dem Himmel, das Solarplexus-Chakra mit dem erweiterten energetischen sozialen Umfeld und so weiter. Um die Sache noch etwas komplizierter zu machen: Dies setzt sich in den sieben energetischen Körpern und unserer Aura fort. Hierbei kommt es nun zusätzlich darauf an, dass nicht nur die Chakren-Systeme der Energiekörper funktionieren, sondern auch, dass die Energiekörper von außen nach innen, vom Feinstofflichen ins Grobstoffliche hinein, durchlässig sind.

Was jedoch für eine Zusammenarbeit der verschiedenen energetischen Systeme und dem stofflichen Körper noch nötig ist, das ist die direkte Verbindung der energetischen Bereiche mit dem physischen Sein; dieser Punkt wird meist nicht erkannt. Die Zusammenführung der energetischen Ebene und des physischen Seins erfolgt in drei Synchronisationsebenen: Die erste Ebene ist der Bereich des Bauches, in der Magengegend sind Wahrnehmungen besonders deutlich spürbar. Das liegt mit daran, dass das Sonnengeflecht senkrecht über dem Magen verläuft und mit ihm so viele Nervenbahnen wie in keinem anderer Bereich des Körpers beieinander liegen. Eine Nervenbahn ist dabei besonders wichtig: der Vagusnerv, der dickste und leistungsstärkste Nerv in unserem Körper, der den Solarplexusbereich durchläuft und das Verdauungssystem sowie Herz und Lunge als auch das Gehirn direkt miteinander verbindet.

Eindrücke aus unserem Umfeld erfassen wir mit Liebe oder Angst, unser Bauch nimmt diese Gefühle als erstes wahr und macht sie uns deutlich. Die berühmten Schmetterlinge im Bauch beim Verliebt-Sein und bei Angst Harn- oder Stuhldrang sind bekannte Beispiele dafür. Dann erfassen wir die äußere Situation bewusster mit unserem Verstand, der die Wahrnehmungen des Bauches über seine erlernten Mustern in Gefühle umwandelt und/oder weitergehend interpretiert, während er gleichzeitig seine optischen, akustischen und anderen physischen Wahrnehmungen mit gespeicherten Erfahrungen und erlerntem Wissen abzugleichen sucht. In der Herzgegend zeigt sich dann das „Ergebnis" der Verbindung von Kopf- und Bauchverstand. Überwiegt der Bauchverstand reagiert das physische Herz mit verändertem, meist erhöhtem Herzschlag. Überwiegt der Kopfverstand, zeigt sich weder eine physische noch eine gefühlsmäßige Reaktion. Erst wenn Kopf- und Bauchverstand mit den Wahrnehmungen unserer energetischen Ebenen und Kanäle übereinstimmen, spüren wir in der Herzgegend das besondere Gefühl der Gewissheit, mit der Wahrheit in Einklang zu sein. Es zeigt sich also auch hier eine Dreierstruktur wie bei den Chakren:

- 1. bis 3. Chakra = existenzbezogene Emotionen (Liebe und Angst); 3. Chakra = energetische Kommunikation mit dem Umfeld; auf der physischen Seite der Magen und der Solarplexus direkt unterhalb des 3. Chakras.
- 5. bis 7. Chakra = Sehen, Denken Artikulieren; auf der physischen Seite das Gehirn für das bewusste Denken und Entscheiden sowie auch die Umsetzung der Entscheidungen; der gesamte unbewusste Bereich steht im direkten Einfluss des 6. und 7. Chakras.
- 4. Chakra, Herz-Chakra, es vereint die beiden Bereiche der oberen und unteren Chakren-Gruppe und zeigt das Resultat an, wie auch den Anteil an Liebe für einen selbst und andere.

Die energetischen und physischen Bereiche verstärken, ergänzen und gleichen sich fortwährend gegenseitig ab, wenn alles in Ordnung, alles im Fluss ist, oder sie behindern sich, wenn eben nicht alles so vonstatten geht, wie es sollte. Die Gründe für Dysfunktionen zwischen diesen drei Ebenen sind sehr vielfältig. Sind jedoch beide Seiten intakt und funktionieren reibungslos, so sind das Herz-Chakra und das physische Herz zusammen stark genug, um eine Brücke zwischen der energetischen Ebene der Chakren und Meridiane auf der einen und dem grobstofflichen Körper, einer physischen Manifestation der Schöpfungsebene, auf der anderen Seite zu schlagen. Auf der Ebene der messbaren elektrischen und magnetischen Felder kann heute die „Bedeutung" und Intensität/Stärke dieser drei Körperbereiche/Organe deutlich gemacht werden. Können bisher nur schwache und kaum wahrnehmbare und daher nicht besonders auffällige Schwankungen sowohl im elektrischen als auch im magnetischen Feld des Solarplexus als Aggregationspunkt für den Bauchbereich gemessen werden, so sind diese messbaren Felder im Bereich des Gehirns schon wesentlich ausgeprägter und werden in der Schulmedizin mit dem EEG zu diagnostischen Zwecken untersucht und genutzt. Diese Feldstärkeveränderungen vom Bauch zum Gehirn steigern sich im Herzbereich noch weiter, und zwar beträchtlich. Am Herzen sind das elektrische Feld 60-mal und das magnetische Feld 500-mal stärker als das des Gehirns. Anders ausgedrückt: Während die elektrischen und magnetischen Feldstärken bei Solarplexus und Gehirn direkt am physischen Körper gemessen werden müssen, ist dies bei denen des Herzbereiches bei einem „normalen Menschen" noch in 5-6 Meter Entfernung möglich. Kommen alle drei Bereiche, der Bauch, der Verstand und das Herz, durch entsprechende physische und spirituelle Arbeit und Übungspraxis in Einklang/Kohärenz, verdoppelt sich die messbare Entfernung des elektrischen und magnetischen Feldes um den Herzbereich auf 12 Meter und mehr. Es sind also nicht nur die Chakren als Ganzes zu betrachten, sondern auch deren Aufteilung in Gruppen und jeweiligen Funktionen sowie auch deren Verbindung zu ihren physischen Spiegeln. Der Kondensationspunkt Herzbereich verbindet nicht nur die energetische und physische Ebene, er zeigt auch mehr als deutlich deren Zustand und das zu erwartende Ergebnis an. Kohärenz ist also auf energetischer und physischer Ebene sowie zwischen diesen beiden herzustellen, um volles Bewusstsein und bestmögliche Ausstrahlung und damit Manifestationskraft zu entwickeln. Ist dies gegeben, dann ist der Mensch ausgeglichen und ruht in sich selbst, er ist mit sich selbst und der Welt im Reinen, hat Ausstrahlung, unendlich Energie, trifft klare Entscheidungen zum Wohle aller, hat Erfolg bei all dem, was er sich vornimmt und anpackt (das Systemkonforme einmal ausgenommen), ist glücklich, kerngesund und genießt seinen Wohlstand. Ist dies nicht gegeben, so entsteht genau Gegenteiliges: Verwirrung, Angst, Krankheit, Unentschlossenheit, Mangel usw.

Das Aurafeld und die Energiekörper

Das Aurafeld besteht aus mehreren unterschiedlich dichten Schichten oder Energiekörpern – diese bestimmen dessen Gesamtausdruck. Die insgesamt sieben Energiekörper entsprechen den sieben Hauptchakren und repräsentieren den jeweiligen Zustand des Menschen auf den ihnen zugehörigen Ebenen. Es ist tatsächlich so, dass der physische Körper mit allen Energiekörpern zusammen erst den ganzen Menschen ausmacht, sie sind Teil unserer komplexen Struktur. Wir sind also viel größer, haben eine weitere Ausdehnung als unser sichtbarer Körper es vermuten lässt. – Da es hinsichtlich der Benennung dieser Energiekörper keine klaren Festlegungen gibt, jede Lehre und jedes „System" mehr oder weniger eigene Begriffe für sie hat, möchte ich die für mich am sinnvollsten erscheinenden Bezeichnungen wiedergeben (angegeben sind sie in der vom Körper ausgehenden Reihenfolge):

- der ätherische Körper (dieser liegt dem physischen Körper am nächsten)
- der Emotionalkörper

- der Mentalkörper
- der Kausalkörper
- der spirituelle Körper
- der kosmischer Körper
- der Lichtkörper.

Sie alle schwingen in unterschiedlichen Bandbreiten und durchdringen sich. Unregelmäßigkeiten in der Silhouette der Energiekörper oder kaum wahrnehmbare und/oder viel zu schmale Energiekörper/-schichten zeigen Defizite des Energiestatus des physischen Körpers, sie weisen auf Unter-/Mangelversorgung entsprechender Bereiche und Organe. Früher oder später manifestieren sich an diesen Stellen dann auch physische Erkrankungen.

Während die Energiekörper ein fester, wenn auch in seinen Ausprägungen variabler struktureller Teil unseres Seins sind und Energien von außen nach innen leiten, so ist die Aura das Energiefeld, welches direkt von unserem physischen Körper ausgeht und dessen Zustand anzeigt. – Auch wenn es Menschen gibt, welche die Aura sehen und mit ihr gezielt arbeiten können, ist mir dieser Zugang bisher nur kurzzeitig und nur mit viel Übung und Zeitaufwand möglich gewesen; Aufwand und Nutzen standen für mich in keinem nutzbringenden Verhältnis, weshalb ich mich entschieden habe, diese Schau lieber anderen zu überlassen. Aus meiner Sicht und aufgrund meiner Wahrnehmung ist die Aura das Bild innerer Vorgänge im physischen Körper, und dort sind letztlich auch die Ursachen für Veränderungen zu suchen und zu finden. Es ist daher immer wichtiger, dort nach Auslösern für Ungleichgewichte zu suchen, als symptomatische Behandlungen an der Aura durchzuführen, da diese aus meiner Sicht nicht unbedingt zielführend sind. Wobei es sicher auch Situationen und Anlässe gibt, in denen es durchaus notwendig sein kann, sich erst um die Aura zu kümmern, um so an die Ursachen zu gelangen. Doch meiner Ansicht nach und meinen Erfahrungen zufolge, ist dies eher die Ausnahmen; die Aurasichtung sollte eher als diagnostisches Mittel angesehen werden. Doch das ist meine persönliche Sichtweise. – Grundsätzlich ist es sicher nicht falsch, sich mit der Aura und der Arbeit an ihr zu beschäftigen, man kann nur dazulernen. Alles, was mit den Energiesystemen des Menschen zu tun hat, ist es wert, erforscht zu werden.

* * *

Soweit die Ausführungen zu den Grundbedürfnissen von Körper, Geist und Seele, an denen klar erkannt werden kann, was zu tun ist, um Gesundheit und persönliche Entwicklung zu erfahren. Abschließend sind die verschiedenen Bereiche und Punkte noch einmal übersichtlich dargestellt.

To-do-Liste für die Stärkung und Entwicklung des Selbst		
Körperlich/grobstofflich	Geistig/mental	Seelisch/feinstofflich
Saubere Luft	**Inaktive stille Zeit**	**Zeiten der Einsamkeit**
Suchen Sie sich ein Haus oder eine Wohnung im Grünen, ausreichend weit entfernt von Ballungsgebieten. Wenn dies nicht möglich ist, dann sollte die Freizeit so oft es geht in der Natur verbracht werden.	Schaffen Sie sich Freiräume, um regelmäßig in die Stille zu gehen. Suchen Sie sich einen Ort, an dem das möglich ist, oder richten Sie sich einen solchen ein. Bestenfalls sollten Sie dort frei von jeglichen Störungen sein.	Einsamkeit ist etwas anderes als stille Zeit, bei der man zwar auch alleine und ungestört ist, jedoch nur begrenzt auf Minuten oder Stunden an einem Tag. Einsamkeit bedeutet hingegen, für mehrere Tage an einen Ort zu gehen, an dem man absolut alleine ist. Einige buddhistische und christliche Klöster bieten solche Möglichkeiten mit „stiller" Verpflegung. Sie können sich aber auch, um wirklich niemandem begegnen zu müssen, eine Hütte oder ein Unterschlupf suchen, der vollkommen in der Natur liegt, und sich selbst versorgen.
Reines und lebendiges Wasser	**Energiearbeit auf allen Ebenen**	**Zeit der Gemeinschaft**
Sie sollten es in Betracht ziehen, sich mit Wasserreinigungs- und -energeti-	Zugegebenermaßen eröffnet sich hier ein sehr weites Betätigungsfeld. Beginnen	Suchen Sie den Kontakt zu Gleichgesinnten, die ebenfalls auf Ihrem Weg sind,

sierungssystemen zu beschäftigen beziehungsweise solche zu gebrauchen. Achten Sie aber darauf, dass diese nicht mit Magneten und immer mit Verwirbelung nach Schauberger arbeiten.	sollten Sie mit Chakrenarbeit und Meridianstimulation. Weiteres wird sich mit der Zeit fügen und hinzukommen.	oder lassen Sie sich von ihnen finden. Passen Sie jedoch auf, nicht vereinnahmt zu werden. In einer solchen Gemeinschaft sollten vordergründig der Gedanken- und der Energieausgleich stehen und nicht irgendeine Vereinsmeierei.
Natürliche Nahrung Heutigentags wird es immer einfacher, günstig natürliche Nahrungsmittel einzukaufen, da selbst die Discounter mehr und mehr Bio-Produkte in ihre Sortimente aufnehmen. Noch besser, auch aus Gründen der Unterstützung, ist es, in Bio-Läden oder zertifizierten Bio-Höfen einzukaufen.	**Regelmäßige Meditations- und Kontemplationspraxis** Finden Sie aus der Vielzahl der Meditationsformen jene, die gerade jetzt für Sie stimmig ist, und praktizieren Sie nicht eine, die Ihnen jemand zuweist. Aus der Fülle der stillen, dynamischen und geführten Meditationen sollten Sie die wählen, mit der Sie zurechtkommen und sich wohlfühlen. Hinweis: Sehr gute Meditationsformen kommen aus dem Umfeld der Osho-Bewegung, beispielsweise die dynamische oder die „Breathing-Meditation".	**Achtsamkeit** Achtsamkeit ist etwas, das man immer und überall üben kann. Hierfür gibt es ebenfalls unter anderem zahlreiche Veröffentlichungen, die unterschiedliche Übungen und Methoden empfehlen. Auch hier gilt, für sich das herauszufinden, was passend für einen selbst ist.
Natürliche Ordnung Diese erkennt und erlernt man nur, wenn man sich der Natur zuwendet, deren		**Bewusste Wahrnehmung** Auch bewusste Wahrnehmung, über die Sie hier im Buch schon einiges erfah-

Regeln befolgt und ihren Zyklen gemäß lebt. Auf den Seiten 222 ff und 239 erfahren Sie mehr über den Jahreskreis und das Lebensrad, denen die natürliche Ordnung zugrunde liegt.

ren konnten, ist etwas, das Sie immer und überall üben können. Einer Anleitung bedarf es nicht, denn bewusst wahrzunehmen, dazu ist eigentlich jeder in der Lage, so er denn will.

Natürliche ökologische Kleidung

Die Vorteile natürlicher Stoffe wie Hanf, Leinen, Wolle, Seide, Baumwolle, Nessel mit möglichst naturhaften Farben wurden bereits beschrieben – probieren Sie es aus. Anbieter und Hersteller solcher Kleidung, deren Materialien auch ökologischem Anbau entstammen, sind im Internet schnell zu finden.

Freiraum für sich selbst

Schaffen Sie sich einen Freiraum abseits von Familie, Beruf und Freunden, der nur Ihnen gehört und in dem Sie das tun können, was Ihnen Spaß macht und wichtig ist. Manche entdecken hierfür ein (neues) Hobby oder schaffen sich eine kleine Werkstatt an, in die sie sich zurückziehen und ihre Kreativität ausleben können.

Natürliches ökologisches Lebens- und Arbeitsumfeld

Inzwischen bieten viele Baumärkte und Baustoffhandlungen ökologische und biologische Materialien an. Dort finden Sie alles für den Innen- und Außenbereich Ihrer Wohnung oder Ihres Hauses. Selbst reine Öko-/Bio-Baumärkte gibt es hier und da schon.

Anbindung an die Natur als Ausdruck der wahren Schöpfung

Diesbezüglich gilt dasselbe, was beim ersten Punkt, „saubere Luft", geschrieben steht. Suchen Sie so oft wie möglich den Kontakt zur Natur, binden und fühlen Sie sich in diese ein, leben Sie in und mit deren Zyklen.

Angemessene körperliche Belastung und Entspannung		Erweiterte Wahrnehmung
Es gibt mittlerweile in jeder Gegend eine Vielzahl von Einrichtungen mit reichhaltigen Angeboten sowie Kurse und/oder Workshops sowohl für die körperliche Betätigung als auch die Entspannung. Es empfiehlt sich, Verschiedenes auszuprobieren, um das Richtige zu finden – an der Angebotspalette wird es nicht mangeln.		Es gibt viele Methoden und Übungen, um seine Wahrnehmungsfähigkeit zu erweitern. Meditationen zählen da sicher dazu, doch auf dem naturspirituellen Weg wartet noch ganz anderes, beispielsweise Anderweltreisen, Seelenrückreisen, Schwitzhüttenrituale oder Trance-Arbeit.

All das, was hier so sauber in die drei Bereiche gegliedert ist und als getrennt voneinander erscheint, wird sich beim Beschreiten des naturspirituellen Weges mit der Zeit immer mehr überlappen und schließlich eins werden. Es gibt aber auch Methoden und Praktiken, die es ermöglichen, den einen oder anderen Bereich zu verbinden beziehungsweise den Austausch zwischen den Ebenen zu verbessern. So schafft beispielsweise das Runen-Qi-Gong schwerpunktmäßig die Verbindung der physischen mit der geistig-/energetischen Ebene, Andersweltreisen hingegen die seelische mit der geistig-/energetischen Ebene.

In all diesen Bereichen etwas für uns selbst, für unser Selbst zu tun, ist eine Sorgfaltspflicht, die wir unserem schöpfungsrichtigen Sein gegenüber haben. In dem Maße, wie wir dieser Sorgfaltspflicht nachkommen und sie umsetzen, finden wir nicht nur zu unserem Lebensweg, unserer Berufung und Lebensaufgabe, wir werden außerdem zunehmend gesünder, lebendiger und zufriedener, was sich auch in einem langsameren Altern und einem immer wachen Geist niederschlägt. Doch so einfach wie es klingt, ist es natürlich nicht, denn wo läge denn da die Herausforderung, der sich zu stellen nur wenige bereit sind?

Erfüllen wir zunehmend die Grundbedürfnisse des Selbst, stehen plötzlich all die Blockaden, Konditionierungen, Muster, Rollen, Gesellschaftsnormen und sonstige destruktive Prozesse und Abhängigkeiten im Weg. Doch wer seiner Sorgfaltspflicht Rechnung trägt, bei dem werden Selbstdisziplin, Selbstbestimmtheit und Selbstbehauptung wachsen. Die Verpflichtung sich selbst gegenüber, kann eine der verbindlichsten sein, die man im Leben eingeht, wenn man diese bewusst lebt; sie kann aber auch die am meisten vernachlässigte sein, wenn man sein Leben unbewusst ablebt, was derzeit wohl eher die Regel ist. Ich selbst habe da so einige Erfahrungen sammeln dürfen, wo ich auf formelle Verträge mit anderen Menschen verzichtet und auf deren schriftliche Selbstverpflichtungen gesetzt hatte. In der Regel hatten diese unterzeichneten Selbstverpflichtungen eine Halbwertszeit von drei Monaten gehabt, was eine deutliche Sprache spricht.

Auf dem naturspirituellen Weg kommen wir, wenn auch nur langsam und Schritt für Schritt, immer weiter zu einem schöpfungsrichtigen Handeln, hierfür ist drei (Wen wundert es noch, dass es drei sind?) Hauptaufgaben nachzugehen:

- kontinuierliche Erfüllung der Grundbedürfnisse des Seins
- Auflösung aller destruktiven Behinderungen
- Sicherstellung der beiden ersten Aufgaben durch Selbstverpflichtung, Selbstdisziplin, Selbstbestimmung und Selbstbehauptung.

Befolgen wir dies, so beginnen wir, ein eigenes und freies Leben zu führen, im Grunde das, wofür wir bestimmt sind. Und wir befinden uns dann in einer polaren Trinität: Die kontinuierliche Erfüllung der Grundbedürfnisse des Seins sowie die Auflösung der destruktiven Behinderungen sind die beiden aktiven Pole, deren Sicherstellung durch die Selbstverpflichtung das Trägermedium, das verbindende Element ist. Beide Pole stehen in Verbindung sowie im Austausch durch ein Trägermedium, jeder stärkt durch seine eigene Entwicklung den jeweils anderen – und auch den Überträger.

Die Wirkungsweise der polaren Trinität zu erkennen, ist der nächste Schritt im Verstehen der Schöpfung und ihrer Prozesse. Was Polarität ist und was diese von der Dualität unterscheidet, wurde bereits dargestellt. Wenn Polarität nicht erfolgreich, das heißt vor allem schöpfungswidrig verläuft, kann auch nie eine schöpferische polare Trinität entstehen. Ist andersherum eine polare Trinität gegeben, so liegt dieser auf jeden Fall eine schöpfungsrichtig arbeitende Polarität zugrunde und entsprechende Veränderungen zeugen von ihrem Wirken. Allerdings: Polarität alleine ist noch kein Garant für Entwicklung und Wachstum. Sie ist zwar die treibende Kraft, die Schöpfungskraft, doch hängt sie im Wesentlichen von dem Menschen, von dessen Einstellung und Bewusstseinsstand ab, in dem sie sich entfaltet.

Diese polare Trinität ist in allem verankert, wir finden sie und ihre Wirkungsweise überall wieder, natürlich auch bei uns. Denn für unseren Aufbau und unsere Struktur ist sie essentiell und auch in vielfacher Weise auftretend. Einige Beispiele sollen dies verdeutlichen: neben der polaren Trinität aus Körper-Geist-Seele wären da auch die von Gehirn-Herz-Bauch sowie die von Geistverstand-Seelenverstand-Urverstand.

Zur polaren Trinität Gehirn-Herz-Bauch: Das menschliche Gehirn mit seinen überwiegend spezialisierten Zellen wiegt etwa 1,5 Kilogramm. Der Darm verfügt (bei einer Länge von bis zu 12 Metern) über etwa 1 Kilogramm und das Herz mehrere Gramm dieser Zellen. Zunächst erscheinen die drei Bereiche als einzelne Organe ohne Zusammenhang, eine polare Trinität ist nicht offensichtlich. Das ändert sich, wenn wir beachten, dass alle drei Organe, die für unser Leben so wichtig sind, durch den Vagusnerv, den stärksten und leistungsfähigsten in unserem Körper, verbunden sind. Das ist von Bedeutung, denn sowohl tierische als auch menschliche Körper sind effiziente und ökonomisch optimierte Organismen, die keine Energie auf Dinge verschwenden, die nicht auch in der jeweiligen Stärke benötigt werden.

Deutlicher wird dieses „Naturgesetz", wenn wir uns die nächst höhere „Funktionsebene" und polare Trinität anschauen: Geistverstand-Seelenverstand-Urverstand. Der Geistverstand mit seinem Intellekt und seiner Abstraktionsfähigkeit ist im Gehirn beheimatet, im Bauch der Urverstand mit seinem emotionalen Ausdruck, der sich aus Liebe und Angst zusammensetzt. Und im Herzen sitzt der Seelenverstand als verbindendes Element, dieser ist die Essenz der beiden anderen, er bringt das in die Welt, was das Gehirn und der Bauch ihm zutragen. Das, was die drei Verstandesebenen nach außen tragen beziehungsweise die Intensität des Aufgenommen und das von der jeweiligen Ebene Umgesetzte, ist von uns spürbar und teilweise auch messbar, wie wir weiter oben schon erfahren haben, doch aufgrund seiner Bedeutung soll es noch einmal wiederholt werden. Emotionale Reaktionen des Bauchverstandes erfährt der Mensch als sogenanntes subtiles Bauchgefühl, sie sind mit heutigen Messmethoden kaum bis nicht erfassbar. Die Gedanken des Geistverstandes hingegen können per EEG direkt am Schädel gemessen werden. Auf eine weitere Entfernung ist die Intensität des Herzverstandes messbar: 2,5 bis 5 Meter. Das Herz erzeugt aber nicht nur ein elektrisches, sondern auch ein magnetisches Feld, das ebenfalls messbar ist. Das elektrische Feld des Herzens, messbar mit dem EKG, ist 60-mal stärker als das elektrische Feld des Gehirns, und das magnetische Feld des Herzens ist sogar 500-mal stärker als das des Gehirns.

Das ist auch der Grund, weshalb Gedanken nicht so stark sind wie Überzeugungen, die man über das Herzen spürt.

Das amerikanische Heart-Math-Institute hat diese Wechselwirkungen zwischen Herz und Gehirn eingehend erforscht und ist dabei auf den sogenannten Herz-Kohärenz-Faktor gestoßen, der anzeigt, inwieweit die Gedanken eines Menschen „nur" Gedanken sind oder schon Erkenntnisse oder gar Einsichten, ob und wie sie mit dem Herzenergiestatus übereinstimmen und diesen sogar stärken. Die Forschungen um den Herz-Kohärenz-Faktor haben gezeigt, dass Stress und Angst, die in der Regel nur im Kopf erzeugt werden, den Herzenergiestatus negativ beeinflussen und deutlich schwächen. Entwicklungsfördernde Gedanken hingegen, die aus Erkenntnissen und Einsichten resultieren und damit in Übereinstimmung mit der Herzenergie stehen, stärken den Herz-Kohärenz-Faktor weit über das herkömmliche Maß hinaus.* So kann die messbare Reichweite des Herzens von cirka 2,5 bis 5 Meter bis auf 12 Meter und mehr erweitert werden. Es ist also nicht so, dass nur durch ein starkes Herz die Gehirnleistung gesteigert werden kann, sondern durch richtiges Denken auch die Herzleistung.

Es sind die entwicklungsrichtigen Überzeugungen und das kultivierte Denken, die es uns über die Herzenergie ermöglichen, unsere Grundsätze und Einsichten in die Welt zu tragen und sie dort zu manifestieren. Der Geistverstand alleine ist dazu zu schwach, ebenso wie der Seelenverstand dies alleine nicht vermag. Erst wenn Urverstand und Geistverstand im Einklang sind und durch Überzeugungsarbeit Erkenntnisse und Einsichten erzeugen, kann auch der Geistverstand mit dem Seelenverstand in Einklang kommen und Essenz aus den Einsichten gewonnen und in die Welt gebracht werden. Dies erklärt auch, weshalb richtiges Denken alleine nicht ausreicht, um Gedanken in der Außenwelt zu manifestieren. – Doch am Herzbereich des Körpers geschieht noch mehr: das Herz ist zusammen mit dem Herz-Chakra die Nahtstelle zwischen unserem physischen und energetischen Sein, zwischen Körper und Geist. Wird die Herzenergie zunehmend stärker, kann es zu einer direkten Verbindung mit dem Herz-Chakra kommen und tatsächlich zu einem Ganzen mit ihm verschmelzen. Doch schon im Vorfeld dieser Verschmelzung zeigt das Herz-Chakra dem Herzen die über das Energiesystem wahrgenommene Welt,

---

* Das Heart-Math-Institute bietet seit einigen Jahren Übungsprogramme an, die zu einer besseren Harmonisierung und zu einem Abgleich zwischen Geistverstand und Seelenverstand und damit zu einer verstärkten Reichweite der Gedankenwelt in der Außenwelt führen.

das heißt eine ohne Indoktrinationen, Muster und Blockaden verzerrte Sicht der realen Welt. Je näher die Erkenntnisse des Seelenverstandes dieser realen Sicht kommen, umso stärker gehen Herz und Herz-Chakra spürbar in Resonanz.

Auch die Organe selbst weisen eine Trinität auf: Das Gehirn hat zwei Hemisphären, welche durch den Corpus Callosum miteinander verbunden werden. Und der Rhythmus des Herzens mit seinem rechten und linken Kammersystem wird vom Sinusknoten so gesteuert, dass das Blut mit einem Mindestdruck durch die Adern gepumpt wird. Aber auch auf der Verstandesebene wirken Trinitäten: Die Wahrnehmungen des Urverstandes stehen in Verbindung mit den ersten drei Chakren, dem Basis-, dem Sakral- und dem Solarplexus-Chakra. Der Geistverstand ist verwurzelt in den oberen drei Chakren, dem Kehl-, dem Stirn- und dem Scheitel-Chakra. In dreifacher Form stellen sich die Informationsspeicher des Körpers dar. Da ist einmal der Herkunftsspeicher, als Genom bezeichnet, in dem die Entwicklungen, die zu uns geführt haben, abgelegt sind. Alle signifikanten Erlebnisse des aktuellen Lebens werden im Muskel- und Bindegewebe gespeichert, das ist der sogenannte Lebensspeicher. Die Atome, aus denen der menschliche Körper besteht, haben all das in ihren Elektronen gespeichert, was sie seit ihrem Bestehen erlebt haben; ich nenne dies den Erdspeicher. Auf den Körperspeicher können wir heute durch Therapieformen wie Rolfing, Triggerpoint, Feldenkrais oder Bowtech zugreifen und destruktive Informationsansammlungen auflösen. Auf unser Genom können wir zunehmend besser, aber meist nur mit wissenschaftlicher Unterstützung Einfluss nehmen. Worauf wir noch nicht zugreifen können, ist der Erdspeicher, doch die NASA forscht gerade genau an diesem Zugang, da hier unendliches Potential an Wissen und Speicherkapazität vermutet wird.

Das alles ist nicht neu und keinesfalls rein zufällig. Trinitäten spielten schon bei unseren Vorfahren eine große Rolle. Besonders gut ist dies – wenn auch nicht direkt – von den Kelten überliefert. So finden wir in der keltischen Symbolik viele Trinitäten: die verschiedenen Triskelformen, die drei mal drei heiligen Kräuter der Druiden und die Große Mutter, welche die Jungfrau, Mutter und die Weise Alte in sich vereint. Diese Beispiele machen deutlich, welche Bedeutung die Trinität für unsere Vorfahren hatte – und die damit verbundenen Inhalte müssen wir uns heute neu erarbeiten. Dies ist zwar mühsam, aber dennoch schöpfungsrichtig, denn dadurch entstehen sie im aktuellen Kontext und Zeitgeist neu.

Es ist schon spannend zu sehen, wie einfach und doch komplex die Schöpfung funktioniert und wie diese sich im Menschen widerspiegelt und durch ihn wirkt – und sie bestand lange vor unserer Zeit und wird auch nach uns weiterexistieren. Um ganz in dieser Schöpfung zu leben, müssen wir uns im Einklang mit ihr entwickeln und uns immer wieder an ihr orientieren. In dem Maße, wie wir die Schöpfung mit all ihren Vorgängen und Prozessen erkennen und verstehen, werden wir in der Lage sein, uns selbst, unser Leben und alles um uns herum zu reflektieren. Erst durch diese auf dem Verstehen basierende Reflektion ist es möglich, neue, richtige Entscheidungen zu treffen und alte Fehler zu vermeiden. Doch was noch viel wichtiger ist: Über dieses Verstehen der Strukturen, Funktionalitäten und Grundbedürfnisse erschließt sich uns dann plötzlich auch wieder der Zauber der Schöpfung und des Lebens. Denn neben den überall vorhandenen Trinitäten verbindet uns noch viel mehr mit der Erde als wir denken: So entspricht der durchschnittliche Salzgehalt unseres Blutes exakt dem der Meere, wir sind so mit dem Urmeer verbunden, aus dem alles Leben entstieg. Die roten Blutkörperchen, das Hämoglobin, haben einen fast identischen molekularen Aufbau wie das Chlorophyll der Pflanzen, sie sind sozusagen Zwillingsmoleküle und zeigen unser Verbundensein mit dem Pflanzenreich. Unsere mineralhaltigen Kochen entsprechen den Felsen, unser Fleisch entspricht der Erde und vieles mehr. In diesem Sinne sind viele Schöpfungsmythen alter Völker, beispielsweise der Germanen, sehr interessant und aufschlussreich.

Wenn Sie sich mit dem bisher Gelesenen tiefgründig beschäftigen, wird Sie vielleicht ein noch unbestimmtes Gefühl von „sehr viel Arbeit" und „Ruhelosigkeit" beschleichen. Ja, es ist mit viel Arbeit verbunden, sich auf diesen Weg zu begeben, aber nur deshalb, weil wir uns schon so weit von unserem natürlichen Sein und Lebensumfeld entfernt haben. Die frühen Menschen, beispielsweise die der Groß-Steinskulptur-Epoche, mussten sich nicht in dem Maße um ihre körperlichen, geistigen und seelischen Belange kümmern, denn sie waren in Einklang mit der Schöpfung und nicht wie wir getrennt von ihr. Wir müssen uns erst mühsam an eine Position heranarbeiten, von der aus unsere Entwicklung als beseelte Menschen überhaupt erst wieder möglich ist, denn von unserem derzeitigen Stand aus ist das nicht so einfach. Allerdings haben wir heute durchaus auch Möglichkeiten, diesen Prozess beispielsweise durch schöpfungsrichtige technische und wissenschaftliche Mittel zu unterstützen und zu beschleunigen. Doch egal, was und wie wir es angehen, um als Mensch wieder zu uns selbst und zurück zur Schöpfung zu finden, es bedeutet Arbeit und Bewegung auf allen Ebenen. Die Schöpfung selbst ist stetige

Bewegung, auch wenn wir es nicht immer so wahrnehmen. Das genaue Gegenteil hiervon ist Stillstand in jeglichen Bereichen – wobei es Stillstand, wie wir gleich sehen werden, gar nicht gibt, sondern nur Untätigkeit.

Alles ist in Bewegung

Das bis hier in diesem Buch Aufgezeigte macht klar, dass alles, was mit Leben zu tun hat beziehungsweise was lebendig ist, sich in ständiger Bewegung befindet und Stillstand unweigerlich zu einem fremdbestimmten, unbewussten und damit ungelebten Leben führt. Dabei sind Stillstand sowie auch der Wunsch nach Unveränderlichkeit und Beständigkeit eine der größten Selbsttäuschungen, denen wir unterliegen können. Die gesamte Schöpfung ist andauernd in Bewegung, mal langsamer, mal schneller, doch immer nach vorn ausgerichtet. Selbst wenn wir ganz still daliegen, bewegen wir uns mit unvorstellbarer Geschwindigkeit durch den Raum. Nein, ich habe keinesfalls den Bezug zur Realität verloren, wie sich zeigen wird…

Ich schaue gerne über mich selbst, den Ort, an dem ich mich befinde, und unseren Planeten als Ganzes hinaus. Dies zu tun, kann überraschende Erkenntnisse hervorbringen und den eigenen Horizont sprichwörtlich erweitern. Schauen wir uns doch gemeinsam in einem etwas größeren Rahmen das an, was wirklich mit und um uns herum passiert. Unsere Erde dreht sich torkelnd um ihre eigene Achse – und wir drehen uns mit und zwar mit einem sehr hohen Tempo. Würden wir beispielsweise am Äquator stehen, betrüge die Geschwindigkeit fast 14.700 Kilometer pro Stunde. An einem Standort in West- und Mitteleuropa wäre das Tempo etwas geringer, aber immer noch beachtlich hoch, etwa um die 11.200 Kilometer pro Stunde, das ist nun wirklich schnell. Die Vorstellung von Stillstand und Unveränderlichkeit zerfällt aufgrund dieser Tatsache schlagartig. Ob wir nun schlafen, sitzen oder liegen und uns ausruhen, wir sausen tatsächlich mit weit über zehntausend Stundenkilometern durchs All. Doch die Erde dreht sich ja nicht nur um die eigene Achse, sondern auch um die Sonne – und die Geschwindigkeit ist noch höher als ihre Drehung um sich selbst: maximal sind es 30,29 Kilometer pro Sekunde, minimal 29,29 Kilometer pro Sekunde, der mittlere Wert liegt bei 29,78 bis 29,29 Kilometer pro Sekunde, das sind 107.208 Kilometer pro Stunde. Und damit nicht genug, denn unser Sonnensystem dreht sich um das Zentrum unserer Galaxis und diese wiederum um das Zentrum des Universums.

Die Geschwindigkeit, mit der wir durch Raum und Zeit zischen, ist unvorstellbar, von einem auf den nächsten kleinsten Augenblick sind wir an einem völlig anderen Ort in diesem Universum als zuvor.

In Bewegung zu sein, sowohl geistig als auch körperlich, ist eine Ur-Qualität unseres Universums, der Schöpfung und allem, was aus ihr hervorging und was sie entstehen lässt. Also: Freunden wir uns doch mit diesem Gedanken an und kommen damit in Einklang und selbst in Bewegung, jeder auf seine Weise und in seiner Geschwindigkeit. Und in diesem Zusammenhang sollten wir uns bewusst machen, dass keine Bewegung in unserem Universum gradlinig verläuft, so etwas gibt es darin nicht. Alle verlaufen sie immer spiralförmig, denn das ist die schöpfungsrichtige Bewegungsform. Wir rauschen also auf und mit der Erde in einer dauerhaften Spirale durch Raum und Zeit.

Mit dem Wissen und auch Bewusstsein, dass wir uns ständig in Bewegung befinden oder vielmehr bewegt werden, fällt es uns auch leichter, Dinge loszulassen, sich von ihnen zu trennen und uns gemäß unseres jeweiligen Kenntnisstandes neu oder für Neues zu entscheiden. Viele Menschen tun sich aber schwer damit, einmal getroffene Entscheidungen zu ändern oder gar zu widerrufen. Und dabei ist es doch so, dass auch Wissen, Kenntnisse und Fähigkeiten in ständiger Wandlung sind, sich aufgrund permanenter neuer Informationen und Erfahrungen stetig verändern. Wir treffen Entscheidungen, egal welcher Art sie auch sind, immer basierend auf dem zum jeweiligen Zeitpunkt herrschenden Wissens- und Erfahrungsstand sowie der bestehenden Fähigkeiten. Da sich all dies stetig verändert, muss es immer wieder überdacht und an das Jetzt angepasst werden – dies ist zumindest so, wenn wir schöpfungsrichtig leben. Doch leider ist es heute so, dass die meisten Entscheidungen, die getroffen werden, auf der Basis leichtfertiger und substanzloser Meinungen, meist sogar der von anderen Menschen, getroffen werden oder auch aufgrund von durch Werbung erzeugte und manipulierte Gefühle. Meinungen haben keine Substanz, es gibt eigentlich nichts, was hinter ihnen steckt und über das es sich lohnt nachzudenken; Meinungen kommen und gehen schneller als wir „denken" können. So wie heutzutage vieles nur noch konsumiert wird, ist es auch mit den Meinungen, und somit ersparen sich die Menschen die Mühen des Nachdenkens. Weshalb Gemüse anbauen, wenn man es doch kaufen kann? Weshalb denken, wenn Meinungen sogar kostenlos und frei Haus geliefert werden. Aber genau dadurch bleibt das Leben an der Oberfläche und Veränderungen vollziehen sich wenn überhaupt nur in fremdbestimmtem und kontrolliertem Umfang.

Eines sollten wir in unserem Leben nie vergessen: *Das einzig Beständige ist der Wandel!* Dieses universelle Gesetz betrifft alles in diesem Universum. Das heißt aber nicht, dass alles immer nach oben schreitet, auch abwärts kann sich eine Bewegung vollziehen; und eine auf fremdbestimmten Meinungen basierende Gesellschaft wie die heutige ist genau auf diesem Weg. Doch nach und nach werden die Grenzen dieses Systems der Oberflächlichkeiten und der Fremdbestimmung mehr und mehr sichtbar, es strukturiert sich auf der nächst niedrigen Ebene und schafft dort eine scheinbare stabile Ordnung, und jeder Wechsel zur nächst niedrigeren Ordnung wird unruhiger, brachialer und zerstörerischer und bezieht immer mehr Menschen mit ein – bis es schließlich doch zusammenbricht beziehungsweise auseinanderfällt. In der Vergangenheit wurden auf diesem Weg nach unten, auf die nächst niedere Ebene, Kriege inszeniert, um den Prozess von Entwicklung immer wieder aufzuhalten. Zerstörungen von Kulturen und Völkern wurden und werden benutzt, um mit einem Wiederaufbau weitere oder wieder neue Profite zu erzielen. Dies ist zwar auch eine ständige Bewegung, doch vollzieht sich diese in einem Teufelskreis, in dem es keine Entwicklung außer der technischen und systemischen gibt. Das ist nicht der Sinn des Menschseins! Aber ein Grund dafür, weshalb so viele Menschen darin keinen Sinn sehen oder aufgeben, nach diesen zu suchen, und nur noch funktionieren.

Bewegungen, besonders spiralförmige, sind Leben fördernd, das erkennen wir beispielsweise an „lebendigem Wasser". Betrachten wir uns einen Naturbach, da stellen wir fest, dass dieser nicht geradlinig durch das Gelände verläuft, sondern durch die Landschaft mäandert. Das Wasser fließt um und über Steine und andere Hindernisse, wodurch sich ständig Wirbel bilden; je schneller es strömt, umso intensiver sind die Verwirbelungen. Ein solches Wasser ist ein lebendiges, und das spürt man, sobald man seine Hände in dieses eintaucht und einen Schluck davon trinkt. Es fühlt sich frisch, weich und sauber an, ist klar und schmackhaft und belebt unmittelbar. – Einer, der die Natur ganz genau studierte sowie sich intensiv mit dem Element Wasser beschäftigte und Pionierarbeit auf diesem Gebiet leistete, war Viktor Schauberger (1885-1958). Er durchschaute die Prozesse der Natur und damit der Schöpfung und sagte den Menschen sowie den unbelehrbaren Kaderwissenschaftlern immer wieder: „Ihr bewegt falsch". Schauberger erkannte, dass überall in der Natur das Wirbelprinzip und die so entstehende Zentripetalkraft wirken, ganz im Gegensatz zur Zentrifugalkraft, mit der die moderne Technik arbeitet. Während die Zentrifugalkraft eine nach außen gerichtete Kraft ist, richtet sich die Zentripetalkraft nach innen. In einem zentripetalen Wirbel entstehen so große Kräfte, dass es zu Implosionen kommt, die alle Strukturen trennen, wodurch sich anschließend und ganz im Sinne der Schöpfung wieder neue bilden und funktionstüchtig werden. Auf diesem Prinzip beruht beispielsweise der Schauberger-Trichter, der ein unabdingbares Element für die Wasservitalisierung ist. Gänzlich entgegen dem schöpfungskonformen Wirken der Implosion steht die gesamte industrielle Technik, die nach wie vor auf das Explosionsprinzip setzt (ein Beispiel hierfür ist der Verbrennungsmotor). – Wer mehr über Wirbelsysteme und „richtiges Bewegen" erfahren möchte, sollte sich mit den Forschungen Viktor Schaubergers befassen. Dabei wird aber klar, und das überrascht nicht, dass sich dieses Unterfangen als eher schwierig herausstellt und dass vieles unterdrückt sowie von den Kaderwissenschaften ins Lächerliche gezogen wird. Doch Schaubergers Ergebnisse allein zeigen, dass diese sich selbst ad absurdum führen.

Von Viktor Schaubergers ehemaligen Mitarbeitern waren nur wenige mit seiner Technik so vertraut, dass sie sie eigenständig bauen konnten. Doch leider sterben diese wenigen Menschen so langsam weg, und es findet sich niemand, der nachrückt und in der Lage ist, die von ihm entwickelten Geräte in seinem Sinne funktionsfähig nachzubauen. Und somit geht einmal mehr wertvolles Wissen aufgrund des Desinteresses und der Ignoranz der fremdgesteuerten Mehrheit verloren.

Wenn Ihnen das nun genug oder gar zu viel der Bewegung war und Sie nach etwas Gleichbleibendem und Beständigem suchen, kommt Ihnen vielleicht eines in den Sinn: die Zeit. Ja, die Zeit ist scheinbar immer gleich und schreitet beständig voran. Auf sie ist Verlass, sie verrinnt immer und überall auf diesem Planeten gleichschnell. Ja, Zeit ist etwas Beständiges, etwas Verlässliches, sie gibt Sicherheit. Allerdings: Die Quantenphysik hat gezeigt, dass Zeit doch nicht so stabil, sicher und zuverlässig ist, wie man gerne glauben mag. Zeit vergeht und kann nicht zurückgeholt werden. Doch das bedeutet nicht, dass sie überall in derselben Geschwindigkeit verrinnt und dass sie nicht ebenfalls in Bewegung ist.

Das Voranschreiten der Schöpfung erfolgt auf der Erde entlang einer klar definierten Zeitschiene mit festen messbaren Größen. Grob betrachtet kann diese Zeitschiene in drei Bereiche unterteilt werden: Vergangenheit, Gegenwart und Zukunft. Um sich hinsichtlich der Zeit grenz- und kulturübergreifend verständigen zu können, wurde sie in Sekunden, Minuten, Stunden, Tage und so weiter eingeteilt. Für den modernen Menschen ist diese messbare Zeit eine feste und nötige Größe. Allerdings basieren die Zeit-Maßeinheiten auf einer ihnen zugrunde liegenden

Referenzgröße. Derzeit ist es die Frequenz einer Cäsium-Atomuhr, deren umgerechnete Standardsekunde den Takt für präzise technische Zeitmessungen vorgibt. In Quarzuhren sind es Quarze, welche durch ihr Schwingungsverhalten dem Takt der Atomuhr sehr nahe kommen und uns eine mobile und alltägliche Zeitplanung sowie Zeitverfolgung und Beobachtung ermöglichen. In mechanischen Uhren ist dies die sogenannte Unruhe, welche durch Federdruck in Schwingung versetzt wird und den annähernd richtigen Sekundentakt erzeugt, wobei die Abweichungen mit abnehmender Federspannung größer werden. Doch so konstant, wie geglaubt wird, sind diese Maßeinheiten nicht, das zeigen schon die Differenzen, die zwischen Quarzuhren und mechanischen Uhren und ganz besonders der Atomuhr bestehen. Verändern sich die Umgebungsbedingungen der Referenzgrößen beziehungsweise des -zeitmessers, dann tut dies auch der Zeittakt; eine Sekunde misst dann größere oder kleinere Abschnitte der voranschreitenden Schöpfung. Verändert sich beispielsweise die Grundschwingung unseres Planeten, dann ändert sich auch die der Quarze und damit die mit ihnen gemessene Zeitdauer. Eine Minute hat dann zwar immer noch 60 Sekunden, da die mathematische Sekunden-Minuten-Einheit dieselbe bleibt, doch vergeht die Sekunde zum Beispiel bei einem Schwingungsanstieg schneller und der Tag scheint länger zu sein, da sich der natürliche Rhythmus der Gestirne nicht verändert hat. Messtechnisch wird also der Tag länger, doch tatsächlich steht weniger Zeit pro Einheit zur Verfügung, es können in einer Stunde nicht mehr so viele Dinge erledigt werden wie vor der Beschleunigung der Grundschwingung. Mit anderen Worten: Es kann in einer Stunde weniger als vorher geleistet werden.

Doch nicht nur technisch gesehen ist Zeit weniger konstant als gedacht, denn sie wird ja auch sehr subjektiv wahrgenommen, was für das individuelle Empfinden und den persönlichen Tagesablauf noch wichtiger ist als das, was die Uhr uns sagt, die ja eh nur die Zeit angibt, die schon vergangen ist. In der subjektiven Wahrnehmung ist Zeit deutlich seltener eine unveränderbare Größe. Sie wird von jedem Menschen und in verschiedenen Situationen ganz unterschiedlich wahrgenommen und trägt wesentlich dazu bei, wie wir in diesen Momenten und Situationen unsere Umwelt und das Geschehen wahrnehmen und wie wir uns damit fühlen. Diese subjektive Wahrnehmung der Zeit ist das entscheidende Argument für eine standardisierte Zeitmessung, da nur sie gewährleistet, dass Dinge zu einem festgelegten Zeitpunkt auch tatsächlich stattfinden und Menschen sich zur selben Zeit am selben Ort treffen können.

Die subjektive Wahrnehmung von Zeit kann durch spezielle Übungen und Praktiken beliebig und bewusst verändert werden, sie kann durch diese sowohl gestreckt als auch komprimiert werden, sie ermöglichen es sogar, in ihr vor- und zurückzuspringen. Der menschliche Verstand, besser gesagt die Geist-Seelen-Verbindung, tut dies ständig und springt permanent zwischen Vergangenheit, Gegenwart und Zukunft hin und her. In manchen Fällen hängen sogar die Gesundheit und das Leben von dieser Fähigkeit der Geist-Seelen-Verbindung ab. So ergaben beispielsweise Untersuchungen, dass der Verstand manche Reaktionen auf bestimmte Ereignisse vorwegnehmen, das heißt, dass er ihnen vorgreifen kann, indem er entweder ein winzigen Sprung in die Zukunft und wieder zurück macht oder gar permanent ein Stück in dieser ist. Messungen zeigten, dass unter anderem die körperliche Reaktion auf ein Schmerzereignis bereits erfolgt, wenn das durch irgendeinen Vorgang, beispielsweise das Berühren einer heißen Herdplatte, von der man annahm, sie sei kalt, erzeugte Schmerzsignal – nach physiologischen und physikalischen Maßstäben – noch auf den Nervenbahnen unterwegs zum Gehirn ist. Dies bedeutet, dass das Gehirn die in der Zukunft liegende Schmerzsituation vorhergesehen und eine leicht vorzeitige Reaktion auf dieses anstehende Ereignis veranlasst hat, um damit größere Schäden durch lange Impulsübertragungszeiten und damit längeres Verbleiben in der Gefahr zu vermeiden. Erstaunlich, nicht wahr? Auch für die entlang der Wirbelsäule befindlichen Reflektorrezeptoren reicht die Übertragungszeit nicht aus, um die Reaktion mit einer kürzeren Reizübertragungszeit zu diesen Rezeptoren zu erklären.

Es ist tatsächlich absolut alles in Bewegung, auch die Zeit, und alle Regeln die wir Menschen uns gemacht haben, um mit dem ständigen Wandel zurechtzukommen, stehen wiederum in Abhängigkeit von Referenzgrößen, die ebenfalls in Bewegung sind. Manche Veränderungen geschehen jedoch so langsam und vollziehen sich über derart lange Zeiträume, dass wir fälschlicherweise davon ausgehen, dass sie unveränderlich und beständig sind. Die Alpen beispielsweise waren früher der Boden eines Meeres, heute ragen sie mehrere tausend Meter über den Meeresspiegel hinaus, ja manche Berge wachsen sogar noch. Zu akzeptieren, dass Leben Bewegung bedeutet und alles in dieser Schöpfung stetig in dieser und damit lebendig ist, verändert die Sichtweise auf uns selbst und das Leben als Ganzes erheblich. In diesem stetigen Fluss gibt es dennoch Ruhezeiten, die wir für uns ganz bewusst wählen und nutzen können, so der Schlaf, die Meditation, die stille Zeit und die Einsamkeit. Zu wissen, dass wir selbst Teil des Lebens sind und uns trotz der Ruhe im Lauf der Schöpfung weiterbewegen, ist für mich ein beruhigendes Gefühl. Und gerade in diesen Ruhezeiten, in denen sich unsere Realität ausdehnt und Teile von uns auf Reisen gehen können, können wir den Fluss des Lebens besonders deutlich und lebhaft erfahren. Im Wachzustand schwimmen wir aktiv mit, mit den Ruhephasen schaffen wir uns ein Floß und treiben im Strom.

In den letzten Jahren haben uns die Neuen Wissenschaften viele Einblicke darin gegeben, wie das Universum und das Leben funktionieren. Die Quantenphysik und ihr zugewandte Wissenschaftsrichtungen offenbarten uns die Bedeutung unserer Gedankenwelt und die uns – bei richtigem Verständnis und Umgang mit ihr – gegebenen Möglichkeiten, die zu aktiv gestalteten Veränderungen führen können. Natürlich wird in diesem Zusammenhang einiges sehr optimistisch dargestellt und manches falsch verstanden, doch im Kern wird auf der Verstandesebene das bestätigt, was in einer naturspirituellen Sicht- und Lebensweise als real angesehen wird und wirklicher Bestandteil des Alltags ist. Zudem verdeutlichen Forschungen wie beispielsweise die über die Macht der Gedanken, dass alles von uns ausgeht. Die Frage ist nur, von welchem Ort in uns es ausgeht, vom Bauch, vom Verstand oder vom Herzen. Es sind immer unsere Entscheidungen, Handlungen oder Unterlassungen, die bestimmen, was mit und um uns geschieht. Wenn wir uns fremdbestimmen lassen, passiert mit und um uns das, was andere wollen. Entscheiden wir uns für die Selbstbestimmung, geschieht mit und um uns das, was wir wollen, nur schaden darf dies niemandem. Allerdings: Anderen Menschen, die sich zu weit in unser Leben und unsere Kreise wagen, die übergriffig werden und sich Dinge herausnehmen, die ihnen nicht zustehen, in die Schranken zu weisen und ihnen klare Grenzen aufzuzeigen, ist nichts, was diesen schadet, ganz im Gegenteil. Es liegt beispielsweise auch in unserem Ermessen, ob wir aus der Geschichte lernen und etwas zum Guten verändern oder ob wir weiterhin im bestehenden Teufelskreis verbleiben wollen. Es liegt nur an uns, und jede Veränderung fängt in und mit uns an. Je besser wir verstehen, wie die Schöpfung funktioniert, umso selbstbewusster können wir in die Veränderung gehen, denn sie geschieht aus Überzeugung. Es ist somit auch unsere Entscheidung, ob wir wieder in einen höheren Bewusstseinsstand kommen wollen und ihn diesmal gegenüber den Schwachen im Geiste und Charakter behaupten, ob wir die seit beinahe zweitausend Jahren existierende Dominanz und Ausbeutung von Kirche und Adel und allen, die sich dazugesellt haben, weiter tragen oder uns endlich befreien wollen. Es ist allein unsere Entscheidung.

Uns stehen heute unglaublich viele „alternative" Technologien zur Verfügung, die ressourcenschonend, unendlich verfügbar (Freie-Energie-Geräte) und lebensfördernd sind. Diese nicht zu gebrauchen oder gar deren Existenz zu verheimlichen oder zu unterdrücken, damit weiter an den „alten" Technologien verdient werden kann, ist ein wahres Verbrechen an der Menschheit. Nikola Tesla (1856-1943) hatte seinerzeit eine Technologie entwickelt, die es ermöglichte, dass Autos ohne jeglichen Brennstoff, sondern mit „freier Energie" fahren konnten. Aus verschiedensten Gründen und wohl auch bestimmten Interessen sind sämtliche Aufzeichnungen hierzu verschwunden, ebenso die drei fahrtüchtigen Prototypen. Doch das war nicht seine einzige Erfindung, es gab deren zahlreiche, über 700 angemeldete Patente sprechen eine deutliche Sprache für Teslas Schaffen. Allerdings hätte ein Großteil seiner Erfindungen keine Profite für Großindustrielle gebracht, sondern die Menschen unabhängig von diesen machen können. Tesla war auch in der Lage beziehungsweise schuf er eine Technologie, mit der es möglich war, Strom über weite Strecken ohne Energieverluste und ohne Kabel zu übertragen. Dabei war Tesla nicht der Einzige, der in dieser Richtung forschte und eindeutige Ergebnisse erzielte. In den 1930iger Jahren wurde beispielsweise von einem Dr. Muro ein Stromgenerator beim amerikanischen Patentamt angemeldet, der 5 kW/Stunde erzeugte. Das Patent wurde abgelehnt, da es nicht ersichtlich war, aus welcher Quelle der Strom gewonnen wurde.

Weitere Pioniere naturnaher, alternativer Technologien, welche unseren Planeten schonen und die Menschen in vielerlei Hinsicht unabhängig machen würden, waren der bereits erwähnte Viktor Schauberger (1885-1958) und Wilhelm Reich (1897-1957). Beispiele für solche technischen Errungenschaften sind die Repulsine, das Heizei, der Schauberger-Trichter oder die Forellenturbine. Zum Einsatz kommt heute lediglich die Orgon-Technologie, mit der in nicht westlich bestimmten Ländern die Wüsten wieder begrünt werden. Neben diesen beiden Forschern gab und gibt es noch viele weitere innovative Menschen, die beispielsweise schon in den 1960iger Jahren ein wasserbetriebenes Auto betrieben. Doch die meisten, wenn nicht gar alle, teil(t)en dasselbe Schicksal: sie werden beziehungsweise wurden verfolgt, unterdrückt und vielleicht sogar ermordet. Nach dem Zweiten Weltkrieg gab es in den besetzten deutschen Einflussgebieten ein Wetteifern zwischen Russen und Amerikanern, um die bei uns vorhandenen Technologien und die Köpfe, die sie entwickelten, für sich zu gewinnen. Während die Amerikaner in erster Linie nach „harter" Technologie wie Maschinen und ähnlichem suchten, wobei das meiste in ihren Lagern verschwand, weil sie es entweder nicht verstanden hatten oder es ihnen keinen deutlichen wirtschaftlichen Nutzen bringen konnte, waren die Russen eher auf der Suche nach „weichen" Errungenschaften von Bioenergetik bis Psychologie und Paranormalen. Während hier kaum jemandem der Name Dr. Calligari und seine Forschungen geläufig sind, ist er in Russland wohlbekannt. Auch nicht von ungefähr kommen sanfte Heilmethoden beispielsweise mit Zahlenkombinationen aus Russland, ebenso wie berührungsfreie Kampfkünste und anderes mehr. Mittlerweile ist Vieles verschwunden und mit ihnen die Erfinder. Wer nun glaubt, dies seien nur Verschwörungstheorien, der irrt. Wir leben in einer Zeit, in der manches, was gestern noch als Verschwörungstheorie galt, heute Stand des Wissens ist. Der seit nunmehr über hundert Jahren hinter den Kulissen andauernde Krieg der destruktiven gegen die konstruktiven Technologien scheint heute langsam seinem Höhepunkt entgegenzustreben. In unzähligen Garagen, Kellern und Werkstätten wird an alternativer Technologie gearbeitet. Es ist kaum vorstellbar, dass dies noch lange unterdrückt werden kann, denn es gibt auch immer mehr Menschen, die nach solchen Technologien suchen und auch in sie investieren. Es gibt heute Kurse, in denen man lernen kann, Wasserstoffgeneratoren selbst zu bauen und seine Heizung oder sein Fahrzeug damit zu betreiben.

In den 1990iger Jahren lag mir eine Studie vor, die sich um den Einsatz von Technologie anstelle menschlicher Arbeitsleistung und um die Neudefinition des Begriffs „Arbeit" drehte. Leider finde ich diese Studie nicht mehr, jedoch kann ich mich sehr gut an ihre Inhalte erinnern. Es wurde der Gedanke geäußert, dass im Zuge der Möglichkeiten technischer Automation die menschliche Arbeitskraft vorwiegend nur noch für Forschung und Entwicklung sowie für Überwachungsaufgaben benötigt würde; auf jeden arbeitsfähigen Menschen kämen dann maximal 1,5 bis 2 Stunden Arbeit pro Tag. In diesem Zusammenhang müsste man zur Staatsfinanzierung die Besteuerung den neuen Verhältnissen anpassen und nicht mehr nur Menschen und deren Arbeitskraft besteuern, sondern die Arbeit als solche, egal ob sie von einem Automaten beziehungsweise einer Maschine oder einem Menschen erbracht wird. Das Argument, dass für Maschinen Geld für die Anschaffungs- und die laufenden Betriebskosten ausgegeben werden muss und für Arbeitnehmer lediglich Lohn und Lohnnebenkosten entstünden, wurde dahingehend relativiert, dass ja auch die Ausbildung des Menschen Geld kostet und mit den Investitionen in eine Maschine gleichzustellen ist, während Lohn und Lohnnebenkosten mit den Betriebskosten gleichzusetzen sind. Nur weil die „Allgemeinheit" die Kosten der Ausbildung und Qualifizierung trägt, sind sie nicht zu vernachlässigen und müssen ebenso wie die Investitionskosten in die Kostenrechnung einfließen. Arbeit in jeder Form muss daher die Besteuerungsgrundlage sein und nicht nur der Mensch und seine Arbeitskraft. Durch diese faire Besteuerung von Arbeit und den Ergebnissen daraus sei problemlos ein pauschales Grundeinkommen zu finanzieren, das dann nötig ist, da ja kein Mensch von 2 Stunden Arbeit am Tag leben kann. Im Gegenzug würde durch die viele Freizeit bei der Mehrzahl der Menschen ein unglaublich kreatives Potential freigesetzt, das einen Boom an technologischen, gesellschaftlichen und menschlichen Entwicklungen auslösen würde, wie es die Menschheit noch nie erlebt hat.

Sind all dies schlechte Dinge? Sicher nicht! Und warum werden sie dann nicht umgesetzt? Die Erklärung dafür können Sie inzwischen sicher selber geben!

Frühe Hochkulturen oder Außerirdische?

Um jedoch das Bild der menschlichen Entwicklung und der Menschheitsgeschichte als Ganzes einigermaßen vollständig zu zeigen, sollten wir noch auf einen wichtigen Punkt eingehen, der ein typisches Kind der heutigen Zeit ist: die Prä-Astronautik.

Als Erich von Däniken Anfang 1968 sein Buch *„Erinnerung an die Zukunft"* auf den Markt brachte, war das nicht nur eine Sensation, sondern auch die Geburtsstunde der Prä-Astronautik, die sich um die Erforschung außerirdischer Einflüsse auf uns Menschen und unsere Menschheitsgeschichte bemüht und die heute auf der ganzen Welt viele Millionen Anhänger hat. Auch wenn ich ganz andere Schlüsse aus den Fundsituationen ziehe als Herr von Däniken und andere Prä-Astronautikforscher, so hat dieser Mann meinen Respekt und meine Achtung, denn trotz all der Anfeindungen und wirklich miesen Methoden, um ihn mundtod zu machen, steht er immer noch aufrecht und engagiert zu seinen Vorstellungen, dass Außerirdische uns Menschen stark in unserer Entwicklung beeinflusst und gesteuert haben. Gerade sein bereits erwähntes erstes Buch *„Erinnerungen an die Zukunft"* erzeugte einen Aufschrei bei den Kaderwissenschaftlern und eine heftige Gegenreaktion, obgleich niemand der Kritiker dieses Buch scheinbar wirklich richtig gelesen hat. Er stellt darin nur Fragen und untermauert diese mit entsprechenden Bildern, Funden und möglichen Szenarien, er maßt sich nicht an, Unmögliches als „Tatsachen" darzustellen und unhaltbare Behauptungen in die Welt zu setzen, was die Herkunft des Menschen betrifft; er will auch nicht das Rätsel darum gelöst haben. Und doch wird ihm genau das von den Kaderwissenschaftlern unterstellt, die auf die gestellten Fragen keine Antwort haben und bei den Funden selbst vor einem Rätsel stehen. Es ist eine Situation, in der sie, die für alles eine Erklärung haben wollen, sich nicht gerne sehen. – Bis heute sammelt und dokumentiert Erich von Däniken Funde und Ereignisse, die nach seinem Verständnis nicht menschlichen Ursprungs sein können und nur von Außerirdischen stammen können. Und es ist nicht schwer, ihm und seinen Herleitungen zu folgen, denn zu vieles ist, bleibt man im Rahmen der aktuellen menschlichen Entwicklung, nicht erklärbar und macht in diesem Kontext keinen Sinn, denn vieles des Gefundenen kann selbst mit heutigen Mitteln nicht bewerkstelligt werden.

Auf die „verbotene Archäologie" wurde in diesem Buch bereits eingegangen, und mit diversen Fragen aufwerfenden Funden und Entdeckungen beschäftigt sich eben auch Erich von Däniken. Vermeintliche Abbildungen oder Artefakte von Flugzeugen und Raumschiffen, von Menschen in Raumanzügen, von seltsamen Technologien und vielem mehr können vermuten lassen, dass den Menschen in ihren Anfängen technologisch überlegene Außerirdische unter die Arme griffen und ihnen einen Entwicklungsschubs gaben. Zahlreiche Bauwerke und Gebilde, die nur aus der Luft erkennbar sind und nur aus dieser Draufsicht einen Sinn ergeben, beispielsweise die sogenannten Naskar-Linien, sind schon beeindruckende Argumente für diese Thesen. Auch die Pyramiden in Ägypten, in Mittel- und Südamerika, in China und in Kroatien sind erst einmal schwer zu erklären, besonders dann, wenn es um exakt dieselbe Ausrichtung mancher Pyramidenkomplexe nach dem gleichen Sternbild in den verschiedenen Ländern geht.

Auch wenn die Prä-Astronautik mit ihrer großen Anhängerschar ein interessantes Feld ist und die Interpretationen verschiedenster Funde nachvollziehbar erscheinen, möchte ich auf einen aus meiner Sicht wesentlichen Denkfehler eingehen. Und ich überlasse es jedem selbst, zu beurteilen, ob es der Denkfehler von Herrn von Däniken ist oder meiner. Auch wenn es für mich außer Frage steht, dass wir nicht die einzigen intelligenten Lebewesen in diesem Universum sind und dass deren Vielfalt sicher sehr groß ist, halte ich es für absurd, dass es einen signifikanten Kontakt mit ihnen gab und dass sie gar die Ur-Väter der Menschheit sind, wie es manche Anhänger der Prä-Astronautik glauben. Ich gehe davon aus, dass Außerirdische sich diesen Planeten erst einmal eine Weile aus der Ferne betrachten würden und dann entweder die Finger von uns lassen oder uns militärisch dominieren und unsere Ressourcen ausbeuten würden. In welcher Art und Weise das geschehen würde, wäre von deren Entwicklungsstand abhängig. Wir würden also entweder gar nicht merken, dass da jemand vor „unserer Tür steht", oder wir würden es sehr deutlich wahrnehmen.

Vielmehr glaube ich, dass all die Artefakte, Bauten und symbolkräftigen Werke, die irgendwelchen Außerirdischen zugedeutet werden, die Reste früherer menschlicher Hochkulturen sind, die einen weit höheren Bewusstseins- und (technischen) Wissensstand hatten als wir heute. Im Kapitel „Jenseits der etablierten Geschichtsschreibung" (siehe ab Seite 51) wurde bereits ausführlicher darauf eingegangen, dass es im Laufe der Geschichte mehrere verheerende Katastrophen auf unserem Planeten gab, welche den Großteil, wenn nicht sogar das komplette Leben wie es bis dahin bestand auslöschten. Die Geologie und die Archäologie sowie andere Forschungsrichtungen können dies mit den ihnen zur Verfügung stehenden

Methoden und Möglichkeiten bestätigen, ja sogar sehr realistisch mithilfe von Computersimulationen und Spezialeffekten veranschaulichen. Und es geht dabei nicht um die Vernichtung der Dinosaurier, deren Auslöser noch immer nicht hundertprozentig geklärt ist. Was spricht denn dagegen, dass es schon einmal oder auch mehrere Male eine weltumspannende menschliche Zivilisation gab, die bis zu ihrem Untergang deutlich mehr Zeit für ihre Entwicklung hatte als der heutige Mensch? Die versteinerten Funde in Kolumbien (menschliche[r] Hand und Fuß sowie kultiviert angebautes Obst und Gemüse), die auf ein Alter von mindestens 100 Millionen Jahre datiert werden, weisen darauf hin, dass es eine solche Kultur weit vor unserer Menschheitsentwicklung gab. Selbst im Laufe unserer Geschichte gab es Völker und Kulturen, die gänzlich untergingen oder sich nach verschiedensten Katastrophen neu formieren mussten; die Griechen mussten dies wie dargestellt sogar dreimal. Und was mit einem oder mehreren Völkern geschehen kann, ist auch für das Leben auf dem ganzen Planeten denkbar, es kommt nur auf die Umstände, die Auslöser an, die zum Untergang führen.

Es ist durchaus vorstellbar, dass frühere, lange vor unserer Geschichte existierende Hochkulturen, deren Relikte und Bauten von der Prä-Astronautik irrtümlicher Weise irgendwelchen außerirdischen Einflüssen beziehungsweise Lebensformen zugeschrieben werden aufgrund einer hohen Entwicklungsstufe und ihrer technischen Möglichkeiten in der Lage waren, in großen Flugobjekten die Erde zu verlassen, vielleicht sogar über orbitale Raumstationen zu verfügen (schließlich schwebt auch heute eine im Orbit). Und vielleicht hatten in diesen einige die großen Katastrophen überlebt, welche ihre Kultur vernichteten. Globale „Killer" wie Asteroideneinschläge und Supervulkanausbrüche, welche einen Großteil des Lebens auf diesem Planeten vernichteten, gab es im Laufe der Erdgeschichte mehr als genug (über 90 sind bekannt). Es wäre für solche Überlebende sicher ein Bedürfnis gewesen, das menschliche Leben, das sich später, vielleicht nach vielen Generationen, auf der Erde wieder entfaltete, zu unterstützen, ihm die eine oder andere Hilfestellung zu geben oder selbst neue Kolonien zu gründen. Den neuen Menschen kamen diese „aus den Lüften Kommenden" sicher wie Götter vor und verehrten sie entsprechend. – Diese Möglichkeit scheint mir, betrachtet man die Gesamtheit der Dinge und Entwicklungen, die im Laufe der vielen Millionen Jahre auf der Erde geschehen sind beziehungsweise sich vollzogen, wahrscheinlicher als die Vorstellung an eine außerirdische Herkunft, Zeugung oder gar genetische Kreuzung des Menschen. Denn: Sollte es zu einem friedlichen Kontakt mit Außerirdischen gekommen sein, so hätte dieser auch Bestand gehabt und wäre nicht über Tausende von Jahren in Vergessenheit geraten. Friedvolle Kontakte, die von beiderseitigem Nutzen sind, erhält man und lässt sie nicht einfach auf sich beruhen, erst recht nicht, wenn sie so besonders sind wie die zu außerirdischen Lebensformen.

Würden die Unmengen an Dokumenten und Funden, mit denen die Prä-Astronautik außerirdische Kontakte bezeugen möchte, und auch die Energie, die letztlich dafür aufgebracht wird, in Bezug auf frühere irdische Hochkulturen geprüft und genutzt, dann würden sicher erstaunliche Erkenntnisse zutage treten. Und damit möchte ich es nun gut sein lassen mit diesem sicher interessanten und durchaus kontroversen Thema, doch ich hoffe, damit einen etwas anderen Blickwinkel auf unsere Menschheitsgeschichte beziehungsweise die Einflüsse auf diese gegeben zu haben.

Gesellschaft und Wirtschaft

Es ist mehr als offensichtlich, dass in der heutigen Welt so einiges schief läuft. Gründe dafür gibt es viele, wie auch die Ausführungen in diesem Buch schon zeigten. Wir haben mittlerweile jedoch die Möglichkeiten, mit dem heutigen Stand des Wissens, der Technik und Methodik uns ganz praktisch und pragmatisch mit systemischen, strukturellen und organisatorischen Fehlerquellen, welche die heutigen Gesellschaften an den Rand des Versagens brachten, auseinanderzusetzen – auch im Hinblick darauf, was es aus der Vergangenheit zu lernen gibt. Wir können, auch mit dem Blick auf globale Geschehnisse, die wir beispielsweise mit Computermodellen erfassen und simulieren können, klar erkennen, wo immer wieder und immer an derselben Stelle sowie auf gleiche Weise eine Art Selbstsabotage der menschlichen Gesellschaftsstrukturen stattfindet.

Analysen unter anderem der Rechtssysteme moderner Staaten offenbaren ein entscheidendes Problem, das die in sie involvierten Funktionäre betrifft und das immer wieder zu deren Untergang führen wird. Richter, Staatsanwälte und die exekutiven Kräfte wie die Polizei neigen immer wieder dazu, sich politischen Hardlinern und Möchtegern-Alleinherrschern anzubiedern und deren Machtansprüche auf juristischem Wege durch die Einschränkung von Bürgerrechten, durch entsprechende Veränderungen der Rechtsgrundlagen wie auch die Umkehrung von Unrecht zu Recht abzusichern und einer zentralistischen oder diktatorischen Herrschaft den Weg zu ebnen. Überall in der Menschheitsgeschichte finden wir beliebige Beispiele, die bestätigen, dass sich über die Jahrtausende nichts geändert hat. Wir erleben das derzeit „live und in Farbe" mit der EU und den USA, die ursprünglich geltendes Recht zu einem absolutistischen Herrschaftsrecht verändert haben beziehungsweise es noch immer tun. Aber im Grunde ist es egal, welches Land dieser Erde wir uns auch anschauen, diese Systematik und diese Prozesse sind immer die gleichen. Blicken wir weiter in die Vergangenheit zurück, so finden wir mehr als ein Beispiel, dass dies schon über Jahrhunderte hinweg und immer wieder auf die gleiche Weise geschieht. – Wir können nun mit unseren heutigen Mitteln der Informationstechnologie und deren Supercomputern andere als die bisherigen Modelle der Rechtssprechung und -strukturen erstellen sowie simulieren. Dadurch können wir Fehlerquellen analysieren und so lange alternative Lösungen durch die Simulation laufen lassen, bis wir zu befriedigenden Ergebnissen kommen. Auf diese Weise können wir gut optimierte und bessere Organisationsstrukturen entwickeln, um den Menschen wirklich Gerechtigkeit zukommen zu lassen. Das betrifft die Funktionen der Richter oder Staatsanwälte und der Exekutivkräfte sowie auch die Organisationsstrukturen, in welche sie alle eingebunden sind. Als Schwachpunkte sind zum einen der Mensch als Ausführender (Laue in solchen Positionen) und zum anderem auch die funktionsgebende Struktur infrage zu stellen. Für mich ist es unverständlich, dass diese als fatal erkannten Strukturen und auch die Typen von Mensch, die in solche Positionen streben und die sich über die Jahrhunderte als jene gezeigt haben, die den Teufelskreis von Krieg und Ausbeutung immer wieder mit vorauseilendem Gehorsam in Schwung brachten, nicht durch vernünftigere Modelle ersetzt werden und dieses Teufelsrad so weiter am Drehen gehalten wird.

Doch nicht nur im rechtsprechenden Administrationsbereich unserer Gesellschaft läuft etwas falsch. Auch bei der Polizei, den Ausführenden, vollzieht sich eine zweifelhafte Entwicklung: die vom Freund und Helfer zum Knechter und Vollstrecker in politischem Auftrag. Zwar gibt sie immer vor, für Recht und Ordnung zu sorgen, jedoch verweigert sie sich von innen heraus der Rechtspflege, zu der sie eigentlich verpflichtet ist. Sie stellt weder ihre Aufträge/Befehle infrage noch prüft sie deren tatsächliche Rechtswirksamkeit. Stattdessen führen Polizisten gehorsam nur Befehle aus und dienen so, wie Richter und Staatsanwälte auch, einer totalitären Entwicklung des Staatswesens durch machtgierige Hardliner. Dies lässt den Eindruck entstehen, dass Menschen in solchen Positionen eine Schwäche für totalitäre Systeme haben, was im Einzelnen sicher nicht so ist, in der Masse jedoch so erscheint. Auch in diesem Fall bestätigt ein Blick in die Vergangenheit und das Maß an erkennbaren Wiederholungen eben diesen Verdacht. Geeignete alternative Modelle, wie eine polizeiähnliche Funktion besetzt und strukturiert werden kann, ohne die bisherige Schwäche für totalitäre Entwicklungen, sondern beständig zum Wohl der Menschen agierend, können mit den heutigen technologischen Mitteln leicht vorab erstellt und durch zahlreiche voneinander unterschiedliche Konstellationen simuliert werden, und zwar bevor man sie im Feldversuch umsetzt und erst in der Praxis erkennt, dass da wieder etwas falsch läuft.

Wenn wir uns im nächsten Schritt die meisten politischen Systeme anschauen, wird schnell klar, dass diese ebenfalls ein wesentlicher Grund für das Versagen unter anderem der Bereiche Recht, Gesundheit und Wirtschaft sind. Es darf zum Beispiel nicht sein, dass Richter, Staatsanwälte, Rechtsanwälte, Unternehmer, Notare, Lehrer oder sonstige Beamte in Positionen sind, in denen sie Einfluss auf Gesetzgebungs- und Beschlussebenen haben, die ihr eigenes und auch artverwandtes Berufsfeld betreffen, so wie es in der heutigen Politik üblich ist. Sie beschließen selbst, das ist heute nur allzu oft zu erleben, Gesetze und Rahmenbedingungen für ihren eigenen Berufsstand und ihre „nicht-politische Kariere", sie schaffen sich sozusagen ihre eigenen Gesetze und eindeutige Vorteile und benachteiligen dadurch alle anderen. Und da dies in der „Realpolitik" genauso ist, geht eben derzeit alles den Bach hinunter: Recht, Politik, Wirtschaft, Gesundheitswesen, die Glaubwürdigkeit und das Vertrauen in jegliche Instanz und Form der administrativen Führung und und und.

Gleiches gilt für das globale Unternehmertum oder besser gesagt den heutigen Business-Imperialismus. Großunternehmen, insbesondere die sogenannten „Global Player", sind durch ihren Einfluss auf die schwachen Geister in der Politik in der Lage, die Rechte und Gesetze von Staaten und Nationen auszuhebeln. In den Unternehmen selbst fehlt jeder Bezug zu menschlichem Anstand, von Ethik und Moral ganz zu schweigen. Die nationalstaatlichen Rechte, die diese Unternehmen in ihre Grenzen weisen könnten, werden von den schwachen Politikern und der von diesen gesteuerten Justiz nicht umgesetzt, weshalb diese Unternehmen in der Lage sind, ganze Staaten zu erpressen und zu nötigen, sich ihren Profitvorstellungen zu beugen. So sagen diese selbstherrlichen Parasiten des Bankwesens ganz offen: Was interessieren uns Regierungen, wer das Geld kontrolliert, der kontrolliert die Staaten. Ein gutes Beispiel für die aktuelle Entwicklung ist die BRD: Heute gibt es kaum ein größeres mittelständisches, Trigema mal ausgenommen, und kein großes Unternehmen, das nicht unter ausländischen Mehrheitsbeteiligungen geführt wird.

Inzwischen gehört die BRD innerhalb der EU sogar zu den sogenannten Niedriglohnländern. Aus einer ehemals innovativen und größtenteils inhabergeführten Wirtschaft wurde ab Mitte der 1990iger Jahre nach und nach eine fremdgesteuerte und weitgehend ideenlose Profitlandschaft auf Billiglohnniveau, ganz nach dem US-Modell. – Anders als in früheren Zeiten sind wir heute jedoch in der Lage, die Machenschaften von Politik und Wirtschaft zu erfassen und aufzuzeigen – und zwar ebenfalls global, wenn wir das wollen. Eine weltweite Zusammenarbeit selbstbewusster und selbständiger Volksvertreter könnte zum Nutzen aller den Globalisten das Handwerk legen.

In den schöpfungswidrigen Wirtschaftsbereich fallen auch die Pharma- und die Medizingeräteindustrie, die das sogenannte Gesundheitssystem bestimmen – es ist eine Bezeichnung, die alles andere als stimmig ist, denn nicht die Gesundheit der Menschen steht im Vordergrund, sondern allein der Profit, und hierfür sind kranke Menschen nun mal dienlicher als Gesunde. Den Gegenpart hierzu bilden die zahlreichen alten und auch neu entwickelten Heilmethoden und alternativen Medizinrichtungen; Grenzen und regionale Befangenheiten spielen dabei keine Rolle.

In ihrem ganzen Ausmaß können wir aufgrund unserer technischen Möglichkeiten erst heute die Staaten-/Nationenbildung und die Entstehung von Gesellschaften erfassen und überblicken. Und da ist deutlich zu erkennen, dass die Bildung und der Erhalt von großflächigen Staaten und Staatsbündnissen erhebliche Schwierigkeiten für die einzelnen Menschen erzeugen, da mit zunehmender Größe des Gebildes der Verwaltungsapparat zum Selbstzweck und der einzelne Mensch zu einer statistischen Unbekannten wird. Beim Blick zurück in die Geschichte der letzten 2.000 Jahre ist ein gewisser Trend zu erkennen: Mit dem Größerwerden von Staaten oder Reichen wurden letztlich nur die Probleme und die Fremdbestimmung größer. Die Regierenden wurden immer wichtiger und die Menschen mehr und mehr zu statistischen Werten und Zahlen. Am Ende ging dennoch jedes große Reich unter, aber nicht ohne zum Schluss noch einmal richtig Krieg zu führen und Massen von Menschen zu vernichten. Auch oder gerade in den letzten fünfzig Jahr ging und geht es nie um Menschen, sondern um Regierungen und Staaten, um den Erhalt der jeweiligen machttragenden Strukturen. So streben die USA seit ihrer Gründung unverändert nach der Weltherrschaft und kommunizieren den Staaten dieser Welt auch ganz klar ihren Anspruch, die alleinige und dominierende Supermacht zu sein und auch bleiben zu wollen. Sie fordern ganz klar die Kontrolle über alle Ressourcen dieser Welt sowie deren Verteilung, und die Politiker der sogenannten Westmächte schwimmen gehorsam im Sog dieser Überheblichkeit mit. In der Hoffnung auf persönliche Vorteile verraten sie hemmungslos ihr eigenes Land und ihre Angehörigen. Ob diese Ansprüche und deren Umsetzung zum Wohle der eigenen Bevölkerung geschehen, ist für die regierenden Politmarionetten weltweit sekundär, denn es gilt, ein übergeordnetes Projekt zu realisieren, die neue Weltordnung (die von den USA, von wem auch sonst, als oberste Instanz angeführt wird). In ihrer persönlichen Gier erkennen sie nicht, dass sie in diesem Sog festhängen und höchstwahrscheinlich selbst von ihm ins Chaos gezogen werden.

Wir sollten aus dieser Gesamtsicht lernen und die gewonnenen Erkenntnisse aus der Menschheitsgeschichte vom Anfang bis heute in der aktuellen Weltpolitik gespiegelt finden. Tatsächlich hat sich an den Feudalsystemen nichts geändert, nur die Namen und Funktionen der Führer. Statt Adel und Klerus sind es nun auch Banker und Wirtschaftsbosse, die dem Feudalismus frönen. Uns stehen heute zahlreiche Informationen, Daten und Zahlen zur Verfügung, um diese Entwicklung zu erfassen und sie uns zu verdeutlichen, einschließlich der möglichen Folgen bei einem weiteren Fortgang wie bisher. Somit sollte den meisten bewusst werden, dass die bisherigen Staatengebilde nicht zum Wohl der Menschen beigetragen haben, sondern sie nur reglementiert und für ihre Interessen gesteuert und ausgebeutet haben. Daraus kann folgerichtig nur geschlussfolgert werden, dass wir Modelle entwerfen sollten, die den Menschen und nicht Regierungen und Staatsapparate im Mittelpunkt ihrer Aufmerksamkeit und Entwicklungsförderung haben.

Unsere frühgeschichtlichen Vorfahren wie die Menschen der Groß-Steinskulptur Epoche haben es uns vorgemacht und gezeigt, dass dies funktioniert. Später standen sich dann zwei unterschiedliche Systeme gegenüber: die Kelten mit ihrem heterogenen organisierten Reich und die Römer mit ihrer zentralen Staatsregulation. Die Schwächen und Stärken beider Organisationsformen sollten wir uns hinsichtlich zukünftiger Strukturen vor Augen führen. Das Römische Reich, dessen Zentrum das alles verschlingende Rom war, existierte nur knapp 500 Jahre und musste zu seinem Erhalt pausenlos und an verschiedenen Stellen Europas Krieg führen. Das heterogene keltische Reich bestand hingegen mehr als 1.000 Jahre, in dieser Zeit gab es nur vereinzelt und regional begrenzte Kriege. Das Römische Reich brachte kaum eigene Innovationen hervor, und beinahe alles, was uns heute als römische Errungenschaften dargestellt wird, wurde tatsächlich von überfallenen Völkern übernommen, das betrifft das Münzwesen und den Straßenbau ebenso wie die Badehäuser und die Viadukte. Das Verdienst der Römer war es aber, diese zuvor regionalen Besonderheiten in einen größeren Rahmen zu stellen und über ihr gesamtes Reich zu verteilen, womit sie vielen Menschen zugänglich gemacht wurden. Allerdings geschah dies im Großen und Ganzen nur mit Dingen, die ihr militärisches Staatswesen unterstützten und ihnen Vorteile verschafften. Doch das ständige Kriegführen zermürbte das Reich nicht nur, sondern wendete sich letztlich gegen dieses selbst. Rom machte sich einfach zu viele Feinde und musste das Reich auf der Suche nach neuen Ressourcen so weit ausdehnen, dass es nicht mehr überschaubar und schon gar nicht mehr regierbar war.

Die große Schwäche des heterogenen keltischen Völkerverbundes war, dass sich die einzelnen Stämme nicht gegen den zentralgesteuerten großen Feind Rom organisieren und gemeinsam gegen ihn vorgehen konnten. Kleingeistigen persönlichen oder regionalen Problemen wurde das große Ziel geopfert, worunter dann alle zu leiden hatten. Und da offenbart sich eine Parallele zur Gegenwart: Die USA, nicht zufällig als das „zweite Römische Reich" bezeichnet, führen seit ihrer Gründung ununterbrochen Kriege um Ressourcen und Einflussgebiete, und alles fließt in dieses Land. Ihre Wirtschaft basiert auf dem militärisch-/industriellen Komplex, ohne den sich die USA nicht als Staatengebilde halten kann. Dieser benötigt Kriege, um zu funktionieren, und die durch Kriege erbeuteten Rohstoffe und Ressourcen fließen dann in diesen und andere Industriezweige des Landes zurück. Inzwischen haben sich die USA deswegen allerdings sehr viele Feinde gemacht, und ihren Einflussbereich haben sie so weit ausgedehnt, dass sie diesen nicht mehr halten können. Eine Studie der NASA hat gezeigt, dass sie wie frühere Großreiche ihren Höhepunkt schon überschritten haben und unaufhaltsam auf dem Weg nach unten sind.

All die aufgeführten Beispiele aus ganz unterschiedlichen Bereichen zeigen ganz konkret, wo wir ansetzen können, um – mit dem heutigen Wissensstand und den uns zur Verfügung stehenden Mitteln und Möglichkeiten – nun endlich wirklich neue und menschengerechte Wege einzuschlagen. So könnte auch die bestehende Gefahr eines weltumspannenden Krieges gebannt werden, denn eine menschenwürdige Organisationsstruktur, die auf der einen Seite heterogen und auf der anderen unter Achtung der Regionalität global vernetzt ist, die durch die gleichen Werte Verbundenheit schafft, wüsste diesen zu verhindern. Und ja, auch dies wäre trotz aller Vorbereitungen und vorheriger Simulationen und Feinabstimmungen ein Experiment, doch endlich eines, das in die richtige Richtung geht, in Richtung Menschsein!

Nachdem nun eine ganze Menge über die Vergangenheit der Menschheitsgeschichte, über den Weg, der zu uns heute führte, und über heutiges Wissen und aktuelle Zustände geschrieben wurde, soll nun der Blick in die Zukunft gerichtet werden, auf das, was uns der Natur, der Schöpfung und einem besseren Verständnis für diese näherbringt. Der aus meiner Sicht beste Weg hierfür ist, sich mit dem Jahreskreis zu beschäftigen, da sich in ihm die Schöpfung am deutlichsten und direkt erlebbar manifestiert und sie so kein theoretisches Konstrukt ist. Das nächste Kapitel verdeutlicht, wie wir auch anderweitig ganz konkret mit der Schöpfung in Kontakt treten, wie wir ein Gefühl für die Vorgänge der Vergangenheit bekommen können, um so mit unserem heutigen Wissensstand etwas schöpfungsrichtig Neues entstehen zu lassen.

Neue Wege

All das bis hierher Erfahrene, über das Selbst und dessen Grundbedürfnisse, über unsere wahren Wurzeln, die bis in eine frühe Hochkultur, die Groß-Steinskulptur-Epoche, reichen, über den Untergang eines gegenüber uns sehr hohen Bewusstseinsstand in der Frühzeit, aber auch über die eher schöpfungswidrigen Entwicklungen und Veränderungen sowie die Bündnisse und Mechanismen, welche im Laufe der weiteren Geschichte auf die Menschen wirkten, sie bis heute beeinflussen und in Abhängigkeiten halten, ist zwar wichtig, doch es bringt nichts, wenn daraus keine Schlüsse gezogen und neue Wege nicht in Angriff genommen werden. Hierfür sollten auch die zahlreichen neuzeitlichen Entdeckungen sowie Entwicklungen, mögen sie auch überwiegend nur technischer und systemischer Natur sein, in einen schöpfungsrichtigen Kontext gesetzt werden, womit sie durchaus ihren wahren Segen für die Menschheit entfalten können.

Die vorgebrachten Informationen, Anregungen und konkreten Handlungsvorschläge könnten genügen, um die ersten Schritte in ein schöpfungsrichtigeres Leben zu machen. Doch dies sind meines Erachtens nur die Ansätze dazu, und würde ich diese an dieser Stelle so allein stehen, das Buch hier enden lassen, dann würde ich Sie, lieber Leser, sich selbst und dem Versuch-Irrtum-Prinzip überlassen. Denn solange es kein anzustrebendes „Ideal-Modell" zur Orientierung gibt, werden Entscheidungen oft ins Blaue hinein, also willkürlich getroffen. Um aus dem zu lernen, was zuvor alles beschrieben wurde, und entsprechende Wege in die Zukunft zu gehen, ist es aus meiner Sicht hilfreich zu wissen, wie sich die Schöpfung aus naturspiritueller Sicht überhaupt vollzieht und welche Orientierungsmöglichkeiten sie bietet. Und in diesem Sinne werden im Folgenden drei ganz konkrete Dinge vorgestellt: der Jahreskreis, das Lebensrad und diesen beiden vorangestellt, da grundlegend für diese, die Abendländische Schöpfungsspirale. Diese ist die modellhafte, von westlich-kulturellen Aspekten geprägte Essenz der gesamten Schöpfung und für eine naturspirituelle Sicht- und Lebensweise eine gute Richtschnur. Entsprechend der kosmischen oder auch hermetischen Gesetzmäßigkeiten „Wie oben – so unten, wie unten – so oben. Wie innen – so außen, wie außen – so innen. Wie im Großen – so im Kleinen, wie im Kleinen – so im Großen" finden sich in der Schöpfungsspirale alle Positionen wieder, die vom Werden, Sein und Vergehen unseres Universums sowie in uns selbst bestimmt sind. Die Schöpfung zu verstehen, heißt auch, sich selbst besser zu begreifen, den Weg, den es zu gehen gilt, zu erfassen und den Platz, an dem man sich derzeit befindet, zu erkennen. Aus diesem Grund ist es wichtig, sich mit der Schöpfungsspirale zu beschäftigen und sie möglichst als „roten Faden" ins Leben einzubeziehen.

Doch zunächst wird die Abendländische Schöpfungsgeschichte wiedergegeben, die das Wunder der Schöpfung bildhaft erzählt und so das in Worte fasst, was modellhaft in der Schöpfungsgeschichte verankert ist:

> Am Anfang war das reine ruhende Ur-Bewusstsein – der Große Geist, die Quelle und der Ursprung allen Seins. Alles, was war und jemals sein wird, existierte im und durch das Ur-Bewusstsein, alles zugleich. Dies war ein Zustand der absoluten Ruhe und Harmonie, aber auch der Bewegungslosigkeit, alles war möglich und anwesend, doch nichts geschah. Und aus diesem Ruhezustand heraus wollte sich das Ur-Bewusstsein (wieder einmal) spüren und erleben, sich wahrnehmen und ausdrücken, Neues versuchen und sich wieder lebendig fühlen. Allein durch diesen Wunsch begann das ruhende Ur-Bewusstsein, sich vollständig zusammenzuziehen, bis es sich am Punkt seiner maximalen Verdichtung in einer gewaltigen Eruption entfaltete. Mit diesem kosmischen Schöpfungsprozess begann unser Universum, sich mit einer ungeheuren Energie zu entfalten. Mit seiner räumlichen und mehrdimensionalen Entfaltung entstanden die zehn Richtungen, die von den Menschen später Osten, Süd-Osten, Süden, Süd-Westen, Westen, Nord-Westen, Norden, Nord-Osten, Unten und Oben genannt werden, sowie die lineare Zeit. Es war der Beginn eines neuen Werden-Sein-Vergehen-Zyklus des Ur-Bewusstseins, der aus ihm entstandenen Universen, allem, was in diesen sein und mit ihnen auch wieder vergehen wird. Mit dem Ur-Knall, dem „Big Bounce" entstanden – im allerersten Moment – die für unser Universum fortan gültigen Schöpfungskräfte: das männliche und das weibliche Ur-Prinzip. Gleichwertig und zugleich andersartig waren und sind sie zusammen das Ur-Prinzip der schöpferischen Potentiale und der Kraft, die immer wieder Neues erschaffen können.
>
> Das männliche und das weibliche Ur-Prinzip spürten den jeweils anderen und wandten sich einander zu, wohlwissend, dass jeder für sich ein Ganzes

und sie dennoch eins waren. Sie wollten sich mitteilen, wollten aussprechen, was ihnen am anderen gefällt. Und allein durch diesen Wunsch entstand in dem Bereich, der später Osten genannt wurde, Awen: eine sanfte, kaum wahrnehmbare und dennoch kraftvolle Energie, die nun das gesamte expandierende Universum füllte und in Bewegung hielt. Awen war und ist das verbindende Medium, das die polare Trinität erst vollständig werden ließ, das die Ur-Pole der Schöpfungskraft verband und sie immerfort wirken ließ, bis heute. Es ist das Urprinzip alles Flüchtigen und doch Präsenten. Durch Awen konnten das männliche und das weibliche Ur-Prinzip nun ihre Worte formen, ihre gegenseitige Liebe und die in ihnen ruhenden Potentiale zum Ausdruck bringen. Als sich die beiden einander mitteilen und austauschen konnten, nahmen sie sich selbst und den anderen immer intensiver wahr, und sie entbrannten mehr und mehr in tiefer Liebe zueinander. So entstand in dem Bereich, der später als Süden bezeichnet wurde, Nwyfre, das Ur-Prinzip des inneren Feuers, des Lebensfunkens, der individuellen Ur-Energie, die jeglichem Sein in diesem Universum fortan innewohnte. Dieses innere Feuer erfüllte auch die beiden mit unglaublicher Energie, Wärme und Lebendigkeit, und angefacht durch Awen erwuchsen aus ihm große, helle und leuchtende Flammen, die ihr ganzes Wesen erfüllten. In Wellen kreativer Entfaltung und ekstatischer Zuckungen der eigenen energetischen Entladungen züngelte Nwyfre, der Urfunke allen Lebens, in konstruktiver Aggression durch den Raum und nahm ihn für sich ein.

Ihre Liebe zueinander überwältigte sie, das männliche und das weibliche Ur-Prinzip, schier; die so freigewordene Energie verdichtete sich mehr und mehr, bis ihnen Tränen der Freude über ihre Wangen liefen. So entstand in der Gegend, die später als Westen bezeichnet wurde, Gwyar, das Ur-Prinzip des Flüssigen und des Fließens, alles Formlosen, Formannehmenden und Formgebenden. Gwyar floss in Strömen aus ihnen heraus und ergoss sich durch das gesamte Universum. Überall dort, wo es auf Nwyfre traf, auf das Ur-Feuer und den ursprünglichen Lebensfunken, schwangen sich Nwyfre und Gwyar in einem schöpferischen Gleichgewicht ein. Und schließlich kam auch bei dem männlichen und dem weiblichen Ur-Prinzip der Wunsch auf, sich zu berühren und zu spüren. Und allein dieser Wunsch führte dazu, dass sich an den Grenzen zwischen Nwyfre und Gwyar die Energien mehr und mehr verdichteten und zu etwas Festem wurden. An den Grenzen zwischen Nwyfre und Gwyar, also dort, wo das Feuer nicht mehr weiter kam und das Wasser verdampfte, bildete sich Callas, das Ur-Prinzip alles Festen, der Materie; es nahm seinen Platz in der Gegend ein, die später als Norden bezeichnet wurde. Mit dem Entstehen des Festen und Körperlichen nahmen auch das männliche und das weibliche Ur-Prinzip Formen an, und die beiden konnten sich nun erstmals berühren, in die Arme nehmen und sich gegenseitig mit all ihren Sinnen wahrnehmen. Und so entstanden durch sie die vier Ur- und Grundprinzipien unseres Universums: Awen, Nwyfe, Gwyar und Callas sowie das fortan wirkende Gesetz der Schöpfung. Bis heute lassen diese unser Universum expandieren, neue Materie entstehen und alles beleben.

Und im Laufe der stetig voranschreitenden Schöpfung und der sich immer weiter verdichtenden Ur-Prinzipien entstand im nächsten Zyklus des gesamten spiralförmigen Entwicklungsverlaufs aus dem Ur-Prinzip Awen, dem Urstoff des Lebens, das Element Luft, das seither im Osten für den Intellekt, das gesprochene Wort, die Kommunikation, den Neubeginn und den Geist steht. Aus Nwyfre, dem allem innewohnenden Lebensfeuer und Ur-Prinzip der Lebensenergie im Süden, entstand im weiteren Schöpfungsverlauf und der zunehmenden Verdichtung das Element Feuer. Seither steht der Süden für dieses Element und die eigene, ganz spezifische Lebensenergie, für Licht, Wärme und Transformation, Kreativität, konstruktive Aggression, die feurige Liebe und die Leidenschaft. Aus Gwyar im Westen, dem Ur-Prinzip alles Liquiden und Fließenden, kondensierte das Element Wasser, das seither für Gefühle, Emotionen, Intuition, Heilung, inneres Gleichgewicht, für Tiefe und den Fluss des Lebens, aber auch für den inneren Tod sowie die beständige Suche nach Auswegen und Lösungen steht. Und aus Callas, dem Ur-Prinzip alles Festen, verdichtete sich im Norden das Element Erde. Seither stehen der Norden und das Element Erde für Körper, Form und Materie, für die in der Erde verborgenen Schätze, den körperlichen Tod und die Zeugung, für Innenschau und Weisheit, für die Sinne und Sinnlichkeit.

Mit diesem Elementekreis waren nun erstmals die Grundlagen geschaffen für das Entstehen von Sternen und Planeten. Zahllos fanden sich die Elemente zu riesigen Nebeln, Materiehaufen, Sternen, Planeten sowie Galaxien zusammen, darunter auch unser Sonnensystem mit der Sonne als Zentralgestirn und seinen Planeten. In einem für kosmische Verhältnisse kleinen

Abstand zur Sonne entstand, weit entfernt von ihr, aber nahe genug, um nicht zu gefrieren, unser blauer Planet Erde.

Indem die Schöpfung weiter voranschritt, bildete sich im nächsten Zyklus auf der Erde das stolze Reich der Tiere mit all den Kriechern und Krabblern, den laufenden, fliegenden und schwimmenden Brüdern und Schwestern, den Herdentieren und Einzelgängern, den Pflanzenfressern und denen, die jagen. Das mächtige Reich der Tiere nahm seinen Platz in dem Teil der Spirale ein, der später als Süd-Osten bezeichnet wird. Es war von Anbeginn auch das Reich der Kraft-, Heiler- und Helfertiere, der heiligen Regeln und Gesetze sowie der Hüter der Lebensbücher. Es stand und steht seitdem für instinktsicheres Handeln, für das einfache So-Sein, für das im Gleichgewicht und in Einklang mit den heiligen Regeln und Gesetzen stehende Sein.

Im weiteren Verlauf entstand in dem Teil, den die Menschen später Süd-Westen nannten, ein weiteres großes Reich: das bunte und vielfältige der Pflanzen. Hier fanden die Bäume, die Sträucher und Gräser, die Schling-, Kletter- und Blütenpflanzen, die Farne, die Wasserpflanzen und alle anderen Pflanzengeschwister, die auch die kleinsten Nischen belebten, ihren Platz. Es ist auch der Ort der Helfer-, Heiler- und Lehrerpflanzen, die ihre Kraft für Heilung, Entwicklung und Wachstum für alle Lebewesen zur Verfügung stellen. Gerade den Menschen können die Lehrerpflanzen, wenn ihnen mit Achtung und Respekt begegnet wird, behilflich sein, das Bewusstsein in unglaublich tiefe und weite innere Welten zu führen, von denen das „normale" Alltagsbewusstsein nichts ahnt, das jedoch ebenso real und nie wirklich getrennt ist vom Alltäglichen. Seit jeher stehen der Süd-Westen und das Reich der Pflanzen für das Urvertrauen, die Unschuld, die Gemeinschaftsseelen, den heiligen Traum und die Traumlehrer.

Da alle Pflanzen und Tiere dem Kreislauf von Werden, Sein und Vergehen unterliegen, entstand durch jene, die vergangen waren, in dem Bereich, den die Menschen später Nord-Westen nannten, das große und vielfältige Reich der Ahnen, in dem alles Leben, das jemals auf der Erde seine Zeit hatte, wiederzufinden war. Alles, was ist, wird auch wieder vergehen und von denen auf den Platz der Ahnen gesetzt, die nachfolgen. Der Nord-Westen und das Reich der Ahnen stehen daher für alles Leben, das jemals auf der Erde existierte, für alles, was vor uns war. Die Menschen finden hier ihre drei Ahnenlinien, die zu ihrem aktuellen Sein führten. Daher steht das Reich der

Ahnen auch für Selbstkonzepte und Lernaufgaben, die über Generationen hinweg bestand haben, aber auch für das Wissen und die Weisheit der Ahnen, für das Lernen aus der Vergangenheit. Hier finden die Menschen all das Wissen, die Kenntnisse und die Erfahrungen der Altvorderen, aber auch deren Fehlentscheidungen und destruktiven Handlungen, aus denen die Lebenden lernen sollten, um ihre eigene Entwicklung und die anderer Menschen voranzubringen. Dies ist der Wunsch, der seit jeher aus dem Reich der Ahnen an die Lebenden gerichtet wird.

Schließlich entstand in dem Bereich dieses Spiralzyklus, der später als Nord-Osten bezeichnet wurde, das Reich der Menschen: Dort sind die roten Brüder und Schwestern mit ihrer Magie des Träumens, ihrer Erdmagie und Erdverbundenheit ebenso zu Hause wie die gelben Brüder und Schwestern mit ihrer Gabe der Meditation und Kontemplation, der Selbsterkenntnis und Weisheit. Auch die braunen Brüder und Schwestern, die mit ihren Rhythmen und Tänzen verzaubern, sind hier zu Hause, ebenso die olivfarbenen mit ihrer Magie der Hingabe und der heilsamen Erzählungen, die weißen mit ihrer Logik und Technik und all die Regenbogenmenschen, die aufgrund ihrer gemischten Herkunft verschiedene Stämme miteinander verbinden und in sich tragen,. All diese Menschen bilden eine Familie, in der alle gleichwertig, aber nicht gleichartig sind. Gerade die Unterschiede und die Vielfalt der Stämme sind das wirklich wertvolle Gut der Menschheit, aber auch ihre größte Herausforderung. Denn es geht darum, sie in ihrer Andersartigkeit zu bewahren und gleichzeitig durch ihren gegenseitigen Austausch zu entwickeln, auf ihre jeweils eigene Weise. Das Reich der Menschen steht für die Choreographie der Energiebewegungen, für Bewusstsein und bewusstes Wahrnehmen, für Selbstreflektion, den freien Willen, für den heiligen Narren, aber auch für das Chaos, das Unbekannte und Unerwartete, das Handeln wider die Natur, das Handeln ohne Regeln und Gesetze sowie für den Faktor X, das Unberechenbare und Undenkbare.

Durch die Position der Erde zu den anderen Planeten und zur Sonne konnten die Menschen nun eine klare Ortsbestimmung herbeiführen und eine genaue Zuordnung der Richtungen festgelegen, wodurch die bisher unbenannten Raumkoordinaten des expandierenden Universums ihre Namen erhielten: Osten, Süd-Osten, Süden, Süd-Westen, Westen, Nord-Westen, Norden, Nord-Osten sowie das Unten und das Oben. Somit entstand der sogenannte Himmelskreis, die sechs Haupt- und die vier Nebenrichtungen sorgten für eine klare Orientierung auf der Erde und dem sie umgebenden Universum, zumindest für die Menschen.

Mit zunehmender Bewusstheit und im Einklang mit der Schöpfung erkannten die Menschen sich selbst und ihre Position im Schöpfungsverlauf immer besser. Durch ihre gedankliche Vorstellungskraft erschufen sie sich ihr inneres Reich, indem sie ihre Fähigkeit, selbst schöpferisch tätig zu sein, ganz für sich ausleben konnten, ohne damit gleich konkrete Veränderungen in die Welt zu bringen. Dieses innere Reich, in dem sie sich ihrer Göttlichkeit bewusst sein konnten, fand seinen Platz im Süden der Schöpfung. In Einklang mit ihrem Umfeld und dem Leben, das sie führten, entschieden sie, das eine oder andere aus ihrem inneren Reich in die materielle Realität zu bringen. So erschufen sie sich ihr äußeres Reich, das in der stofflichen Welt bis heute existiert. Es fand seinen Platz im Norden der Schöpfung und steht so seitdem im direkten Ausgleich mit dem inneren Reich im Süden.

Bald erkannten die Menschen, die alles um sich herum mit ihren Sinnen wahrnahmen, die in die Vergangenheit blicken und die Zukunft erahnen, die sich das Unmögliche vorstellen konnten und das, was möglich war, in ihr physisches äußeres Reich übertrugen, das überall und in allem wirkende männliche und weibliche Ur-Prinzip. Sie erkannten die schöpferischen Kräfte, die viel größer waren als jene, über die sie selbst verfügten. Und so wurden ihnen die Reiche der Götter und Göttinnen bewusst, die schon immer da waren, doch erst durch und für die Menschen Gestalt annahmen. Die Kräfte der Schöpfung, die in der Natur um sie herum wirkten, machten sie in Gestalt von Göttern für sie direkt ansprechbar, denn sie verbanden sie mit dem Kosmos und den großen Rhythmen und Zyklen der Erde und mit den Geheimnissen des Lebens, und das tun sie bis heute. Dem männlichen und weiblichen Ur-Prinzip entsprechend fanden die Götter ihr Reich im Osten, bei Awen und dem Element Luft. Gegenüber, im Westen, bei Gwyar, bei allem Flüssigen und dem Element Wasser, fand das Reich der Göttinnen seinen Platz. Götter und Göttinnen standen sich wie das männliche und weibliche Ur-Prinzip, welches sie verkörperten, gleichberechtigt von Angesicht zu Angesicht gegenüber. Im Bemühen um einen ausgeglichenen Zustand boten sie den Menschen ihre helfenden Hände.

Während die Götter und Göttinnen auf ewig mit der Erde sowie dem Kosmos verbunden bleiben, sind die Menschen in ihren jeweiligen Inkarnationskörpern vergänglich. Wie die Tiere und Pflanzen unterliegen sie dem ständigen Werden, Sein und Vergehen. Die Menschen blicken dabei auf diejenigen zurück, die vor ihnen waren, und werden von denen, die nach ihnen kommen, unabänderlich auf den Ahnenplatz gesetzt. Die Lebenden verbinden alles, was bisher war, mit dem, was noch kommen wird. Ihre Aufgabe ist es, aus dem zu lernen, was diejenigen, die vor ihnen waren, getan haben, um durch ihre eigene Entwicklung denen, die nach ihnen kommen, einen besseren Start ins Leben und ein besseres Heranwachsen zu ermöglichen. Diejenigen, die folgen, die nächsten Generationen, führen die Ahnenlinien weiter, haben die gleichen Aufgaben und tragen zu ihrer eigenen wie auch der Entwicklung der Menschheit bei. Doch mit jenen, die nach den Lebenden kommen und auf dem Weg hin zum erneuerten Ursprung ihren Platz im Osten haben, sind nicht nur die Nachkommen der Menschen gemeint, sondern die alles Lebendigen.

Alles Sein in diesem Universum geht seinen Weg durch die Schöpfungsspirale, im jeweils eigenen Tempo, in eigenen Zyklen, mit mehr oder weniger langen Phasen unterschiedlicher Seinszustände sowie mit mehr oder weniger Wiederholungen, um das zu lernen, was zum nächsten Schritt führt, zur nächsten Etappe, zum nächsten Spiralkreis. Mit jedem Seinszustand auf diesem Weg durch die Schöpfungsspirale gilt es, sich selbst weiterzuentwickeln und dadurch auch die jeweils eigene Spezies – das ist die Aufgabe in jeder Inkarnation, dieser Weg und die damit verbundene Entwicklungsaufgabe sind der Sinn unseres Seins, jeglichen Seins. – Der Weg selbst als sein eigener Ausdruck fand seinen Platz im Süden nahe dem neuen Ur-Bewusstsein. Auf diesem Weg durch die Schöpfungsspirale gibt es keine Abkürzungen und keine Überholspuren. Jeder Mensch, jedes Wesen, bestimmt sein eigenes Tempo selbst, nur die Positionen und die Richtung sind vorgegeben und unabänderliche Meilensteine.

In dem Moment, in dem das ganze Ausmaß der Schöpfung wie auch die eigene ganz individuelle Rolle in dieser Wandlungs- und Entstehungsspirale deutlich wurden, erwachte der Mensch und wurde zum vollwertigen Mitglied der Schöpfungsgemeinschaft. Jetzt, im Westen der Schöpfungsspirale, hatte er erreicht, was seine wahre Berufung war, und diente ganz dem Ziel allen

Seins: ein erneuertes Ur-Bewusstsein zu schaffen. Durch die erweiterte Wahrnehmung zeigte sich nun auch das Wyrd, das Große Muster, das alles miteinander verband und nichts außen vor ließ in all seiner Pracht und Größe. Es machte deutlich, dass nichts in diesem Universum jemals alleine oder von der Quelle abgeschnitten sein wird. Und in dem Maße, wie dieses große Netzwerk der Schöpfung immer deutlicher hervortrat, umso klarer war die Mitte zu erkennen, um die sich die Schöpfungsspirale von ihrem Anfang bis zu ihrem Ende drehte.

Der Weg durch die Schöpfungsspirale ist für alle gleich, auch für das Universum selbst, und führt alles, was in ihm war, ist und sein wird zurück zur Einheit, in die Mitte und letztlich in ein erneuertes Ur-Bewusstsein, das immer noch das dasselbe und doch ganz anders ist, als es sich zu Beginn spüren und erleben wollte. In diesem erneuerten Ur-Bewusstsein findet die Zusammenkunft von allem statt, das durch die Schöpfungsspirale gegangen ist, wird alles wieder eins. Alles, was war, ist und noch sein wird, geht am Ende des Weges wieder im großen Ganzen auf, wird wieder zur Möglichkeit zukünftiger Universen, die aus einem nun veränderten Ur-Bewusstsein entstehen werden. Alles, was ist, lebt aus, in und durch das Ur-Bewusstsein. Alles ist immer und ewig miteinander verbunden und niemals voneinander getrennt.

Soweit die Schöpfungsgeschichte, welche die Schöpfungsspirale lebendig macht, indem sie Bilder schafft, mit denen jeder etwas anfangen kann. Sie knüpft ein rotes Band, an dem sich jeder auf seinem Weg durch die Schöpfung orientieren und ihm folgen kann.

Die Schöpfungsspirale

Die Abendländische Schöpfungsspirale ist das komplexe dreidimensionale Modell der Schöpfung als Ganzes – so wie die Schöpfungsgeschichte sie umschreibt –, sie verkörpert all das, was innerhalb des Universums und mit diesem selbst geschieht. Sie ist eine geschlossene Spirale mit einem Anfangspunkt, dem „ruhenden" Ur-Bewusstsein, und am Ende des Weges steht ein anderer Punkt: das „erneuerte ruhende" Ur-Bewusstsein. Periodisch dehnt sich die Schöpfungsspirale aus und

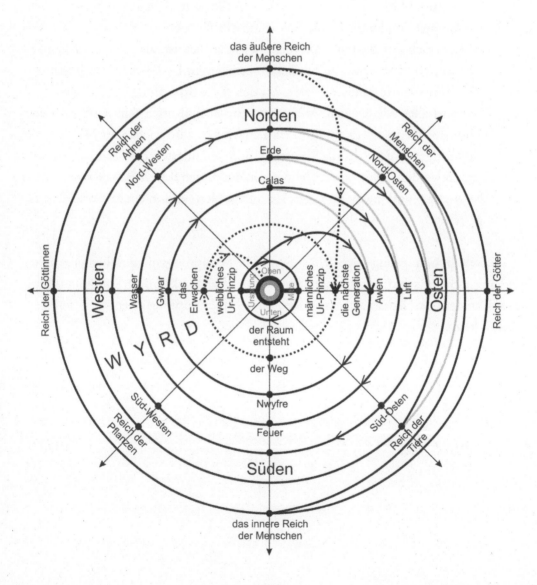

zieht sich wieder zusammen, doch geschieht dies bei weitem nicht gleichmäßig, sondern eher sprunghaft und in unterschiedlichen Zeiträumen. Schaut man von oben auf diese Spirale, so sieht es aus, als würde sie aus mehreren miteinander verbundenen Kreisen bestehen. Und auf diesen Kreisen liegen die verschiedenen Positionen, die in der Schöpfungsgeschichte beschrieben werden und die wesentlich sind für die in dem jeweiligen Zyklus stattfindenden Entwicklungen – und nur wenn diese vollständig abgeschlossen sind, kann es zur nächsten Entwicklungsstufe weitergehen.

Bezogen auf den Weg des Menschen durch die Schöpfungsspirale ist es wichtig zu verstehen, dass es keine Festlegungen irgendwelcher Art gibt, beispielsweise wie oft er eine Entwicklungsebene wiederholen muss, bis diese endgültig abgeschlossen ist, um auf die nächst höhere zu gelangen. Es gibt also keine „Vorgaben" wie viele Lebenszyklen oder Inkarnationen oder Lebensräder ein Mensch durchlaufen muss, um auf die nächste Entwicklungsstufe zu kommen. Es geht also jeder ganz individuell seinen Weg durch diese Schöpfungsspirale. Der eine benötigt 21 Lebensräder, um eine Entwicklungsphase abzuschließen, damit die nächste in Angriff genommen werden kann, ein anderer 55, der nächste vielleicht 89. In dieser Hinsicht ist die Schöpfung sehr geduldig und gibt jedem die Zeit, die speziell er benötigt, um die jeweilige Entwicklungsphase zu vollenden. Es ist der Schöpfung nicht wichtig, wie schnell jemand durch die Entwicklungsphasen kommt, sondern dass sie vollständig abgeschlossen werden. Erst wenn alles gelernt und umgesetzt wurde, wenn also das vollständige Rüstzeug für die nächste Entwicklungsstufe vorhanden ist, geht es dorthin weiter. Weiteres hierzu steht im Kapitel über das Lebensrad (siehe ab Seite 239) näher beschrieben.

Die Stufen oder Zyklen beziehungsweise Entwicklungsphasen auf der Abendländischen Schöpfungsspirale:

1. Aus dem ruhenden *Ur-Bewusstsein* expandiert die Schöpfungsspirale.
2. Mit einer deutlichen Steigung und Expansion geht sie in den *Schöpfungskreis*, der wie alle Entwicklungsebenen einen für diese gleichbleibenden Durchmesser hat. Auf ihm liegen das männliche und das weibliche Ur-Prinzip sowie die Expansion in den Raum, der zu unserem drei-/mehrdimensionalen Universum wird.
3. Aus dem Schöpfungskreis erwächst die Spirale, ebenfalls mit einer Steigung, in die nächste Ebene, in den *Ur-Kreis*, wo die vier Ur-Prinzipien Awen, Nwyfre, Gwyar und Calas entstehen und sich entfalten.

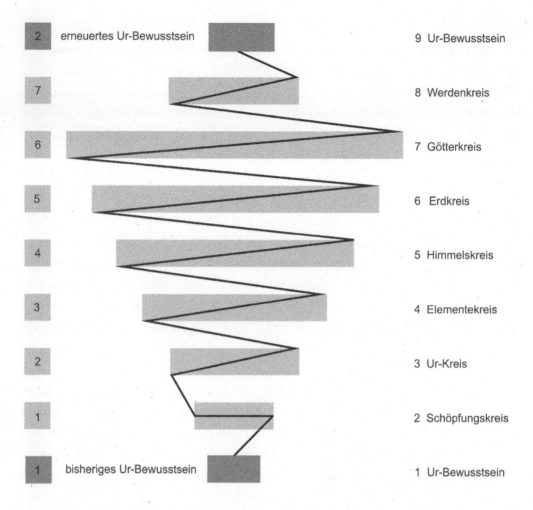

Die neun Stufen oder Zyklen der Schöpfungsspirale: sieben Entwicklungsphasen befinden sich zwischen zwei Bewusstseinsebenen.

4. Die Spirale dehnt sich weiter aus zur nächsten Entwicklungsebene, zum *Elementekreis* mit den vier Elementen Luft, Feuer, Wasser und Erde.
5. Aus dem Elementekreis expandiert die Schöpfungsspirale weiter zum *Erdenkreis*, auf dem das Reich der Tiere, das Reich der Pflanzen, das Reich der Ahnen sowie das Reich der Menschen liegen und sich entfalten können.
6. Als nächstes folgt der *Himmelskreis* und mit ihm die Himmelsrichtungen Osten, Süd-Osten, Süden, Süd-Westen, West, Nord-Westen, Nord, Nord-Osten.

7. Die Spirale steigt weiter zum *Götterkreis* mit dem inneren Reich, dem äußeren Reich, dem Reich der Götter, dem Reich der Göttinnen.
8. Nach dem *Götterkreis* erfolgt eine Komprimierung, die Schöpfungsspirale zieht sich, weiterhin ansteigend, zum *Werdenkreis* zusammen, auf diesem liegen die Positionen *die nächste Generation*, *der Weg* und *das Erwachen*.
9. Schließlich zieht sich die Schöpfung wieder zusammen und endet im erneuerten und wieder „ruhenden" *Ur-Bewusstsein*.

Betrachten wir die Schöpfungsspirale von der Seite (siehe Abbildung Seite 220), so offenbaren sich neun Ebenen: sieben Entwicklungs- und zwei Bewusstseinsebenen – in Ziffern umgewandelt ergibt sich ein beachtenswertes Zahlenspiel. Mit ihren sieben Entwicklungsebenen und sechsunddreißig Positionen offenbart die Schöpfungsspirale symbolhaft, wie die Schöpfung vonstatten geht, wie sie strukturiert und wo unser Platz ist und was unsere Aufgaben darin sind. Und dabei müssen wir nicht tief in dieses Modell eintauchen, um zu verstehen, wie die Schöpfung sich entwickelt und was schöpfungsrichtiges Handeln bedeutet. Wer tiefere Einblicke in die Thematik der Schöpfung gewinnen, die komplette Beschreibung und die Arbeit mir der Schöpfungsspirale kennenlernen möchte, dem sei mein Buch *„Der Neue Abendländische Schamanismus"* empfohlen, in dem all dies und vieles mehr ausführlich beschrieben wird.

Der Jahreskreis – der Rhythmus des Lebens

Um der sich offenbarenden Schöpfung zu nähern, um die „alten Pfaden" begreifen, von ihnen lernen und darüber hinaus aktuelles Wissen sowie immer wieder neu hinzukommende Erkenntnisse so in eine zeitgemäße naturspirituelle Lebensweise und Weltsicht integrieren zu können, dass neue Wege beschritten werden können, ist der Jahreskreis (als eine modellhafte Zusammenfassung und Erweiterung des Erden- und des Himmelskreises) ein sehr gutes Hilfs- und Orientierungsmittel. Nehmen wir die Natur als reine Manifestation der Schöpfung für uns an, wird über den Jahreskreis ersichtlich, was sie wirklich bedeutet, wie sie wirkt, sich ausdrückt und welche Position wir als Mensch, einzeln und auch als Ganzheit, in ihr haben. Der Jahreskreis zeigt uns den einzig wahren Rhythmus des Lebens auf, so wie er vor uns das Leben auf der Erde bestimmte und wie es auch nach uns sein wird. Da wir ihn tagtäglich erleben, in ihn eingebunden sind, ist er nichts Fiktives, sondern ganz konkreter Alltag, zu dem wir einen direkten Bezug haben – wir müssen nur aufmerksamer sein, was ihn betrifft.

Im Gegensatz zur Schöpfungsspirale, die als Modell eher abstrakt und als Arbeitsfeld sicherlich für „Fortgeschrittene" auf dem naturspirituellen Weg geeignet ist, ist der Jahreskreis etwas Handfestes, Fühlbares, Riechbares, Schmeckbares und Erlebbares – in und mit ihm lassen sich viele Dinge ganz einfach umsetzen.

Die Natur zeigt uns immer wieder, dass wir nach wie vor ein Teil von ihr sind und weiterhin ihren Rhythmen und Zyklen unterliegen werden, auch wenn wir nicht mehr ein so in sie eingebundenes Leben führen wie die Menschen vor uns. Gerade bei uns in der mitteleuropäischen Klimazone sind die jahreszeitlichen Rhythmen noch recht ausgeprägt, gut zu beobachten und ausgiebig zu erleben, ohne dass wir, wie in anderen Regionen der Erde, besonderen Extremen ausgesetzt sind. Wir leben aber auch in Gesellschaften, in Industrienationen, die sich sehr weit von einem natürlichen Leben entfernt haben, was auch noch weiter geschehen wird. Dennoch spüren die Menschen intuitiv, dass nur in der Natur echte Heilung zu finden ist. Wir sollten nie vergessen, dass die Menschheit in den Jahrtausenden ihrer Entwicklungsgeschichte den größten Teil der Zeit in, durch und mit der Natur gelebt hat. Erst seit etwas mehr als einhundertfünfzig Jahren ging die Entfremdung von der Natur durch Technik und Industrialisierung derart rasant und nachhaltig, dass manche Kinder heute glauben, die Milch kommt aus dem Tetrapack und nicht von der Kuh. – Eines sei in diesem Zusammenhang noch einmal festgehalten: Es geht keinesfalls darum zu behaupten, „früher war alles besser". Das ganz sicher nicht, früher war nicht alles besser als heute, manches vielleicht… Unser Weg, besonders in Hinblick auf die „alten Pfade", über die wir nun schon so viel gehört und erfahren haben, geht niemals zurück, er kann niemals zurückgehen.

Wir Menschen sind grundsätzlich in der Lage, zu lernen und durch Selbstreflexion unser aktuelles Handeln hinsichtlich des Gelernten zu überdenken; das ist es, was uns von den Tieren unterscheidet. Diese Fähigkeit, unseren Weg, unser Handeln und die damit verbundenen Auswirkungen jederzeit überdenken und selbst neu bestimmen, müssen wir kultivieren. – Der Jahreskreis und das Leben in und mit ihm ist uns viel näher als wir glauben, und er ist das richtige Medium dafür, um sich ein „natürliches" Leben etwas eingehender vorstellen und auf die Erfahrungen derer zurückgreifen zu können, die noch ganz und gar in und nach ihm lebten. Als Modell ist der Jahreskreis nicht fest an Kalenderdaten gebunden, sondern so frei und variabel wie das Leben selbst es ist beziehungsweise sein sollte. Wirklich fix sind nur die astronomischen Eckpunkte, die allein vom Lauf der Sonne und des Mondes abhängig sind. Liegen die Sonnenfeste, das sind die beiden Sonnenwenden und Tagundnachtgleichen, je innerhalb eines drei Tage umfassenden Rahmens, meist zwischen dem 21. und 23. Tag des betreffenden Monats, so sind die vier Mondfeste deutlich unsteter und unterliegen Verschiebungen von bis zu 12 und mehr Tagen. An keinen Punkt festzumachen, sind die Jahreszeiten; Frühjahr, Sommer, Herbst und Winter sind keine festen Größen und richten sich auch nicht nach den Jahreskreisfesten, sondern weisen eine deutliche Varianz auf. Die Kunst, den Jahreskreis wirklich zu verstehen, liegt also darin, zuerst das „Modell" zu begreifen und zu erleben, es dann loszulassen und den Jahreslauf hinsichtlich der Jahreszeiten, wie sie sich tatsächlich zeigen, zu erfassen. Genau darin liegt die große Schwierigkeit für viele Menschen, zu erkennen, wann die jeweilige Jahreszeit wirklich da ist und dann auch entsprechend zu handeln. Eines ist jedenfalls sicher: Frühjahr, Sommer, Herbst und Winter werden immer in dieser Reihenfolge das Jahr bestimmen.

Bei der Beschäftigung mit dem Jahreslauf sind es vor allem die Jahreskreisfeste, die herausstechen und großes Interesse wecken. Bei diesen handelt es sich tatsächlich um uralte Feste, die schon über Jahrhunderte und Jahrtausende bestehen und so manchen Wandel erfuhren sowie Reiche, Herrscher und Religionen überstanden. Die Jahreskreisfeste teilen das Jahr in klare und überschaubare Ereigniszeiträume, die weitgehend dem Erd- und Himmelskreis der Schöpfungsspirale entsprechen. Sie sind wichtige Eckpunkte im jährlichen Lauf des Lebens, welche dem Menschen nicht nur Orientierung, sondern auch gesellschaftlichen und emotionalen Halt geben. An ihnen kann er von Jahr zu Jahr überprüfen, ob und wie sich sein Leben verändert und entwickelt hat. Führt man zum Beispiel anstelle eines Tagebuches ein Jahreskreisbuch, kann man sehr präzise erkennen, was geplant war, was davon umgesetzt wurde und was tendenziell gesehen über mehrere Jahre vorangeschritten ist und was nicht. Die Jahreskreisfeste sind aber auch immer eine schöne Gelegenheit, sich mit Gleichgesinnten zu treffen und mit ihnen eine schöne Zeit in Einklang mit der Schöpfung zu verbringen. Gleichzeitig bietet der Jahreskreis jedem die Möglichkeit, die inzwischen so zahlreichen kopflastigen menschengemachten Lebensmodelle, Rollen, Glaubensmuster und vieles mehr auf ihren wirklichen Sinn und ihre Übereinstimmung mit der „Wirklichkeit" zu überprüfen. Letztendlich ist die Natur für uns die einzige wirklich unbestechliche Ordnung, die über allem anderen stehende Orientierungshilfe. Das zu verstehen bedeutet auch, dass wir alles, was wir für uns erkennen und klären wollen, nicht an irgendwelchen menschengemachten Modellen, Gesetzen und Regeln, sondern nur anhand der Natur und damit der Schöpfung selbst überprüfen sollten. In einer Zeit, in der sich der menschliche Geist in abstrakten künstlichen Visionen und Modellen verfangen hat und meist nur den Ausweg sieht, diese noch weiter zu abstrahieren, ist eine Rückbesinnung auf die natürlichen Prozesse und eine Erdung dringend angeraten. Dem „modernen" Menschen gelingt es eher selten, seine Kopfmodelle, vor allem wenn sie ganz offensichtlich falsche Wege vorgeben oder zu solchen führen, zu überdenken, zu reduzieren oder gar Abstand von ihnen zu nehmen. Die meisten gehen diese „Abwege" lieber bis zum bitteren Ende weiter, als anzufangen, diese infrage zu stellen und eine andere Richtung einzuschlagen, um wieder auf den eigentlichen Lebensweg zu gelangen.

Sicher, die meisten der hier geäußerten Thesen und die stete Überprüfung, ob deren Umsetzung im Sinne der Schöpfung ist, sind natürlich recht radikal. Dennoch erscheinen sie mir als die bessere Wahl, als vorsätzlich einen fremdbestimmten und still akzeptierten Weg in die Katastrophe zu gehen. Und vielfach stellt sich für den zivilisationszahmen Menschen ein großes Missverständnis als Hürde dar, wenn er Worte wie „zurück zur Natur", „Naturspiritualität" oder „alte Werte" hört, denn vor seinem inneren Auge taucht das Bild auf: zurück in die Höhle und die Lehmhütte ohne Strom, Zentralheizung und Fernsehen. Doch sich an der Natur zu orientieren, heißt eben nicht, das wurde schon mehrfach herausgestellt, zurück in die Höhle zu ziehen, weniger Komfort oder Lebensqualität zu haben, sondern ein solcher Wandel führt zu mehr Gesundheit und Lebensfreude, zu mehr Erfüllung und Befriedigung bezüglich des eigenen Lebens, zu einem Wohlfühlen in einem Umfeld aus natürlichen Materialien. Ein solcher Lebenswandel sorgt dafür, seinen Platz zu finden und genau an diesem richtig zu sein.

Den Jahreskreis und das Leben unserer Ahnen sollten wir mit offenen Augen, einem freien Geist und mit der uns möglichen Klarheit betrachten, jegliche Verherrlichung, Romantisierung und Verklärung sollte unterbleiben. Der wahre Zauber der Schöpfung, der sich uns im Rhythmus des Jahreskreises zeigt, ist weitaus faszinierender und vollkommener als jede Phantasie und zudem direkt erlebbar. Nur wenn wir uns am tatsächlichen Geschehen in der Natur orientieren, können wir wirklich wertvolle Dinge für uns lernen.

Den Jahreslauf und die in ihm verankerten spezifischen Ereignisse bilden das Sonnenjahr, das sogenannte große Jahr, und das Mondjahr, das kleine Jahr. Das Sonnenjahr bestimmt den für das Leben auf der Erde grundlegenden Rhythmus mit den vier Jahreszeiten. Das Mondjahr hingegen regelt im Wesentlichen die lebensspezifischen Rhythmen von Aussaat, Wachstum, Reife und Ernte im Rahmen der Jahreszeiten. Die Hauptfeste des Sonnenjahres sind die beiden Sonnenwenden, eine im Dezember (Jul) und eine Juni (Litha), sie teilen den Jahreskreis in eine ins lichtvolle aufsteigende und eine in die Dunkelheit absteigende Hälfte. Beltane und Samhain, die Frühlings- beziehungsweise die Herbstmitte, sind die Hauptfeste des Mondjahres. Daneben sind auch die vier Nebenfeste, ebenfalls zwei Mond- und zwei Sonnenfeste, nicht weniger bedeutungsvoll. Die Nebenfeste des Sonnenjahres sind die Tagundnachtgleichen im März (Ostara) und im September (Mabon), welche das Jahr in die helle und die dunkle Jahreshälfte teilen, die des Mondjahres sind das Mittwinterfest zu Imbolc Anfang Februar, das den Höhepunkt des Winters und die Zeit der ersten Lämmer des Jahres anzeigt, und das Mittsommerfest zu Lughnasad Anfang August, das den Höhepunkt des Sommers und den Beginn der großen Erntezeit anzeigt. Mittwinter und Mittsommer werden heute im Allgemeinen auf die Winter- beziehungsweise Sommersonnenwende bezogen, doch wie die Silbe „Mitt-" zu verstehen gibt, ist ursprünglich die Mitte der jeweiligen Jahreszeit gemeint. Auch in Bezug auf die Jahreszeiten gibt es einen klaren Unterschied, der das Sonnen- und das Mondjahr betrifft: Sonnenfeste bestimmen jeweils den Anfang und das Ende einer Jahreszeit, während Mondfeste auf dem Höhepunkt einer jeweiligen Jahreszeit liegen:

- ☉ Wintersonnenwende → Herbstende und Winteranfang
- ☾ Imbolc → Mittwinter → Wintermitte
- ☉ Frühjahrstagundnachtgleiche → Winterende und Frühlingsanfang
- ☾ Beltane → Frühlingsmitte
- ☉ Sommersonnenwende → Frühlingsende und Sommeranfang
- ☾ Lughnasad → Sommermitte
- ☉ Herbsttagundnachtgleiche → Sommerende und Herbstanfang
- ☾ Samhain → Herbstmitte

Das Sonnen- und Mondjahr mit den je vier kosmisch bedeutungsvollen Positionen bestimmen also den Jahreskreis mit seinen acht Festen, welche die Anfänge/das Ende und die Höhepunkte der Jahreszeiten markieren. Doch wie schon erwähnt sind die festgelegten Datumsangaben dieser acht Jahreskreisfeste nicht identisch mit dem richtigen Zeitpunkt der sich einstellenden Jahreszeiten, denn diese weichen manchmal deutlich von den kalandarischen Festlegungen ab. So erleben wir heute das Phänomen, dass der Herbst und das Frühjahr deutlich länger geworden sind (bis zu 20 oder 30 Tage) als noch vor 50 Jahren, so dass der Winter spürbar kürzer ist. Zu erkennen, ob die aktuelle Wettersituation nur eine kurzfristige Anomalie ist oder eine jahreszeitliche Verschiebung, das ist die Kunst, die man durch die Arbeit und den Einklang mit dem Jahreskreis erlernt.

Da Sonnen- und Mondjahr nicht übereinstimmen und nicht deckungsgleich sind, haben unsere Vorfahren eine praktische Lösung gefunden, diese zu verbinden und gleichzeitig den natürlichen Lauf zu belassen, wie er ist. Gemeint sind die sogenannten Rauhnächte: Das sind die Tage zwischen der Wintersonnenwende und dem ihr nahe stehenden Neumond, sie verbinden also den Beginn eines Sonnenjahres und jenem Mondzyklus, mit dem das neue Mondjahr seinen Anfang nimmt. Die Rauhnächte sind nicht einfach mal zwölf Tage nach der Wintersonnenwende oder Weihnachten, denn so verbinden sie nichts und es besteht auch kein Zusammenhang mit irgendwelchen astronomischen, meteorologischen oder jahreszeitlichen Ereignissen.

Um die komplexen naturspirituellen Zusammenhänge des Jahreslaufes einfach und übersichtlich darstellen und sich nach ihm ausrichten und mit ihm arbeiten zu können, ist das Jahresrad, ein zweidimensionales Kreisgebilde, sehr hilfreich. Es wurde abgeleitet beziehungsweise ist ein Ausschnitt aus der Abendländischen

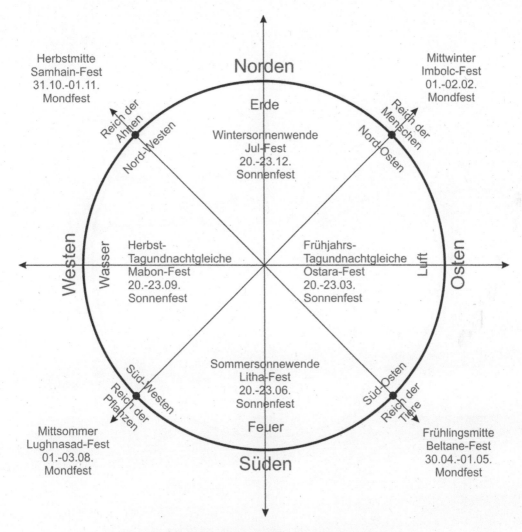

Vereinfachte und unvollständige Darstellung des Jahreskreises.

Schöpfungsspirale, die an sich ein dreidimensionales Modell ist. In diesem Sinne sollte auch das Jahresrad betrachtet werden: spiralförmig verlaufend über verschiedene Ebenen. Aus diesen Spiralwindungen beziehungsweise -ebenen setzt sich der Jahreskreis tatsächlich zusammen: Die erste ist der sogenannte *Elementekreis*, auf dem die vier Grundelemente liegen, die unseren Planeten formen und alles Leben auf diesem hervorbringen: Erde, Luft, Feuer und Wasser. Als zweites folgt der *Erdenkreis* mit den vier Reichen, die alles Lebendige auf der Erde umfassen: das

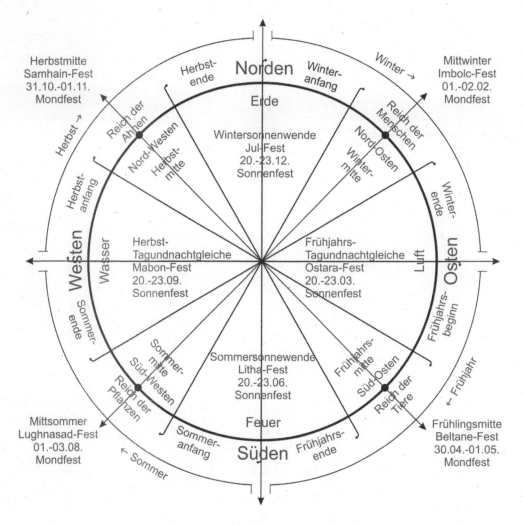

Teildarstellung des Jahreskreises bis zu den Jahreszeiten.

Reich der Tiere, das Reich der Pflanzen, das Reich der Ahnen und das Reich der Menschen. Mit der dritten Spiraldrehung, dem sogenannten *Himmelskreis*, kommen die vier Hauptrichtungen Norden, Osten, Süden und Westen hinzu, die vierte fügt die Nebenrichtungen Nord-Osten, Süd-Osten, Süd-Westen und Nord-Westen hinzu. Das Unten und das Oben lassen die dreidimensionale Ausrichtung des Universums entstehen, sie ermöglichen die Orientierung an den Gestirnen und vervollständigen die Richtungsvektoren. Die Grundstruktur des Jahreskreises besteht aus der Verdichtung dieser Ebenen der Schöpfungsspirale.

Die Menschen erkannten die kosmisch-universale Ordnung, die das Jahresrad versinnbildlicht, und legten im Jahreslauf auftretende markante Punkte fest – die Jahreskreisfeste –, an denen sie Orientierung fanden und die ihnen den immerwährenden Kreis des Werdens, Seins und Vergehens verdeutlichten. Auf dem Jahresrad ist dies die fünfte Ebene beziehungsweise Spiraldrehung, auf welcher diese Feste verankert sind: Jul im Norden, Imbolc im Nord-Osten, Ostara im Osten, Beltane im Süd-Osten, Litha im Süden, Lughnasad im Süd-Westen, Mabon im Westen und Samhain im Nord-Westen. Jedes dieser Feste hat natürlich seinen Sinn und seine Bedeutung, zum einen sind da die kosmischen Bezüge, zum anderen spielen die jahreszeitlichen Gegebenheiten und Veränderungen, die das Leben auf der Erde bestimmen, eine entscheidende Rolle. So feiert man mit Ostara den Neubeginn der hellen Jahreshälfte und stärkt sich mit den ersten Wildkräutern. Zu Beltane ist es die unbändige Lebenslust, welche die Wachstumsphase des Jahres prägt und die gefeiert wird. Litha ist die sprichwörtliche Hoch-Zeit des Jahres, die Sonne hat ihren höchsten Stand, in diese Zeit fallen die längsten Tage und kürzesten Nächte des Jahres, es ist der Höhepunkt an Frische, Vielfalt und Entfaltungskraft. Lughnasad zeigt den Beginn der großen Erntezeit an, jene in der Natur sowie die eigene. Zu Mabon dankt man für die Ernte, die Fülle und den Überfluss. Mit Samhain beginnt die Zeit des Vergehens, der Rückzug kündigt sich an oder vollzieht sich bereits; das letzte Vorbereiten für die nun anbrechende dunkle Winterzeit beschäftigt die Menschen. Jul, die Wintersonnenwende, markiert den Tod sowie die Wiedergeburt des Lichtes und den Beginn des Winters; die Zeit des Rückzugs und der Einkehr beginnt nun. Mit Imbolc, der Zeit der Junglämmer und der ersten frischen Milch, wird der Blick auf die Vorbereitungen für die Aussaat und die bald beginnende helle Jahreshälfte geworfen, für die man sich fit macht; sämtlicher Wintermüll wird entsorgt. – Fast vollständig und die Zusammenhänge verdeutlichend wird das Jahresrad mit der sechsten Ebene beziehungsweise Spiraldrehung, denn auf ihr liegen die vier Jahreszeiten.

Sehr aufschlussreich ist es, sich den Jahreskreis in Zusammenhang mit den Tierkreiszeichen als kosmische Einflussgeber auf den Menschen zu betrachten. Die siebte Ebene des Jahresrades mit den Tierkreiszeichen verdeutlicht, dass sie nicht nur astrologisch von Bedeutung sind, sondern auch Bezug zu den Jahreskreisfesten haben:

Fische → Ostara (Sonnenfest) → Widder
Beltane (Mondfest) = im Stier
Zwillinge → Litha (Sonnenfest) → Krebs
Lughnasad (Mondfest) = im Löwe
Jungfrau → Mabon (Sonnenfest) → Waage
Samhain (Mondfest) = im Skorpion
Schütze → Jul (Sonnenfest) → Steinbock
Imbolc (Mondfest) = im Wassermann

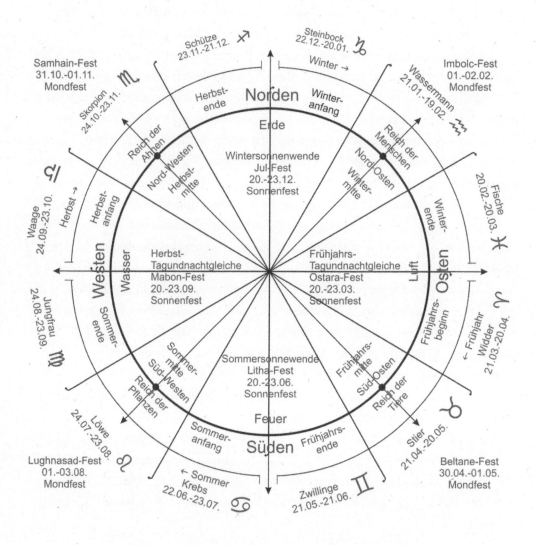

Teildarstellung des Jahreskreises bis zu den Tierkreiszeichen.

Darüber hinaus haben die Tierkreiszeichen natürlich Bezug zu den ebenfalls im Lebensrad befindlichen Elementen:

    Feuerzeichen → Widder, Löwe, Schütze,
    Erdzeichen → Stier, Jungfrau, Steinbock
    Wasserzeichen → Krebs, Skorpion, Fische
    Luftzeichen → Zwillinge, Waage, Wassermann

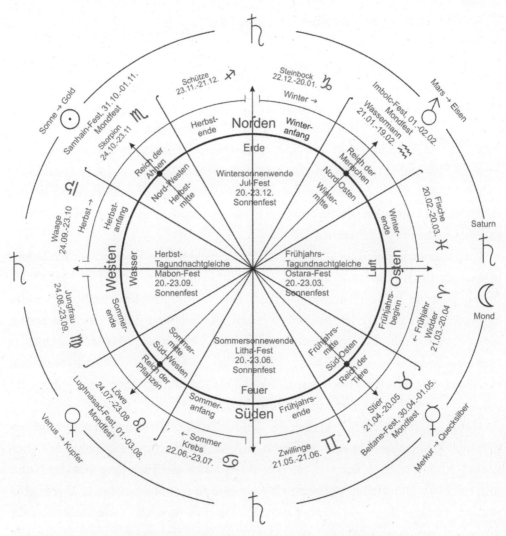

Vollständige Darstellung des Jahreskreises bis zum Planetenrad.

Will man weiter in die Tiefe gehen, kann zum Jahresrad noch das Planetenrad hinzugezogen werden, das mit den Spiralebenen acht und neun, das sind die alchymischen Metalle beziehungsweise die ihnen zugehörigen Planeten, den Jahreskreis mit dem kosmischen Ganzen verknüpft. Das Planetenrad verdeutlicht den Einfluss der Planeten auf die lebensbestimmenden Phasen auf der Erde sowie die metaphysischen Aspekte unserer alchymischen Wurzeln. Es durchdringt alle Bereiche des Jahreskreises, unseres Lebens und wirkt subtil auf alles auf der Erde Befindliche ein. Da sich diese Wirkungen jedoch in erster Linie auf die menschlichen Lebensprozesse beziehen, wird das Planetenrad im Zusammenhang mit dem Lebensrad (siehe ab Seite Seite 244) detaillierter vorgestellt.

Das Jahresrad als zweidimensionales Abbild des Jahreslaufes mit all seinen ihn bedingenden Voraussetzungen und Einflüssen, die auf den neun Ebenen beziehungsweise Spiralwindungen liegen, verdeutlicht, wie in der Schöpfung alles mit allem verbunden ist und nur in dieser Harmonie zur vollen Entfaltung kommen kann. Es gibt keine Unbeständigkeiten oder Unstimmigkeiten, nicht in sich und nicht zu den Vorgängen in der Natur, alles passt zusammen und erweitert das Verständnis und die Tiefe, in die man eintauchen kann, um ganz spezifische Lebensaspekte. Das Jahresrad enthält alles, was wichtig und von Bedeutung ist, mit ihm wird der Jahreslauf als alljährlicher Prüf- und Meilenstein eines jeden Lebensrades auf den Punkt gebracht.

Umfassende und tiefergehende Beschreibungen des Jahreskreises wurden bereits in meinem Buch *„Der Neue Abendländische Schamanismus"* veröffentlicht, weshalb ich hierzu nichts weiter ausführen werde. Auch eine ausführliche Beschreibung der acht Jahreskreisfeste möchte ich hier nicht geben, da diese erst durch das Verständnis für den Jahreskreis als Ganzes mit Inhalt gefüllt werden, und das sollte sich jeder Einzelne erst erarbeiten beziehungsweise sollte der Jahreslauf so im Bewusstsein verankert sein, dass die Feste entsprechend ihres Sinnes und ihrer Bedeutung wirklich und wahrhaftig gefeiert werden können.

Der Jahreskreis birgt hinsichtlich der Aufgaben, Verantwortungen und Sorgfaltspflichten zahlreiche Aspekte, die für ein gesundes und schöpfungsrichtiges Leben wichtig sind. Was nach wie vor, auch wenn es durch die Trennung von der Natur nicht mehr so unmittelbar wahrnehmbar ist, eins zu eins auf uns heute übertragbar ist, sind die Qualitäten und Stärken der einzelnen Jahreszeiten. Viele Menschen, die ihr Leben mehr und mehr bewusst in den Jahreskreis einbinden, haben festgestellt, dass es gut ist, sich beispielsweise in der Winterzeit auf Erholung und Innenschau zu konzentrieren, um sich seines aktuellen Status bewusst zu werden und zu entrümpeln und zu ordnen, bevor neue Vorhaben, die erst sorgfältig konzipiert und recherchiert werden sollten, in Angriff genommen werden. Die Winter- und Frühjahrszeit ist prädestiniert dafür, neue Projekte anzugehen und/oder alte neu in Angriff zu nehmen. Für den tatsächlichen Beginn eignet sich am besten die Zeit ab Ostara, da, wo alles seinen Anfang hat und die neue Aussaat beginnt. Nach der Aussaat kümmern wir uns um deren Umsetzung und Pflege, damit wir sie anschließend heranreifen sehen – dies sind (im übertragenen Sinn) das vorangeschrittene Frühjahr und die Sommerzeit. Haben wir sorgfältig gearbeitet, können wir auch eine gute Ernte einfahren, die wir allerdings gut absichern sollten – wir befinden uns im Spätsommer und Herbst.

Folgen wir auch im „konventionellen" Geschäftsgebaren und Berufsleben weitestgehend und -möglich dem Jahreskreis und seinen Energien, machen wir uns vieles einfacher und erzielen bessere Ergebnisse. Beispielsweise ist es nicht sinnvoll, neue Projekte im Spätsommer, Herbst oder zu Beginn des Winters anzufangen, da so gegen die natürlichen Energien des Jahreskreises gearbeitet wird. Dies sind Erfahrungen, die neben mir auch viele andere immer wieder machten; merkbar wurde dies vor allem dann, wenn es scheinbar nötig war, ein Handeln entgegen der jahreszeitlichen Qualitäten zu erzwingen.

Neben den spezifischen Festen und den unterschiedlichen jahreszeitlichen Energien und Qualitäten bietet der Jahreskreis noch zahlreiche andere Hilfestellungen und Orientierungsmöglichkeiten: Da wäre beispielsweise die Ernährung, die auszurichten an die saisonalen, das heißt jahreszeitlichen und auch regionalen Gegebenheiten alles andere als unmöglich ist, denn es gibt unzählige hiesige Speise- und Kräuterpflanzen zu entdecken, die uns weit besser in unsere Kraft und Gesundheit bringen als der Verzehr von importierten Produkten, die unreif geerntet wurden und auf dem Transportweg ohne Sonne „nachreiften". Natürlich können diese zur Abwechslung oder als Leckerei ab und an auf unseren Tellern sein, doch eine gesunde Grundernährung können sie nicht so gut sicherstellen wie einheimische Erzeugnisse. Und hinzukommt: Wer einmal „exotische Früchte" in ihren Herkunftsländern genießen durfte, dem werden sie als „Importware" nicht mehr schmecken.

Wir sollten nicht vergessen, was schon Hippokrates zu erkennen gab: „Lasst eure Nahrungsmittel eure Heilmittel und eure Heilmittel eure Nahrungsmittel sein." Und Paracelsus soll gesagt haben: „Was euch gesund macht, wächst um euch herum." Gerade die einheimischen Kräuter können weitaus vielfältiger verwendet werden als nur zur Heilung oder Regeneration, so zur sinnvollen Erweiterung unserer Speisepläne und damit unserer alltäglichen Ernährungsgewohnheiten sowie der Bereicherung der Geschmackserlebnisse. Mit einer jahreszeitlich ausgerichteten Ernährung mit möglichst regionalen Erzeugnissen versorgen wir uns mit den Stoffen, die für unsere Gesunderhaltung zu jeder Zeit benötigt werden. Einen Mehrwert in vielerlei Hinsicht sind die sogenannten „alten Sorten", das sind Kulturpflanzen, die ursprünglich aus unseren Regionen stammen und von transportfähigeren sowie auch profitträchtigeren künstlich-industriemäßig aufgepeppten Produkten verdrängt wurden. Ein schönes Beispiel ist der Apfel, der einst mit weit über dreißig teils regionalspezifischen Sorten vielfältige Geschmackserlebnisse bot. Da gab es die frühen Äpfel, die Koch- und die Backäpfel, die Kelteräpfel, die süßen und die sauren, die mehligen und die knackigen, die Speiseäpfel zum Sofortverzehr und die Lageräpfel usw. Heute können wir froh sein, wenn wir in den Supermärkten mehr als drei Apfelsorten angeboten bekommen. Es freut mich, dass wieder mehr von diesen alten Sorten auf Märkten auftauchen, denn sie sind in der Regel an unser Klima besser angepasst, erzeugen die Inhaltsstoffe die für uns in diesem Klima wichtig sind. Sie sind auch viel robuster als die Industriepflanzen und benötigen weniger Schutzmittel.

Ein Beispiel dafür, sich im wirtschaftlichen Bereich nach dem Jahreskreis zu richten, ist das Schlagen und Verarbeiten von Holz. Heute ist es so, dass die Holzindustrie nach billigem Massenholz verlangt, und blickt man in die Wälder, in denen von ihr Holz geerntet wurde, könnte man meinen, es habe ein Krieg stattgefunden, was im übertragenen Sinn ja sicherlich auch der Fall war. Das Chaos, welches hinterlassen wird, ist dabei das kleinste Problem, viel schlimmer sind die schweren Erntefahrzeuge wie Harvester und Sattelschlepper, die den Waldboden für Jahre verdichten. Achtung und Achtsamkeit sind dort keine Begleiter bei der Arbeit, weshalb man dementsprechend auch fast nur minderwertige Holzwaren bekommt und die Erträge in den konventionell bewirtschafteten Wäldern sinken. Aus den Fichten, auch „Brotbäume" genannt, da sie die Waldwirtschaft durch ihr schnelles und gerades Wachstum rentabel machen, wird in vielen Teilen Deutschlands Massenholz gewonnen, was die Holzindustrie am Leben hält. Da dieses Holz jedoch recht billig ist, werfen nur Massenernten für die Forstwirtschaft Ertrag ab. Wirklich gut verdient wird am Wertholz, doch die entsprechenden Bäume brauchen länger, um auf die richtige Größe heranzuwachsen, der Zeitfaktor ist nur schwer kalkulierbar. Es wird also zweigleisig gefahren: zum einen mit der Fichte als Massenholz und zum anderen mit dem weniger zur Verfügung stehenden Wertholz.

Doch es gibt hoffnungsvolle Ausnahmen: Einige wenige Forstwirte und Waldbesitzer arbeiten mit und nicht gegen die Natur, in deren ökologischen Wirtschaftswäldern sind beispielsweise Maschinen, mit Ausnahme der Motorsäge, ein Tabu. Das Holz wird meist nur um Mittwinter (Imbolc) geschlagen, oder wenn Sturmschäden es notwendig machen. Die Stämme werden wie früher mit Pferden zu den Ladeplätzen gezogen. Dort, wo es wirklich wichtig ist und wertvollste Baumbestände gepflegt werden müssen, setzt man ausschließlich Pferde zum Holzrücken ein. Die Ergebnisse sprechen für sich: keine Bodenverdichtung, bester Baumwuchs, weniger Schädlinge, stetig höhere Anteile an Qualitätsholz und eine deutlich bessere Wirtschaftlichkeit, die 20 Prozent und mehr betragen kann.

Auch hinsichtlich der Nutzung von Holz zeigt sich das Berücksichtigen alter Weisheiten als durchaus vorteilhaft. Über das Schlagen und die Verwendung von Vollmondholz zum Beispiel lachen heute nur noch ungebildete Neunmalkluge. Es ist mittlerweile wieder ins Bewusstsein gedrungen beziehungsweise bekannt, dass sich beispielsweise Holzparkett und -möbel aus im Januar/Februar geschlagenem und gefertigtem Vollmondholz nicht verziehen. Untersuchungen mit unterschiedlichsten Methoden (u. a. mit Struktur- und chemischen Analysen oder Jahresringvergleiche mit der Baumdatenbank) alter Parkettflächen und Möbel, die schon Jahrhunderte alt sind und noch immer in Schlössern und Herrenhäusern ihre Funktion erfüllen, haben gezeigt, dass sie in der Regel aus Vollmondholz gefertigt wurden. Inzwischen gibt es auch zahlreiche Bilddokumente von Haus- und vor allem Werkstattbränden, die belegen, dass dicke Stahlträger beim Brand weich wurden wie Kaugummi und absackten, während das alte angekokelte Fachwerk, das, wie man recherchieren und dokumentieren konnte, aus im Winter zu Vollmond geschlagenen Eichenbalken bestand, die Statik des Gebäudes noch zuverlässig aufrecht hielt.

Die Themen Ernährung oder Holznutzung beziehungsweise der Umgang mit natürlichen Ressourcen überhaupt sind ein wichtiges Feld, das hinsichtlich einer naturspirituellen Lebensweise unter Berücksichtigung der Schöpfungsspirale und auch des Jahreskreises bedeutungsvoll ist, denn es betrifft nicht nur den Einzelnen, sondern ganze Gemeinschaften. In einer naturspirituellen Ökologie und Ökonomie, in der alles als beseelt angesehen wird, herrscht generell ein ganz anderer Umgang mit den Dingen, nichts wird mehr als seelenloser Gegenstand betrachtet, der rücksichtslos für den eigenen Profit ausgebeutet wird.

Bleiben wir bei der Holzwirtschaft: In ländlichen Gegenden haben viele Gemeinden Waldbesitz, den sie bewirtschaften, und es leben dort Menschen, die gerne mit Holz heizen und den Wald vor ihrer Haustüre als Naherholungs- und Freizeitort schätzen. Sie gehen dort spazieren, sammeln Blätter, Früchte, Pilze und gehen mit all diesen Reichtümern mehr oder weniger sorgsam um. – Es stellt sich die Frage, weshalb es manchmal so schwer ist, dass die Menschen von ihrer Gemeinde Holzkontingente zugewiesen bekommen. Die meisten Gemeinden wollen verständlicherweise mit ihrem Wirtschaftswald Geld verdienen. In Deutschland gibt es ja fast nur Wirtschaftswälder, um die sich gekümmert werden muss. Spricht man mit den Verwaltungen, erfährt man jedoch, dass dies fast nicht mehr möglich ist. Aus meiner Sicht hat das auch einen guten Grund: Um den Wald und die „erntereifen" Bäume bewerben sich in der Regel zwei Parteien, die eine ist die Industrie, die andere die Menschen des Ortes, die mit Holz heizen wollen. Die Industrie kommt auf die Gemeinde zu und verspricht ihr, den Großteil, wenn nicht sogar alles Holz abzunehmen, das geschlagen werden kann, verlangt dafür aber, einen niedrigen Preis zahlen zu müssen. Für die Verwaltung bedeutet die wenig Aufwand, da es nur ein oder zwei Vertragspartner gibt. Die Privatabnehmer sorgen da schon für mehr Arbeit. Und so bekommen Privatabnehmer gar kein Holz oder müssen strenge Limitierungen in Kauf nehmen. Dabei bezahlen die Privatabnehmer mehr Geld für den Raummeter Holz als die industriellen Abnehmer und nicht nur das. Während die industriellen Abnehmer den Wald samt Büschen und Sträuchern verwüsten und den Boden mit ihren schweren Maschinen verdichten und damit langfristig schädigen und zukünftige Einnahmen reduzieren, hinterlassen die Privatabnehmer den Wald in einem aufgeräumten Zustand und ohne den Waldboden und andere Bäume und Sträucher zu schädigen. Gerade wenn solche Regionen noch auf Tourismus angewiesen sind, hat die industrielle Holzernte noch viel weiter reichende Folgen: Welcher Urlauber möchte schon durch derart verwüstete Wälder spazieren? – Es wäre also nur logisch, wenn die Gemeinden mehr private Holzmacher zulassen würden und weniger industrielle, denn sie bekämen höheren Preis pro Raummeter Holz und einen intakten und sauberen Wald, der jedem Spaziergänger gefällt. Mehr Einnahmen und weniger Folgekosten sollten doch gute Argumente sein. Fragen Sie doch mal in ihrer Gemeinde nach wie es dort ausschaut.

Ein anderer Bereich ist die Energie- und Abfallwirtschaft, die ebenfalls von Großkonzernen dominiert wird, wodurch den Gemeinden viel Geld verlorengeht und was die Bürger entsprechend teuer bezahlen. Recycling-Höfe sind ja da und dort schon in Betrieb, doch damit sind die Potentiale noch längst nicht ausgeschöpft: Es könnten der gesamte kompostierbare Müll für Biogasanlagen gebraucht und Holzabfälle zu Pellets verarbeitet werden, womit die Gemeinden einen Teil des Stroms und der Wärme für die Einwohner selbst herstellen und ihnen günstig anbieten könnten. Auch wenn nur die Unterhaltskosten der Gemeindeinfrastruktur dadurch getragen würden, so wären das schon ein großer Erfolg und ein Schritt in Richtung Unabhängigkeit und Zukunftssicherung. In vielen ländlichen Gemeinden ließe sich eine nahezu vollkommene Eigenständigkeit zum Wohle aller Einwohner erreichen. Dass dies möglich ist, zeigt beispielsweise die Gemeinde Rettenbach (Ostallgäu). Zudem könnten Gemeinden durch eine zusätzliche Förderung des örtlichen Anbaus von Getreide, Obst und/oder Gemüse sowie des regionalen Handels deutlich mehr erwirtschaften als sie verbrauchen und beispielsweise an nahegelegene Städte verkaufen, denen ein autarkes Bestehen nicht möglich ist. – Fast jede Gemeinde oder auch jede Stadt verfügt über mindestens drei der folgenden Ressourcen: Wasser, Wind, Sonne, Erde, Recyclingmüll, Biomüll und unbestimmte Mengen an brennbarem Müll. Würden diese für die Energiegewinnung und den Wertstoffhandel genutzt, könnte die ein oder andere Gemeinde oder auch Stadt in dieser Hinsicht unabhängig werden – dies würde natürlich nur den Einwohnern zugute kommen und nicht der Großindustrie, was natürlich ein Problem für die Politik und die heutigen Entscheider darstellt.

Es könnten noch weitere Beispiele aufgeführt werden, die beinahe auf alle heutigen Lebens- und Wirtschaftsbereiche übertragbar sind. Doch hierfür ist die Voraussetzung, dass die Menschen als Teil der Natur und auch diese selbst wieder mehr in den Fokus rücken und dass vor dem Hintergrund einer naturspirituellen Sichtweise und mit mehr Achtung sowie Achtsamkeit gedacht, geplant und investiert wird. Und immer wieder ist das Argument zu hören, was das alles kosten würde. Doch die Investitionskosten haben eine klar berechenbare Amortisationszeit, ist diese überschritten, fallen nur noch geringe Kosten für Instandhaltung und Rücklagenbildung an. Und wer selbst nicht darüber nachdenken möchte, der fragt einfach in Rettenbach oder anderen Gemeinden nach, die in diesem Sinne wirtschaften, schließlich kommen die Menschen sogar aus Japan nach Rettenbach, um dazuzulernen.

An dieser Stelle sei noch etwas zu den zahlreichen bereits bestehenden und wirtschaftenden ökologischen Dörfern, Gruppierungen und Bewegungen gesagt. Vielfach weigern sich diese, spirituelles Gedankengut in ihre Arbeit mit einzubeziehen oder sich gar damit zu beschäftigen. Sie arbeiten in erster Linie nach ausgeklügelten Konzepten und sehen in deren peinlich genauer Umsetzung die Lösung für alternatives Leben und Wirtschaften. Vieles, was sie machen, geht natürlich in die richtige Richtung und ist es wert, unterstützt zu werden. Doch wenn ökologisch sinnvolle Konzepte nur zu kopfgesteuertem Handwerken umgesetzt werden und das „Material", mit dem gearbeitet wird, ebenso als seelenlos betrachtet wird wie in der konventionellen Ökologie und Ökonomie, dann sind sie auch nur tote und von der Natur getrennte Kopfgeburten, die eine zeitlich begrenzte Lebensdauer haben werden. Das ist gut an den vielen gescheiterten Gemeinschaftsprojekten erkennen, die mit guten Konzepten, aber mit wenig naturspirituellem oder naturphilosophischem Hintergrund versehen waren. Alles als beseelt anzusehen, ist daher eine Notwendigkeit, um wirklich ökologisch und ökonomisch und damit in Einklang mit der Natur zu arbeiten. Naturspirituelle Ökologie und Ökonomie halten die Lösungen für unsere heutigen Probleme in Wirtschaft und Gesellschaft bereit. Das dem die Interessen der Industrie und der von ihr „geförderten" Politiker entgegenstehen, ist klar und wird daran deutlich, was tagtäglich in der Politik geschieht.

Das Lebensrad

Eine weitere sehr gute und wichtige Orientierungshilfe für ein schöpfungsrichtiges Leben ist das Abendländische Lebensrad, das wie das Jahresrad auf der Schöpfungsspirale gründet. Das Lebensrad beschreibt einen vollkommenen und stimmigen Lebensweg, eine vollständige und der Schöpfung entsprechende Inkarnations- beziehungsweise Lebenszeit, und dabei wird die Bedeutung der verschiedenen Lebensphasen hervorgehoben und gewürdigt. Es verdeutlicht sowohl die Inhalte und Aspekte der einzelnen Lebensabschnitte als auch die ebenso wichtigen Verbindungen und Zusammenhänge dieser untereinander. Es zeigt eindrucksvoll auf, wie sehr sich diese gegenseitig bedingen und wie wichtig ein Lebensumfeld ist, in dem alle Lebensphasen vertreten sind. Auf diese Weise wird ein Lebensweg zum Heilweg, der auch Gemeinschaften und Gesellschaften mit einschließt.

Das Abendländische Lebensrad hat in seinem einfachsten Aufbau acht Positionen, die den acht äußeren Positionen des Jahreskreises entsprechen (die vier Haupt- und vier Nebenrichtungen), und weist zudem insgesamt neun Lebensphasen auf. Den Anfang und das Ende eines jeden Lebensrades ist zum einen die Übergangsphase in die jeweilige Inkarnation hinein und zum anderen jene, die aus dieser wieder hinausführt. Sogenannte Werdezeiten, in denen der Mensch das wird, was in der momentanen Phase seine Bestimmung ist, wechseln sich mit Initiationszeiten ab, welche die Voraussetzungen, die Qualifikationen und Prüfung für die nächste Werdezeit sind. Und, wenn es nötig ist, wird mit den Mentoren in der jeweiligen Initiationszeit Versäumtes oder noch nicht Ausgereiftes nachgearbeitet, damit auch wirklich alles Nötige vorhanden ist, um in der nächsten Werdezeit erneut seine Berufung zu erfüllen. Ist alles erfüllt, auch wenn es in die „Verlängerung" gegangen ist, führt die eigentliche Initiation den Aspiranten in die nächste Werdezeit. – Über diese einfache Darstellung des Lebensrades hinaus besteht natürlich jederzeit die Möglichkeit, die einzelnen Lebenszeiten zu vertiefen und in Richtung Schöpfungsspirale und deren Aspekte aufzuschlüsseln, doch das würde den Rahmen dieses Buches bei weitem sprengen.

In einem Leben, das sich entsprechend dem Abendländischen Lebensrad vollzieht, gibt es, wie es in unserer Gesellschaft gemeinhin der Fall ist, keine festen Jahreszahlen oder Altersgrenzen hinsichtlich der einzelnen Lebens- und Übergangszeiten. Aufgrund der Unterschiedlichkeit der Menschen erfolgen die Initiationen in die nächste Lebensphase beziehungsweise Werdezeit erst mit der tatsächlichen Reife

Die Positionen des Lebensrades

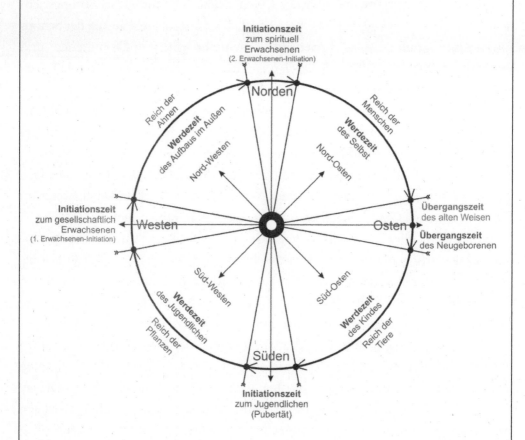

Auf dem Abendländischen Lebensrad liegen die physische Geburt des Menschen und eine kurze Übergangsphase in das neue Leben im Osten. Nach der *Übergangszeit des Neugeborenen* beginnt die *Werdezeit des Kindes*, die sich mit einer Wandlungsphase vom Kleinkind zum Kind über den gesamten Süd-Osten des Rades erstreckt und im Süden in die *Initiationszeit zum Jugendlichen* übergeht. Nach erfolgreichem Abschluss der Initiationsphase, sprich der Feststellung aller nötigen Fähigkeiten wie auch des entsprechenden Reifegrades für den nächsten Lebensabschnitt, erfolgt mit der eigentlichen Initiation der Übergang in die nächste Phase, die *Werdezeit des Jugendlichen*, die sich über den gesamten Süd-Westen erstreckt. Zu dieser Lebensphase gehören alle Aus- und Weiterbildungen sowie auch die beruflichen Abschlüsse. Am Ende dieser Werdezeit steht im Westen des Rades wieder eine Initiationszeit, es ist die zum *gesellschaftlich Erwachsenen*, in der geprüft und sicher gestellt wird, dass der Mensch das, was er bisher gelernt hat, vollständig, verantwortungsvoll und tauglich verinnerlicht hat, um damit seinen Lebensunterhalt bestreiten zu können. Eine Initiation führt den Menschen dann in die *Werdezeit des Aufbaus im Außen*, in welcher Karriere, Familie, Eigentum und gesellschaftliche Anerkennung im Fokus stehen. Diese zieht sich über den gesamten Nord-Westen und mündet im Norden des Rades in eine dritte und letzte Initiationsphase: die zum *spirituell Erwachsenen*. Viele kennen diese Initiationszeit unter einem anderen Namen: „Midlife-Crisis". Schon unsere frühen Vorfahren kannten diese Zeit als Initiationsphase und nicht als Krise. Eine Initiation zum spirituell Erwachsenen führt in die *Werdezeit des Selbst*, die sich über den gesamten Nord-Osten erstreckt. Es ist die Zeit der alten Weisen, die ihr wahres Selbst leben. Gegen Osten hin strebt das Leben unweigerlich auf die nächste Übergangsphase zu, die den Menschen aus seiner Inkarnation hinausführt. Dies ist nun der Ort und der Zeitpunkt des Übergangs in eine andere Seinsform; die Zeit des alten Weisen und diese Inkarnation an sich enden. – In diesem Moment zeigt sich für jeden Einzelnen, ob er ein „ungelebtes" Leben führte oder sich selbst verwirklichte und durch sein Wirken dem Wohle des Ganzen diente. Nun wird deutlich, ob das Lebensrad zu einer aufsteigenden Lebensspirale verändert wurde. Der Osten ist im Lebensrad der Beginn und das Ende einer jeden Inkarnation. Und gerade dafür stehen die gegenüber im Westen liegenden Kräfte des Elementes Wasser unterstützend zur Verfügung: Intuition, Heilung, Reinigung und das Im-Fluss-Sein. Führte ein Mensch sein Leben im Einklang mit der Schöpfung, hat er nichts zu bereuen. Kennt er seine Freunde in der Anderswelt und weiß er, dass sie ihn beim Übergang begleiten werden, wird er niemals wirklich allein sein. Gelassen kann er der am Ende seiner Inkarnationszeit auf ihn wartenden Frage entgegensehen: Was hast du mit der Zeit getan, die dir gegeben war? Er kann sie mit Leichtigkeit und zu seiner Zufriedenheit beantworten. Er hat auf dem Weg durch die Schöpfungsspirale sich selbst, die Menschheit und die Schöpfung ein Stück weitergebracht, er hat aus seinem Lebensrad eine aufsteigende Lebensspirale gemacht, er hat ein schöpfungsrichtiges Leben geführt und dafür gesorgt, dass er in seiner nächsten Inkarnation in eine hoffentlich bessere Welt inkarniert.

des Einzelnen. Wird nach dem Lebensrad gehandelt und gelebt, so bestimmt die Gemeinschaft zusammen mit den Mentoren der Initianten ganz individuell, ob er oder sie den nötigen Reifegrad hat, um in die nächste Lebensphase initiiert werden zu können. In der Vorbereitungsphase, der Initiationszeit, werden neben noch fehlenden, aber nötigen Elementen auch besondere Fähigkeiten, Neigungen und Talente festgestellt, überprüft und herausgearbeitet. Dies alles hilft den Mentoren bei deren weiteren Hilfestellungen in der jeweils nächsten Werdephase des zu Begleitenden. Die Mentoren, die wirklich spirituell Erwachsenen, die sich in der *Werdezeit des Selbst* Befindlichen (auf dem Lebensrad beginnend mit der dritten Initiationszeit des Lebens im Norden über den Nord-Osten), haben die Reife und Erfahrung, die jungen Menschen in deren Initiationsphase selbstlos zu betreuen, zu begleiten und ihnen entsprechende Unterstützung zu gewähren oder zu organisieren. Es ist eine Aufgabe, die im Grunde nur die spirituell Erwachsenen und/oder die echten Weisen übernehmen können, da sie nichts mehr beweisen müssen, selbst alle Phasen des Lebens durchlebt haben und die erfahren konnten, was es heißt, wirklich zu leben.

Jeder Mensch kommt mit einer seiner seelischen Entwicklung entsprechenden geistigen, körperlichen und spirituellen Grundausrichtung ins Leben, in seine jeweilige Inkarnation. Mit diesen Fähigkeiten beginnt er seinen Weg durch das Lebensrad, und diese sowie die jeweils individuellen zeitlichen Lebenssituationen beeinflussen und bestimmen sogar die Länge der jeweiligen Werde- und Initiationszeiten.

Prägend und bindend sind für die meisten Menschen auf dem Weg durch das Lebensrad folgende Kriterien:

- das familiäre Umfeld, welches unter anderem geprägt ist vom Bildungsstand, den Moral- und Ethikvorstellungen, von der emotionalen und spirituellen Reife vor allem der Eltern und auch vom Lebensstandard (arm oder reich) der Familie
- das gesellschaftliche Umfeld (ländliche Gegend, Großstadt, Kleinstadt usw.)
- das Gesellschaftssystem (westlich-europäisch, us-amerikanisch, islamisch, buddhistisch, hinduistisch usw.)
- die klimatische Region (Europa, Asien, Zentralafrika, Mittelamerika usw.).

Doch wir verfügen über eine alles entscheidende Fähigkeit, welche all diese Prägungen und Indoktrinationen und damit ein herkömmliches Leben unter gewöhnlichen Umständen und Fremdbestimmung überwinden kann: das ist die Selbstreflektion. Mit ihr können alle eigenen Wesenszüge, Talente und persönlichen Voraussetzungen bezüglich des schöpferischen Ideals betrachtet und die Erkenntnisse in Taten umgesetzt werden, woraus dann die so wichtige Selbstbestimmung resultieren wird.

Um effektiv und kompetent mit dem Abendländischen Lebensrad arbeiten und auch selbst nach ihm leben zu können, ist es nötig, sich von der Vorstellung eines zwingenden Zusammenhanges zwischen Alter und Lebensphase zu befreien. Das Erreichen einer neuen Lebensphase ist alleine vom Entwicklungsstand eines Menschen abhängig und nicht vom Erreichen eines bestimmten Alters oder „Termins". Zudem sollte nie außer Acht gelassen werden, dass es neben dem „Durchschnitt" auch immer Frühentwickler und Spätentwickler gibt und dass der Mensch in der Lage ist, ein Leben lang dazuzulernen und sich weiterzuentwickeln, und zwar dann, wenn er dafür bereit ist. Der Mensch kann also jederzeit einen großen Teil seiner früheren Defizite, egal in welcher Lebensphase sie entstanden sind, ausgleichen und sich neu qualifizieren.

Ebenso klar sollte aber auch sein, dass zwar alle Menschen gleichwertig sind, jedoch nicht alle über die gleichen Möglichkeiten verfügen, sondern ihr ganz individuelles Setting mit in ihre Inkarnation bringen. Daneben spielt auch das Umfeld eine Rolle, welches die Entfaltung des Menschen mehr oder weniger bestimmt. Es kann also nie darum gehen, dass jeder alles kann, sondern darum, dass jeder die Möglichkeiten seines individuellen Settings voll auslebt, entfaltet und auf ein neues Niveau bringt. Es bedarf also einer viel individuelleren Begleitung der Heranwachsenden und eine deutlich höhere Hingabe wie auch Beteiligung als es derzeit der Fall ist, nicht nur der Eltern, sondern auch anderer an der Entwicklung der Kinder und Jugendlichen beteiligten Erwachsenen. Die Zielsetzung heutiger Schulsysteme liegt nicht auf der Begleitung und Förderung junger Menschen zu echten Erwachsenen, sondern in der uniformen Ausbildung zu Funktionseinheiten für die Wirtschaft und untertänigen Steuerzahlern für das System. Mit dem Lebensrad hingegen kommen wir zu einem sehr konkreten und jeden Einzelnen betreffenden „neuen Weg".

Das Lebensrad verdeutlicht eben auch, wie sehr sich die jeweils gegenüberliegenden Phasen gegenseitig bedingen. Ohne fähige und initiierte Menschen im Westen wird der Lebensanfang, der Eintritt in das Lebensrad, weniger gut sein; doch auch diese Wegbegleiter in der *Initiationsphase zum gesellschaftlich Erwachsenen* treten in ein neues Leben, sie werden wirklich erwachsen. Und wenn diese Erwachsenen in der *Werdezeit des Aufbaus im Außen* nicht ihr Bestes geben, wird die Werdezeit des Kindes im Süd-Osten wohl eher einfach sein und keine Sicherheit in einem gesellschaftlichen Gefüge erkennen oder gar haben. Die Erwachsenen können aus der *Werdezeit des Kindes* lernen, nicht nur mit Ernst, sondern auch spielerisch und mit Freude ans Werk zu gehen. Und ebenso wie das Leben der pubertierenden Initianten im Süden auf den Kopf gestellt wird, geschieht es denen im Norden, die sich in der *Initiationszeit zum spirituell Erwachsenen* Befindlichen. Der Süden lernt vom Norden, dass diese Zeit eine Chance ist, die bisherigen Aspekte des Lebens zu überdenken und zu eigenen zu gelangen, die besser der eigenen Berufung entsprechen. Die im Norden lernen aus dem Süden, dass ihre Lebensphase eine des Hinwenden zu sich selbst, eine des inneren Wandels ist, aus der ein anderes Leben resultiert – und nicht das Ende. Und letztlich können nur die weisen Alten mit ihrer Weisheit in Ruhe und Gelassenheit den Pubertierenden und Heranwachsenden zur Seite stehen, ihnen helfen, gute Entscheidungen für sich und das Ganze zu treffen. Die weisen Alten fühlen sich von den Heranwachsenden darin bestätigt, dass der Wandel das einzig Beständige in diesem Universum ist und dass ihr Lebensweg es wert ist, ihnen gegenüber Achtung entgegenzubringen und Respekt zu zollen.

Bei der Arbeit mit dem Lebensrad kann unterstützend auch das Planetenrad hinzugezogen werden, das an unsere alchymischen Wurzeln anknüpft und uns so nicht nur mit den metaphysischen Kräften und Energien verbindet, sondern auch mit dem Kosmos und der Schöpfung als Ganzes. Es umfasst die äußeren beiden Spiralwindungen des Jahresrades und hat einen ganz besonderen Bezug zum Lebensrad. Das Planetenrad, mit der achten (alchymische Metalle) und neunten Windung (Planeten) des Jahresrades, verdeutlicht uns den Einfluss der Planeten auf die lebensbestimmenden Phasen. Es ist wichtig zu verstehen, dass es dabei nicht um klimatische oder astronomische Bezüge geht, sondern um die Bedeutungen hinsichtlich des Laufes des Lebens, um die Unterstützung und Stärkung der einzelnen Lebensphasen, Diesbezüglich ist auch die alchymische Zuordnung der Metalle zu den Planeten, die gerade in unserem Kulturkreis eine besondere Rolle spielt, wichtig zu kennen.

Die Lebensphasen und die entsprechenden Planeten:

Geburt ↔ Mond
Kinderzeit ↔ Merkur

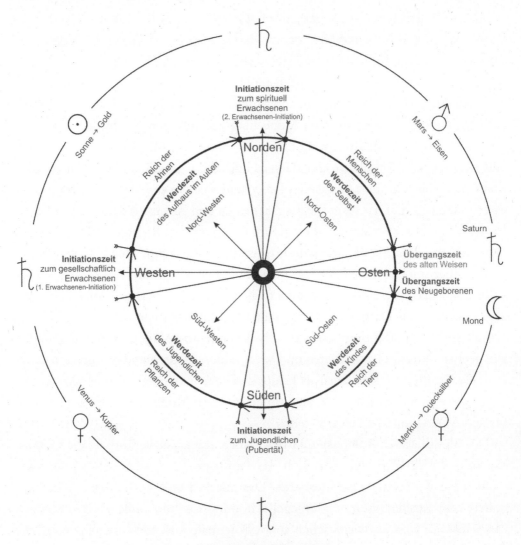

Lebensrad mit Planetenrad

    Jugendzeit ↔ Venus
    Erwachsenenalter ↔ Sonne
    spirituelle Erwachsenenzeit ↔ Mars
    Tod, Ende und Neubeginn ↔ Saturn

Der Mond ist als Erdtrabant natürlich kein Planet im üblichen Sinne und nimmt im Planetenrad eine Sonderstellung ein, denn er hat besondere Aufgaben, ebenso wie die Sonne und der Saturn. Sonne und Mond bilden, wie wir ja schon wissen, mit dem Sonnen- und dem Mondjahr die Grundlage des Jahreskreises, wobei die Sonne die großen Lebenszyklen steuert und der Mond die kürzeren vegetativen Wachstumsphasen. Im Planetenrad steht die Sonne für die *Werdezeit im Außen*, also die Zeit, in der das berufliche Schaffen ein Hauptaspekt ist, eine Familie gegründet wird, Kinder gezeugt und aufgezogen werden sowie der Platz in der Gemeinschaft ausgebaut und gefestigt wird. Der Mond hingegen gibt den vier großen Planetenphasen in diesem Rad, also Merkur, Venus, Sonne und Mars, einen zyklisch auf- und absteigenden Rhythmus, der niemals derselbe ist, weshalb kein Planetenrad, kein Jahreskreis und keine Spirale des Lebensrades einem anderem beziehungsweise einer anderen gleicht. Er sorgt für das Aufsteigen und Absinken der Energien sowie das Auflösen fester Strukturen. Der Saturn ist der strenge Richter, der Trenner, der Sensenmann, der in aller Klarheit und Konsequenz die vier großen Planetenphasen voneinander trennt, damit jede von ihnen ihre Zeit bekommt. Aber er trägt auch dafür Sorge, dass diese klare Trennung fließend und der Übergang von einer Phase in die nächste ohne Härten vonstatten geht. So steht er zwischen Merkur und Venus, zwischen Venus und Sonne sowie zwischen Sonne und Mars und ist somit an den vier großen Jahreskreishochzeiten im Osten, Süden, Westen und Norden am aktivsten. Im Osten steht der Saturn als Endpunkt eines jeweiligen Lebensrades und als Überführer in eine andere Welt, zusammen mit dem Mond, der an dieser Position für den Anfang und die Geburt steht.

Der Mond ist der Anfangspunkt des Planetenrades, er verkörpert die Geburt, das In-die-Welt-Bringen, aber auch das Auflösen all dessen, was zu schwach ist, sich auf der Erde zu manifestieren. Das mit ihm assoziierte Metall Silber, gut poliert und gepflegt, zeigt als Spiegel schonungslos und ohne zu beschönigen das Selbst, es weist auf Schwächen sowie Potentiale und auch auf eine mögliche Zukunft hin.

Dem gesamten Süd-Osten ist der Merkur zugeordnet, der für die *Werdezeit des Kindes* steht. Das ihm zugehörige Metall ist das Quecksilber, ein scheinbar flüssiger Zustand des Silbers, das spielerisch seine Form sowie seinen Weg sucht und über einen freien Geist verfügt, der noch keinen Konventionen unterworfen ist. Geht man richtig mit ihm um, kann man Wertvolles aus ihm schaffen, gebraucht man es falsch, wie beispielsweise durch eine mit dem Wegfall der *Initiationszeit zum Jugendlichen* endlose und unnatürliche Verlängerung der „Kindheit" bis ans Lebensende, wird sein Gift einen ruinieren. Verläuft er in seinen richtigen Bahnen, lässt der Merkur den Wachstumskräften freien Lauf und verändert damit alles in eine fruchtbare Zeit, in der die Lebenslust regelrecht explodiert und ihren Höhepunkt zu Beltane wild und ausgelassen feiert.

Der Saturn im Süden setzt dem Merkur mit spitzer Lanze und flammendem Schwert ein Ende und sorgt für einen sauberen und dennoch fließenden Übergang in die Zeit der Venus, die im Süd-Westen liegt und für die Jugend, das Finden des eigenen Selbstbildes, für die Selbstannahme und die Liebe sowie das Suchen nach der eigenen Berufung und dem persönlichen Lebensweg steht. Auf ihm liegen die freie Entfaltung des Selbst und die Befriedigung durch das Erfüllen der eigenen Berufungen. Das andere Geschlecht weckt Begehrlichkeiten und entflammt das erste Verliebtsein, es rückt erst den Wunsch nach sinnlichen Abenteuern und später auch den Wunsch nach Beziehung und Familie etwas näher in den Bereich des Möglichen. Nicht von ungefähr wird Kupfer mit der Venus assoziiert; es ist das Metall, welches neben allen anderen mit dem Element Erde am stärksten verbunden ist – und darüber hinaus auch mit der Sonne und dem Mond, also mit dem Gold und dem Silber, den männlichen und weiblichen Aspekten. Kupfer hat gegenüber anderen Metallen ganz besondere Eigenschaften: Es wird als warm empfunden und nimmt tatsächlich am schnellsten Wärme auf und verteilt sie gleichmäßig über sein gesamtes Volumen. Es ist für vieles ein guter Leiter, nicht nur für Strom, sondern auch für Herzens- und Seelenwärme, welche in dieser Zeit besonders großzügig vorhanden ist. Aber auch kosmische Energien nimmt das Kupfer auf und leitet sie weiter, was Versuche mit Pflanzen und Kupferplatten eindeutig zeigten. Dieses Metall ist beständig gegen viele Umwelteinflüsse und zeigt sich zäh gegen Verformung – das sind ebenfalls Eigenschaften, welche in dieser Lebenszeit von Vorteil sind.

Auch der Venuszeit setzt der Saturn im Westen ein klares Ende und schafft wieder einen fließenden Übergang in die nächste Phase: die Zeit der Sonne. Die Sonnenzeit erstreckt sich über den gesamten Nord-Westen, über die *Werdezeit des Erwachsenen im Außen*. Der eigene Weg wurde gefunden und alle dazu nötigen Eigenschaften erworben, vielleicht sogar zur Meisterschaft gebracht. Nun ist es Zeit, dies alles umzusetzen und die berufliche Karriere anzupacken, eine Familie zu gründen, Kinder groß zu ziehen und den Platz in der Gemeinschaft auszufüllen. Ein Haus oder eine Wohnung werden gekauft; in der Gemeinschaft wird man zu einem geachteten Mitglied, das gerne gesehen wird. All dies kostet nicht nur Kraft, sondern auch eine gute Portion Pioniergeist, denn es heißt auch, sich auf Neues einzulassen und neue Bereiche in Beruf, Freizeit und Familie zu erkunden. All die dafür benötigten Kräfte und der dazu nötige Antrieb kommen von der Sonne und dem mit ihr assoziierten Gold. Die Sonne, auch wenn man sie nicht immer sieht, versorgt einen mit Wärme und Energie. Sie erhellt die aktiven Stunden des Tages und auch so manches dunkle Feld, auf das man stößt. Zu allen Zeiten war Gold für die Menschen Antrieb und Lohn zugleich, mit ihm wurde Erfolg veranschaulicht.

Doch auch dieser Lebensphase steht nur eine begrenzte Zeit zur Verfügung, und wieder sorgt der Saturn dafür, dass diese eingehalten wird. Besonders beim Übergang in die Mars-Zeit trennt der Saturn die Spreu vom Weizen. Der Mars herrscht im Nord-Osten, in der *Werdezeit des Selbst*, des spirituell Erwachsenen, also in der Zeit, in welcher man zum vollständigen Selbst findet und es erweitert. Welches Metall würde in diese Zeit besser passen als das Eisen? Kein anderes Metall ist so scharf und in der Lage, so lange seine Schärfe zu behalten wie Eisen. Gerade zu Beginn dieser Lebensphase sind diese Eigenschaften besonders gefragt, da vieles klar getrennt und losgelassen werden muss, um zu einem vollständigen und spirituellen Erwachsenen und letztlich auch zu einem alten Weisen werden zu können. Neben Schwert und Speer eignet Eisen sich auch für Schild und Rüst, die Schutz vor vielerlei Angriffen und Gefahren bieten, denn diese Lebensphase schöpfungsrichtig zu beschreiben, bedeutet Veränderung und Neuorientierung und damit Anfeindung und Unverständnis derer, die man verlässt, die nicht wollen, dass man ein anderer wird. Und letztlich ist es auch eine gute Stütze, auf die man sich verlassen kann, wenn alles andere versagt. Ein spirituell Erwachsener zu werden, heißt, der Reife dieser Lebensphase gerecht zu werden, ganz zu sein, was und wer man ist, seine Erfahrungen, Weisheit und guten Rat anderen zukommen zu lassen, ohne dafür selbst etwas zu verlangen. Am Ende heißt es dann, zurückzuschauen und gelassen der letzen Frage zu begegnen, die beim Verlassen dieser Inkarnation zu beantworten ist: Was hast du mit der Zeit getan, die dir gegeben wurde? Und gerade hier ist Eisen der richtige Begleiter, denn es zeigt durch sein Rosten (Oxidierung), dass es auch vergänglich ist; jedoch vergeht nur die derzeitige Form, nicht das Selbst, das durch Reduktion in neuer Weise wieder entsteht. – Saturn steht dann bei sorgt dafür, dass diese Frage beantwortet werden kann, um aus dieser Inkarnation in die nächste Phase des Seins zu führen.

Das Planetenrad mit seinen alchymischen Zuordnungen der Metalle kann den gesamten Lebensweg unterstützen und schöpfungsrichtiges Handeln stärken, damit aus dem Lebensrad eine Lebensspirale werden kann, die auf einer höheren Ebene endet als sie ihren Anfang nahm. Dafür wieder empfänglicher zu werden, ist eine Bereicherung für jeden.

*＊＊

Der oben beschriebene Lebensweg ist positiv gezeichnet und stellt den bestmöglichen Gang durch die einzelnen Lebensphasen gemäß des schöpfungsorientierten Abendländischen Lebensrades dar. Es sollte verdeutlicht werden, wie wichtig Orientierung und ganz besonders ein reifes und vollständiges Umfeld, das heißt das Vorhandensein von Menschen aller Lebensphasen, die sich schöpfungsrichtig mit diesen auseinandersetzen, für ein erfülltes Leben und eine gesunde Gemeinschaft sind. Das Lebensrad zeigt für jeden einzelnen Menschen und für Lebensgemeinschaften aller Art und Größe, bis hin zu Volksgemeinschaften, einen gesunden und schöpfungsorientierten Lebensweg und ein funktionsfähiges und sich gegenseitig unterstützendes Gemeinwesen auf.

Menschen, die sich nach dem Lebensrad richten

- übernehmen Selbstverantwortung
- fällen Entscheidungen in dem Wissen, dass diese sie selbst und ihr Umfeld betreffen
- lassen nicht andere über sich entscheiden, denn es ist ihr Leben
- entwickeln sich im Einklang mit der Schöpfung und achten nicht nur ihre Umgebung, sondern die Welt als Ganzes
- sind sich bewusst, dass lokale Entscheidungen auch globale Auswirkungen haben, weshalb sie in diesem Sinne entscheiden und handeln
- sind sich über eine ergebnisorientierte Arbeitsteilung, schonende Ressourcenverwaltung und angepasste natürliche Infrastrukturen im Klaren, zum Wohle und Besten aller
- lassen sich nicht entmündigen oder auf sonstige Weise fremdbestimmen
- knicken nicht beim ersten leichten Widerstand oder den ersten Schwierigkeiten, die sich ihnen in den Weg stellen, ein, sondern stehen zu ihren Entscheidungen und verteidigen ihre Freiheit, sie sind in der Lage sich selbst zu behaupten
- wissen, dass es manchmal auch schwierig werden kann und akzeptieren dies als Teil ihres Weges mit dem Bewusstsein, dass es auch wieder besser wird
- werden mit jedem Schritt auf diesem Weg mehr und mehr ganz, harmonisch, kraftvoll und heil.

Es ist wichtig, aus dem persönlichen Lebensrad eine Aufwärtsspirale zu machen, sich schöpfungsrichtig zum erneuerten Ur-Bewusstsein zu entwickeln. Damit fördert jeder Einzelne nicht nur das eigene Wachsen, sondern unterstützt auch andere Menschen, mit denen er sowohl über das persönliche als auch das große Wyrd, das alles vereinende und durchdringende Netz, verbunden ist. Auf diese Weise trägt jeder Einzelne zur gesamten Schöpfung und zu einem entwicklungsrichtigen Voranschreiten der Menschheit bei. Ob der Mensch, dieses eine von vielen Experimenten der Schöpfung, auf der Erde erfolgreich sein wird, hängt ganz davon ab, ob das Lebensrad sowie eine schöpfungsorientierte Lebensweise als richtig und wegweisend anerkannt werden oder nicht.

Eines sollte klar sein: Der vorgestellte Weg basiert in erster Linie auf der europäischen Kultur- und Menschheitsgeschichte in Europa, auf dem, was „alten Kontinent" geschah und somit zu uns hier und heute und an diesem Ort führte; hierin wurzelt dieses naturspirituelle Modell. Es gibt in diesem keine Lösungen aus fernen Landen, denn diese wirken nur dort in vollem Maße – wir benötigen unsere eigenen. Alles, was nördlich des Äquators liegt und vom „alten Kontinent" geprägt wurde oder von ihm ausging und ausgeht, ist Teil der europäischen Geschichte. Und dennoch kann vieles des hier Beschriebenen auch Gültigkeit für andere Menschen in anderen Ländern dieser Erde haben, denn all das Vorgestellte orientiert sich an den Prozessen der Schöpfung, die ja überall auf diesem Planeten, in diesem Universums wirkt. Doch wenn es anderswo zur Geltung kommen soll, muss es dort adaptiert werden. Ein Beispiel dafür ist das Jahresrad: Will man südlich des Äquator damit arbeiten, müssen die vier Reiche um 180 Grad im Sonnenlauf gedreht und die Tribute des Nordens und des Südens getauscht werden, nur dann stimmt es mit den südlichen Jahreszeiten und Gegebenheiten überein.

Die Grundlage jeglicher schöpfungsorientierten Veränderung, egal wo, ist die Arbeit und Auseinandersetzung mit der Abendländischen Schöpfungsspirale, dem Jahresrad und dem eben beschriebenen Lebensrad. Dabei bleibt es natürlich jedem selbst überlassen, wie und in welchem Maße er ganz konkrete Schritte hin zu einer Naturspiritualität im hier vorgestellten Sinne unternimmt. Es gibt keine Vorgaben, kein „Muss", jeder bestimmt selbst sein Tempo und wie weit beziehungsweise tief er gehen will. Wichtig ist nur, dass es vorangeht und dass es zu keiner Stagnation kommt; kleine Verschnaufpausen sind aber durchaus möglich. Selbst die kleinste Veränderung ist ein Fortschritt, und meist kommen in den Pausen und den Ruhephasen zwischen dem Tun die entscheidenden Einsichten und Impulse. Die richtigen Entscheidungen werden sich, wenn man auf seinem Weg bleibt, ganz von alleine einstellen, und das daraus resultierende Handeln wird sich immer mehr ausweiten. Beispielsweise mit dem zunehmenden Umstellen der eigenen Ernährungsgewohnheiten, weg von den „toten" Massenprodukten der Nahrungsmittelindustrie hin zu wirklichen *Lebens*mitteln, die gesund erhalten. Die Art der Kleidung kann und wird sich ändern, da die Vorteile und der Nutzen natürlicher Stoffe erkannt und zunehmend Kleidung aus diesen Materialien getragen wird. Die Mittel, um sich selbst, das Haus oder die Wohnung zu pflegen, rücken ebenso in den Fokus, wie der Energieverbrauch. Es werden sich auch Gedanken gemacht über das eigene Konsumverhalten, über die Schule, in welche die Kinder gebracht werden, und vieles mehr.

Irgendwann wird dann der Punkt kommen, sich mit Gleichgesinnten zu verbinden, um diese Lebensweise nicht nur zu bejahen und für sich selbst zu leben, sondern sie zusammen mit anderen zu stärken. Zwangsläufig werden dann auch die etablierten Systeme und die in diesen gefangenen Menschen sowie die vielen Dogmen hinterfragt. Es wird einem zunehmend wichtiger, klar Stellung zu beziehen, wenn es um das eigene Leben und das der Lieben geht. Dies wird dazu führen, erst für sich selbst und dann mit anderen zusammen eigene Wege zu gehen, und vielleicht wird der Versuch unternommen, neue, entwicklungsrichtige Systeme zu erschaffen und/oder deren Aufbau zu unterstützen. Entscheidend dabei wird das wirkliche Vorleben sein und nicht das Missionieren, das, wie selbst schon am eigenen Leib erfahren, nur Widerstand schaffen würde. Anstatt mit den etablierten Systemen die Konfrontation zu suchen, ist es besser, sich einfach herumzudrehen und einen anderen Weg zu gehen. Jeder Einzelne, der sich auf diese Weise den kranken und krankmachenden Systemen entzieht, schwächt diese und stärkt sich selbst. Ab einer bestimmten Anzahl Gleichgesinnter entstehen dann wirklich tragfähige alternative Strukturen, wodurch ein neuer Werdeprozess hinsichtlich anderer Gesellschaftsformen beschleunigt und alles leichter wird. – Dies sind Möglichkeiten, die sich aus der Arbeit mit dem Abendländischen Lebensrad ergeben können, die neuen Wege.

Meine Vision

Ich hoffe, dass meine Bücher den Menschen Anregungen und Lösungen für neue Wege aufzeigen und sie ihren Teil dazu beitragen, dass aus den gegenwärtigen ungewissen Veränderungen ein schöpfungsrichtiger Wandel wird. Auch wenn der Zerfall gewohnter Strukturen schmerzhaft sein mag, so ist es doch dringend an der Zeit, uns auf uns selbst zu besinnen, das Scheitern bisheriger Lebens-, Gesellschafts- und Wirtschaftssysteme zu akzeptieren und nach Alternativen zu streben. Selbstbestimmung, Selbstverantwortung sowie Selbstbehauptung, also das, was einen wirklich erwachsenen und reifen Menschen ausmacht, werden der Fremdbestimmung über uns ein Ende setzen und Regierungen sowie Machteliten im heutigen Sinne überflüssig machen. An ihre Stelle treten sich selbst organisierende und gut vernetzte Gemeinschaften, die sich selbst um ihre Grundbedürfnisse, die administrativen Aufgaben und um Infrastrukturen kümmern. Die Verwaltung dieser Netzwerkstrukturen erfolgt weitgehend durch die Menschen der Gemeinschaften selbst, indem jeder einen Teil seiner Zeit und seine Fähigkeiten in angemessener Weise zur Verfügung stellt. Die Verantwortung wird nicht an andere Menschen abgegeben, sondern von jedem Einzelnen bewusst übernommen. Menschen mit besonderen administrativen und organisatorischen Fähigkeiten werden rotierend eingesetzt, um Abhängigkeiten und Einflussmöglichkeiten Dritter zu minimieren. Die Regeln dieser Gemeinschaften werden klar und verständlich formuliert und dienen dem reibungslosen Miteinander. Jeder Mensch hat das Recht auf freie Entfaltung und Förderung, aber auch die Pflicht, in seinem Rahmen sein Bestes zu tun, wozu auch das Sich-Einbringen in die Gemeinschaft gehört.

Modernste Technologien, die im Einklang mit den Naturgesetzen und der Schöpfung sind, werden als Unterstützung und Werkzeug eingesetzt und nicht mehr zum Selbstzweck. Das Zurückhalten schöpfungsrichtiger Technologien wird zukünftig als Hochverrat an der Menschheit angesehen. Dadurch werden alle bisher aus Eigennutz, Konkurrenzdenken und strategischen Überlegungen geheim gehaltenen und unterdrückten Technologien frei zugänglich und erzeugen einen Innovationsschub, der die Entwicklung hin zu einem ressourcenbewussten und schöpfungsorientierten Leben zusätzlich beschleunigt.

Auf diese Art und Weise kann sich der Mensch endlich zu einem vollwertigen und mitgestaltenden Teil der Schöpfung entwickeln. Fangen wir also endlich an, die Welt um uns herum zu fördern, statt sie weiter zu zerstören, und überzeugen wir die anderen Lebens- und Bewusstseinsformen um uns herum, dass das „Experiment Mensch" geglückt ist, auch wenn es kritische Momente gab. Anfangs wird es kein leichter Weg sein, doch einer, der uns frei und lebendig macht.

Meine Vision ist, auf die Frage, wer wir sind, antworten zu können: *Wir sind bewusste Menschen und als solche ein vollwertiger Teil der Schöpfung.*

Danksagung

Geschrieben habe ich dieses Buch, doch haben viele Menschen dazu beigetragen, denen ich an dieser Stellen danke: Als Erstes ist da meine Lebensgefährtin Michaela, die mich während der langen Entstehungszeit dieses Buches nicht nur unterstützt, sondern oft genug auch einfach nur ertragen hat. Ich bin ihr sehr dankbar dafür, dass sie diese Zeit, die zweifelsohne nicht immer leicht war, mit mir durch gestanden hat. Zu danken habe ich auch den Menschen der Lebensweg-Gruppen, welche einst als Ausbildungsgruppen starteten und seit dem einen gemeinsamen naturspirituellen Entwicklungs- und Lebensweg gehen. Durch euch erfahre ich viel ehrliche Reflexion, Anregung, Bestätigung und Unterstützung. Doch ganz besonders möchte ich mich für euer Vertrauen bedanken, das ihr mir auch bei extrem schwierigen Prozessen entgegenbringt. Ihr gebt mir viel Kraft, um immer tiefer in die Schöpfung eintauchen und dadurch zeitgemäße Lösungen hervorbringen zu können. Mein Dank gilt ebenso meinem Verleger und Freund Sven, der mit sehr viel Klarheit und Geduld seinen Beitrag zu diesem Buch leistete. Weiterhin danke ich den zahlreichen Freunden und Bekannten aus den unterschiedlichen Gruppierungen, die immer aufgeschlossen und hilfsbereit waren, wenn ich etwas hinterfragte und praktisch umsetzen wollte. Die vielen experimentellen Umsetzungen historischer Techniken, Anwendungen und Gewerke haben viel Licht in so manche graue Theorie gebracht und sie im neuen Licht doch ganz anders aussehen lassen. Und nicht zuletzt danke ich meinen Ahnen, die nicht nur die Grundlage und den Ausgangspunkt für meine aktuelle Inkarnation legten, sondern auch mit ihrer Weisheit und ihrem Wissen stets zur Stelle sind, wenn es einmal schwierig wird mit der Entscheidungsfindung. Von ihnen habe ich meinen freien Geist, meine »Guru-Resistenz« und mein rebellisches Wesen, das sich weder Fremdbestimmung noch falschen Autoritäten beugt.

Darüber hinaus gilt mein Dank ganz besonders all den Menschen, von denen ich in den über 40 Jahren, die ich nun einen etwas anderen als den systemkonformen Lebensweg gehe, etwas lernen konnte, im positiven wie auch im negativen Sinne, die mir Wissen, Erfahrungen, Kenntnisse und Weisheit zuteil kommen ließen, die mir neue Horizonte erschließen halfen oder mir zeigten, wie ich etwas nicht machen werde oder sein möchte. Von allen habe ich gelernt, und dafür danke ich ihnen. Einige wenige haben sich auf diesem Weg als wirkliche Lehrer gezeigt, andere entpuppten sich als Rollenspieler, doch alle waren wichtig und haben zu den Erfahrungen beigetragen, die mich heute ausmachen. Den wahren Lehrern, selbstlosen Helfern und Mentoren bin ich von Herzen verbunden, die anderen sind Erinnerung. Es ist aus meiner Sicht nicht nötig, die mir wertvollen Menschen hier namentlich zu erwähnen, sie haben meine Achtung und meinen Respekt – ebenso wie ich den ihren und das genügt uns. Danken möchte ich auch all jenen, die mir nach den vielen Jahren nur noch schemenhaft in Erinnerung sind und mir dennoch wichtige Impulse, Kenntnisse und Erfahrungen mit auf meinen Weg gaben.

Zuletzt möchte ich all jenen danken, welche seit vielen vielen Jahren spirituell und naturspirituell leben, arbeiten, alte Handwerke und altes Wissen bewahren und ihr Wissen darüber gerne weitergeben. Sie haben das Feld vorbereitet, in das ich und viele andere die Samen unserer Arbeit aussähen können. Ich danke Euch!

Literaturverzeichnis

Nachfolgend einige allgemeine Buchempfehlungen, die zu dem einen oder anderen Themenbereich zusätzliche Informationen und Sichtweisen zugänglich machen:

Agricola, Johann: *„Chymische Medicin"*, Buchverlag Oliver Humberg, 2000.
Aswynn, Freya: *„Die Blätter von Yggdrasil: Runen, Götter, Magie, Nordische Mythologie und Weibliche Mysterien"*, Edition Ananael, 1998.
Auerswald, Fabian von, Dürer, Albrecht u. a.: *„Chronik alter Kampfkünste: Zeichnungen und Texte aus Schriften alter Meister entstanden 1443-1674"*, Weinmann, 2003.
Behrends, Arno: *„Nordsee Altlantis"*, Grabert, 2012
Brück, Axel: *„Die Anderswelt-Reise. Praxisbuch Schamanische Reise"*, Arun-Verlag, 2010.
Ders.: *„Seele, Selbst & Karma: Das schamanische Bild vom Menschen"*, Arun-Verlag, 2008.
Ders.: *„Die Kraft der Rituale"*, Arun-Verlag, 2008.
Ders.: *„Die Kraft der Heilung"*, Arun-Verlag, 2007.
Ders.: *„Die Herrin und der Sommerkönig. Eine Geschichte von Liebe, Lust und Tod"*, Arun-Verlag, 2005.
Bly Robert: *„Eisenhans: Ein Buch über Männer"*, rororo, 2005.
Ders.: *„Die dunklen Seiten des menschlichen Wesens"*, Droemer Knaur, 2000.
Böckl, Manfred: *„Die Botschaft der Druiden: Weisheit aus der Anderswelt"*, Neue Erde GmbH, 2004.
Braden, Gregg und de Haen, Nayoma: *„Fractal Time"*, Koha-Verlag, 2009.
Diess.: *„Der Realitäts-Code: Wie Sie Ihre Wirklichkeit verändern können"*, Koha Verlag, 2008.
Carr-Gomm, Philip: *„Der Weg des Druiden – Eine Reise durch die keltische Spiritualität"*, Arun-Verlag, 2011.
Ders.: *„Das DruidCraft Buch: Die Magie der Wicca und Druiden"*, Kamphausen, 2010.
Ders.: *„Weisheit der Natur: Altes Wissen der Druiden für unsere Zeit"*, Kamphausen, 2009.
De Fries, Jan: *„Der Kessel der Götter: Handbuch der keltischen Magick"*, Edition Roter Drache, 2010.
De Fries, Jan: *„Helrunar – Ein Handbuch der Runenmagie"*, Edition Ananael, 2002.
De Fries, Jan: *„Visuelle Magie – Ein Handbuch des Freistilschamanismus"*, Edition Ananael, 1994.
Eisler, Riane: *„Kelch und Schwert"*, Arbor, 2005
Fischer, Thomas: *„Die römischen Provinzen"*, Konrad Theiss Verlag, 2001.
Faussner, Hans Constantin: *„Königsurkunden – Fälschungen Wibalds von Stablo im bayerisch-österreichischen Rechtsgebiet aus diplomatischer und rechtshistorischer Sicht"*, Jahn Thorbecke Verlag, 1997.

Flamel, Nikolaus: „*Chymische Schriften*", AAGW H. Frietsch Verlag, limitierte Auflage 1996.

Foster, Steven und Little, Meredtih: „*Die Vier Schilde: Initiationen durch die Jahreszeiten der menschlichen Natur*", Arun-Verlag, 2006.

Freier, Mark: „*Anam Cara – Seelenfreund*", Atlantis Verlag Guido Latz, 2003.

Fricke, Birgit: „*Die Kelten. Verborgene Welt der Barden und Druiden*", Gerstenberg Verlag, 2010.

Fulcanelli: „*Mysterien der Kathedralen*", Edition Oriflamme, 2004.

Gimbutas, Marija: „*Göttinen und Götter des Alten Europa: Mythen und Kulturbilder*", Arun, 2010.

Gimbutas, Marija: „*Die Zivilisation der Göttin*", Zweitausendeins, 1998.

Golther, Wolfgang: „*Germanische Mythologie*", Phaidon Verlag.

Green, Miranda J.: „*Die Druiden. Die Welt der keltischen Magie*", Econ, 1998.

Diess.: „*Wege zu den alten Göttern: Priesterschaft in der Naturreligion*", Arun-Verlag, 2009.

Harner, Michael: „*Der Weg des Schamanen: Das praktische Grundlagenwerk zum Schamanismus*", Ansata, 2011.

Hochmeier, Peter: „*Der Weg des Sonnenfunken*", Bacopa Verlag, 2. Auflage 2005.

James, Simon: „*Das Zeitalter der Kelten*", Econ, 1996.

Krämer, Claus: „*Die Heilkunst der Kelten: Eine faszinierende Reise in die Welt der Druiden*", Schirner-Verlag, 2004.

Krüger, Dennis: „*Elisabeth Neumann-Gundrum – Leben & Werk*", Forsite-Verlag, 2008.

Lengyel, Lancelot: „*Das geheime Wissen der Kelten*", Verlag Herrmann Bauer, 12. Auflage 1997.

LeRoux, Francoise: „*Die Druiden – Mythos, Magie und Wirklichkeit der Kelten*", Arun-Verlag, 2006.

Lipton, Bruce: „*Spontane Evolution: Wege zum neuen Menschen*", Koha, 2009.

Ders.: „*Intelligente Zellen: Wie Erfahrungen unsere Gene steuern*", Koha, 2006.

Lörler, Marielu: „*Hüter des alten Wissens: Schamanisches Heilen im Medizinrad*", Schirner-Verlag, 2007.

Maier, Bernhard: „*Die Religion der Germanen: Götter, Mythen, Weltbild*", Beck, 2003.

Meier/Topper/Zschweigert: „*Das Geheimnis des Elsaß*", Grabert, 2003.

Menkens, Harm: „*Die Oera-Linda Handschriften – Die Frühgeschichte Europas*", Lühe-Verlag, 2013.

Metzner, Ralph: „*Der Brunnen der Erinnerung*", Arun, 2012.

Michels, Bernhard: „*Der immerwährende ganzheitliche Natur- und Wetterkalender*", BLV, 1998.

Neumann-Gundrum, Elisabeth: „*Das vor-einzelvolkliche Ur-Wissen Europas. Kultur der Groß-Skulpturen*", Jung-Verlag, 1994.

Nichols, Ross: „*Das magische Wissen der Druiden: Tradition und Geschichte der keltischen Geheimlehre*", Heyne, 1998.

Ondruschka, Wolf: „*Entdecke die Liebe zur Erde: Schamanische Wege und Rituale zur Heilung von Mensch und Erde*", Neue Erde, 2008.

Ders.: „*Geh den Weg des Schamanen: Das Medizinrad in der Praxis*", Neue Erde, 2008.

Paul, Norbert: „*Der Neue Abendländischen Schamanismus*", Verlag Zeitenwende, 2. Auflage 2014.

Paul, Norbert: „*Runen-Qi-Gong für Gesundheit und Lebensfreude*", Verlag Zeitenwende, 2011.

Pazzogna, Annie: „*Inipi: Das Lied der Erde. Die indianische Schwitzhütte*", Arun-Verlag, 2008.

Popfinger, Gerhard: „*Die Schwitzhütte: Herkunft, Bau und Ritual*", Arun-Verlag, 2010.

Rickhoff, Sabine/Biel, Jörg: „*Die Kelten in Deutschland*", Konrad Theiss Verlag, 2001.

Storl, Wolf Dieter: „*Schamanentum: Die Wurzeln unserer Spiritualität*", Aurum in J. Kamphausen, 2010.

Ders.: „*Pflanzen der Kelten: Heilkunde – Pflanzenzauber – Baumkalender*", Knaur TB, 2010.

Ders.: „*Mit Pflanzen verbunden: Meine Erlebnisse mit Heilkräutern und Zauberpflanzen*", Heyne Verlag, 2009.

Ders.: „*Ich bin ein Teil des Waldes – Der ‚Schamane aus dem Allgäu' erzählt sein Leben*", Heyne Verlag, 2008.

Ders.: „*Heilkräuter und Zauberpflanzen zwischen Haustür und Gartentor*", Knaur TB, 2007.

Ders.: „*Streifzüge am Rande Midgards. Geschichten aus meinem Leben*", Koha, 2006.

Ders.: „*Unsere Wurzeln entdecken – Ursprung und Weg des Menschen*", J. Kamphausen Verlag, 2009.

Ders.: „*Der Bär – Krafttier der Schamanen und Heiler*", AT-Verlag, 2005.

Ders.: „*Von Heilkräutern und Pflanzengottheiten*", Aurum im J. Kamphausen Verlag, 2004.

Thoreau, Henry David: „*Walden. Ein Leben mit der Natur*", Deutscher Taschenbuch Verlag, 1999.

Ders.: „*Vom Ungehorsam gegen den Staat. Vom Gehen durch die Natur*" Anaconda, 2010.

Thoreau, Henry David und Wolff-Windegg, Phillipp: „*Denken mit Henry David Thoreau: Von Natur und Zivilisation, Einsamkeit und Freundschaft, Wissenschaft und Politik*", Diogenes, 2008.

Thorsson, Edred: „*Die Neun Tore von Midgard – Ein magischer Lehrplan der Runen-Gilde*", Arun-Verlag, 2004.

Urbanovsky, Claudia: „*Der Garten der Druiden. Das geheime Kräuterwissen der keltischen Heiler*", Allegria Taschenbuch, 2010.

Zillmer, Hans-Joachim: „*Kolumbus kam als Letzter*", Herbig Verlag, 3. Auflage, 2012.

Verlag Zeitenwende - wegweisende Bücher

Norbert Paul
Der Neue Abendländische Schamanismus
Handbuch für ein Leben im Einklang mit der Schöpfung

Im Laufe vieler Jahre entwickelte Norbert Paul ein neues schamanisches Weltbild, das er den Neuen Abendländischen Schamanismus nennt. Neu und grundlegend ist der schlüssige, westlich orientierte Schöpfungsgedanke, der sich in der Schöpfungsspirale widerspiegelt. Aus dieser werden unter anderem das Medizinrad und das Lebensrad, welches ein kraftvolles Modell sowohl für den einzelnen Menschen als auch für ein ganzes und heiles Gemeinschaftsleben ist, sowie die physisch-psychische Elementelehre, die ähnlich gehandhabt werden kann wie die Organbezüge der „Fünf-Elemente-Lehre" der Traditionellen Chinesischen Medizin (TCM), abgeleitet.

Das Buch begnügt sich nicht mit Theorien und modellhaften Erklärungen: es enthält zahlreiche ausführliche Beschreibungen schamanischer Praktiken wie zum Beispiel Trance-Arbeit, Andersweltreisen, Feuerhüttenritual und Redestabritual. Atemübungen, verschiedene Meditationsformen, Körperübungen wie Meridian-Gymnastik und Runen-Qi-Gong und vieles mehr runden dieses Arbeitsbuch ab.

Das Buch bietet viele praktische Zugänge zu einer schöpfungsorientierten und wohltuend erdenden schamanischen Arbeits- und Lebensweise.

300 Seiten, Broschur, zahlr. s/w-Abb., ISBN 978-3-934291-64-5, **Preis: 19,80 Euro**

www.verlag-zeitenwende.de

Verlag Zeitenwende - wegweisende Bücher

Norbert Paul
Runen-Qi-Gong für Gesundheit und Lebensfreude
Das Übungsbuch zum abendländischen Bewegungssystem

Das Runen-Qi-Gong ist das Bewegungssystem des Neuen Abendländischen Schamanismus, das von Norbert Paul entwickelt wurde und das die 24er Runenreihe in einem fließenden Ablauf ähnlich dem östlichen Qi-Gong oder Tai-Chi zusammenfasst.

Beim Ausüben des Runen-Qi-Gongs wird der gesamte Körper auf angenehme Weise bewegt. Es werden die Koordinationsfähigkeit und das Körpergefühl gesteigert sowie auch das Energiesystem des Körpers mit seinen Meridianbahnen, den Energieverteilungspunkten und auch das Chakrensystem aktiviert und stimuliert. Die starken physischen und energetischen Komponenten des Runen-Qi-Gongs machen es zu einem effektiven und alltäglichen Werkzeug, um Gesundheit, Vitalität und Lebensfreude zu verbessern beziehungsweise zu erhalten.

Mit diesem Buch ist es jedem möglich, Runen-Qi-Gong selbst zu erlernen. Neben einfachen Anleitungen und anschaulichen Fotos aller Runenstellungen und -übergänge enthält es allgemeine Informationen zu den einzelnen Runen.

160 Seiten, Broschur, zahlr. s/w-Abb., ISBN 978-3-934291-63-8, **Preis:14,80 Euro**

www.verlag-zeitenwende.de